本研究得到
浙江省软科学重点研究项目（2018C25003）"浙江省海外高层次人才创新创业政策环境及其优化研究"
杭州市决策咨询委员会重点招标项目（HZJZ2016111）"杭州市科技创新人才激励机制的矛盾问题分析和政策建议"
浙江理工大学人文社会科学学术专著出版资金（2020年度）的资助

海归高层次人才创新创业政策环境研究

程　华
娄夕冉　◎著

中国财经出版传媒集团
经济科学出版社
Economic Science Press

图书在版编目（CIP）数据

海归高层次人才创新创业政策环境研究/程华，娄夕冉著． --北京：经济科学出版社，2022.8
ISBN 978－7－5218－2146－8

Ⅰ.①海… Ⅱ.①程… ②娄… Ⅲ.①人才引进-人才政策-研究-中国 Ⅳ.①C964.2

中国版本图书馆 CIP 数据核字（2020）第 242636 号

责任编辑：王柳松
责任校对：李　建
责任印制：王世伟

海归高层次人才创新创业政策环境研究

程华　娄夕冉　著
经济科学出版社出版、发行　新华书店经销
社址：北京市海淀区阜成路甲 28 号　邮编：100142
总编部电话：010-88191217　发行部电话：010-88191522
网址：www.esp.com.cn
电子邮件：esp@esp.com.cn
天猫网店：经济科学出版社旗舰店
网址：http://jjkxcbs.tmall.com
北京季蜂印刷有限公司印装
710×1000　16 开　15.25 印张　210000 字数
2022 年 8 月第 1 版　2022 年 8 月第 1 次印刷
ISBN 978－7－5218－2146－8　定价：66.00 元
(图书出现印装问题，本社负责调换。电话：010-88191502)
(版权所有　翻印必究　举报电话：010-88191586
电子邮箱：dbts@esp.com.cn)

目 录

第 1 章 导 论 1
- 1.1 研究背景 1
- 1.2 中外文文献研究现状和发展趋势 4
- 1.3 研究视角和研究方法 6
- 1.4 主要研究内容和创新点 9
- 1.5 章节安排 11

第 2 章 文献研究 13
- 2.1 海归高层次人才政策 13
- 2.2 海归高层次人才创新创业政策演变研究 22
- 2.3 海归高层次人才创新创业政策环境评估研究 24
- 2.4 战略导向、网络嵌入与海归创业绩效研究 30
- 2.5 小结 47

第 3 章 海归高层次人才创新创业政策研究 49
- 3.1 研究背景 49
- 3.2 海归高层次人才创新创业政策演变 50
- 3.3 基于政策工具和创新创业过程的海归高层次人才创新创业政策——以浙江省为例 54

3.4 结论与启示　　71

第4章　海归高层次人才创新创业生态环境评价——基于江浙沪的比较研究　　76

4.1 文献综述　　76
4.2 指标筛选与数据来源　　80
4.3 创新创业环境指数分析　　84
4.4 研究结论与研究启示　　91

第5章　海归高层次人才对创新创业制度环境的满意度研究　　94

5.1 文献研究　　94
5.2 问卷设计与数据收集　　100
5.3 数据分析　　102
5.4 结论与讨论　　111

第6章　战略导向均衡、双重网络嵌入与海归创业绩效　　114

6.1 问题提出与研究目的　　114
6.2 研究设计　　118
6.3 实证研究　　132
6.4 相关分析与多重共线性　　144
6.5 结构方程模型验证　　147
6.6 研究结论与研究展望　　155

第7章　国内外吸引海归高层次人才创新创业政策环境比较　　162

7.1 国外政策环境比较——以美国、新加坡和澳大利亚为例　　162
7.2 国内政策环境比较研究——以上海市、广东省深圳市为例　　172
7.3 主要经验与启示　　179

第8章　结论与启示　　182

8.1 研究结论　　182

  8.2 完善海归高层次人才政策建议 184

附录 1 海归创新创业企业满意度调查问卷 192

附录 2 海归创新创业企业调查问卷 194

附录 3 偏差校正 Bootstrap 法中介效应检验的 Mplus 程序 197

参考文献 199

后 记 236

第1章 导 论

1.1 研究背景

在全球竞争日趋激烈的知识经济时代，创新创业已成为推动经济发展的重要因素。作为知识和科技的载体，科技人才构成了将科学技术转化为实际生产力和竞争优势的中介桥梁，已经成为提升国家核心竞争力的战略资源和实现跨越式发展的关键因素。创新的要素之一就是人才，科学技术人才承载着技术和知识，并通过中介桥梁的角色将技术与知识有效地转化为生产力（廖中举，2013）。引进海外高层次人才，是提高中国科技创新水平和国际竞争力的重要着力点和突破口。

根据《国家中长期科技人才发展规划（2010～2020年）》，与发达国家相比，中国科技人才总体发展水平仍存在差距，主要表现在高层次创新型科技人才匮乏，科技人才创新创业能力不强，科技人才结构和科技人才布局不尽合理，科技人才创新创业的体制机制亟待完善。

在相对落后的国家（地区），通过适度改善人才政策，重新塑造人才集聚的综合环境，可以快速推动国家（地区）的人才集聚（Scott，1987）。2008年，我国中央政府提出《关于实施海外高层次人才引进计划的意见》[①]，

[①] 中央决定实施海外高层人才引进计划，http://www.gov.cn/jrzg/2009-01/08/content_1199063.htm.

致力于引进海外高层次人才、科研项目带头人和科研人员。2015年，中国已有29个省、自治区、直辖市先后出台了省级层面的海外高层次人才引进专门政策。

改革开放以来，中国各类出国留学人员累计达519万余人，其中，超过313万人归国发展，仅2017年，就有约48万人回国。[①] 中国海外留学人才和回国人才发展的"剪刀差"正在反转，呈现出逐渐从人才流失转变为人才回流的新局面。越来越多的高层次人才谋求归国发展，积极参与技术创业和创新。政府也出台各项优惠政策以吸引高层次人才回国，并大力支持海归高层次人才创新创业活动，创新创业活动在国内掀起了热潮。但在创新创业实践中，很多海归创业企业在持续发展上仍存在成长性不强、潜力不够和动力不足等问题（何会涛和袁勇志，2012）。

根据欧洲工商管理学院（INSEAD）与德科集团（Adecco Group）以及塔塔通信公司（Tata Communications）联合发布的《2018全球人才竞争力指数》（2018GTCI）[②]，排名前20的多为欧美国家的城市，在亚太地区，东京排在第12位，首尔排在第18位，悉尼排在第20位。在前100位中，中国的北京市（第55位）、杭州市（第66位）、上海市（第70位）、深圳市（第73位）、广州市（第77位）和天津市（第83位）均上榜。虽然近年来中国人才国际竞争力上升较快，但是，与世界先进国家和地区相比还存在一定差距（张波，2019）。

国内外相关研究表明，中国各地方政府出台的引才政策实质上差别不大，甚至出现了一味拼资金、拼优惠政策的现象，出现了通过加大政策优惠力度吸引海归人才的趋势，容易导致恶性竞争。人才政策评价应该

[①] 中华人民共和国教育部2017年出国留学、回国服务规模双增长（https//www.sohu.com/a/227261669_490529）。

[②] 2018全球人才竞争力指数发布，https：//ww.sdindex100.com/contents/16/17.html.

第1章　导　论

综合海外人才引进数目、扶持资金、奖励资金、开发园区孵化器基础设施建设、引进人才的知识溢出率、对地方财税贡献率、就业带动效应、文化引领效应、创新激励效应、公共服务效应、环境优化效应、地方高新技术产业集群带动效应和示范榜样效应等方面（杨河清，2013）。从公共管理学角度出发，地方政府支持海归高层次人才创业政策初见成效，但政策执行不到位和地方政府服务带有盲目性等问题仍然存在（戴郁静，2013）。

海归高层次人才是建设创新型国家、推动科学发展急需的战略资源。而制定合理的创新创业政策，鼓励海归人才积极开展创新创业活动，可以为当地提供更多就业机会，缓解失业带来的影响，提高社会效益，促进经济增长（Henderson，2002；Lundstrom and Stevenson，2005）。因此，开展海归高层次人才创新创业的政策环境评价及优化研究，有重大的理论价值和现实意义。

（1）理论价值

在系统梳理海归高层次人才创新创业政策的基础上，对创新创业政策进行测量，研究创新创业政策的演进规律与发展趋势，对创新创业政策绩效进行评估，有利于弥补对于创新创业政策绩效研究不足的情况。

本书研究市场导向—技术导向联合均衡和市场导向—技术导向匹配均衡对海归创业企业绩效影响的内在机理，将有助于丰富战略管理理论和创新创业相关理论。

（2）现实意义

本书采用相关统计年鉴的数据，基于长江三角洲地区浙江省、江苏省和上海市两省一市的比较研究，客观评估海归高层次科技人才创新创业的生态环境，为出台和完善相关政策提供决策参考。

通过调查问卷，了解海归高层次人才对创新创业政策环境的满意度及其开展创新创业的动力和阻力，为优化海归高层次人才创新创业环境提供合理的依据和科学的指导。

开展海归高层次科技人才创新创业的政策环境研究，具有重要的实践意义。

1.2　中外文文献研究现状和发展趋势

1.2.1　中外文文献研究

（1）中外文文献引进海外高层次人才创新创业政策研究

徐丽梅（2010）通过对中国的深圳市和无锡市等引进海外人才创业的政策环境进行对比分析，提出吸引海归高层次人才创新创业要坚持政府作用和市场机制相结合、政府和创业者共担风险、对创业失败提供制度保障等。

通过对中国的上海市、苏州市和无锡市进行比较研究，吴帅（2013）将对海归人才的政策分为奖励性政策、保障性政策和发展性政策三个方面，分别解决"引得进""留得住""用得好"的问题。通过对北京市、上海市、广州市、深圳市、天津市、苏州市、无锡市、武汉市、重庆市和西安市10个城市的政策文本分析，认为各地出台的引进海外高层次人才的政策存在引才目标地区差异不大、奖励性政策"不理智行为"突出和发展性政策创新空间大的问题，而引才政策的缺陷直接制约了引才进程。比如，对海归高层次人才界定不合理、引进海外人才的渠道不足（张奕涵，2010；祝瑞，2013），使得引进的海外人才质量不高，或者后续保障激励政策不足，使得引进的海归人才效能无法发挥。

（2）海归高层次人才创新创业政策环境研究

中国出台了一系列吸引海归高层次人才的政策。贺翔（2015）对浙江省11个地级市的海归高层次人才创新创业环境进行了比较研究，发现杭州市、宁波市的海归高层次人才创新创业环境综合得分排在第一位、第二位；宁波市在海归高层次人才创新创业环境的知识产权保护方面排名第一。祝瑞（2013）对浙江省、上海市、北京市、广东省广州市四地海外高层次人才政策进行比较，分析了中国各级地方政府引进海归高层次人才的政策特征。甄月桥、聂庆艳和朱茹华（2014）选取同为"海外高层次人才创新创业基地"的浙江省杭州市滨江区与上海市杨浦区，比较两地的创业政策，发现两地的海归高层次人才创业政策都具有系统性的特点，都注重体制机制创新和服务平台建设，政策效果都比较明显。同时，两地之间在政策扶持领域、政策的针对性、政策的完整性和政策资金支持力度等方面也有所区别。

蒋来（2015）建议地方政府引才政策要改变单一引才渠道，引入市场机制，需要弱化奖励性质的"留才"政策，加强搭建创新创业平台，建立科学的能力和绩效评估体制。

（3）海归高层次人才创新创业生态环境评价与比较研究

文献研究表明，多数学者以全球创业观察（GEM）理论框架为基础，研究创新创业生态环境的评价指标体系。GEM 模型是美国百森商学院和英国伦敦商学院联合发起的国际创业研究（严利和叶鹏飞，2017），关注金融支持、政府政策、政府项目、教育与培训、研究开发与转移、商业环境与专业基础设施、国内开放程度、文化规范与社会规范、实体设施与基础设施九个方面。贺翔（2015）根据科学性原则、系统性原则、客观性原则和可获得性原则，基于全球创业观察模型，从金融支持、政府政策、政府项目、教育与培训、研究开发与转移、商业环境与专业基础设施、国内开放程度、文化规范与社会规范、实体设施与基础设施九个方面构建海归高层次人才创新创业环境评价指标体系。该文献运用主成分分析法，对浙江省 11 个地级市的海归高层次人才创新创业环境进行了评价。

1.2.2 研究述评

关于科技人才创新创业的政策、法规、制度环境的研究，都停留在定性探讨方面。如，李恩平和杨丽（2010）比较了美国、日本、德国等发达国家引进海外高科技人才的先进经验；田永坡、蔡学军和周姣（2012）对美国、韩国和新加坡等国家吸引海外高科技人才的政策与实践进行了比较总结。关于海归高层次科技人才创新创业政策的量化研究和政策演变研究都比较缺乏。

文献分析发现，海归高层次人才创新创业生态环境评价逐渐成为研究热点，但是，研究的深度与广度还不够；从海归高层次人才视角对海归高层次人才创新创业生态环境评价的研究相对缺乏；对吸引海外高层次人才创新创业生态环境指标体系的研究文献比较少，因为研究文献的侧重点不同，所以，设计的指标体系千差万别。

本书运用文献研究法、内容分析法、案例分析法和问卷调查法等方法，对海归高层次科技人才创新创业政策进行梳理，从政策目标导向、政策力度、政策法律效力等视角，探索海归高层次科技人才创新创业政策的演变规律，构建海归高层次人才创新创业生态环境评估体系并进行评估，研究海归人才对创新创业政策的满意度，在对国内外创新创业政策环境比较研究的基础上，提出相关政策建议。本书对促进海归高层次人才创新创业政策的完善意义重大。

1.3 研究视角和研究方法

1.3.1 研究视角

从创新政策演变视角，研究中国海归高层次人才创新创业政策的发展与演变。基于政策工具（供给政策工具、环境政策工具、需求政策工具）以及创新创业过程的二维框架视角，研究海归高层次人才创新创业政策的演变规律。

基于著名的全球创业观察模型，构建海归高层次人才创新创业生态环境评估模型。采用相关统计年鉴数据，对长三角地区海归高层次人才创新创业生态环境进行评估与比较。

从组织均衡理论视角，探索市场导向—技术战略导向均衡对海归创业绩效的影响作用。探究市场导向—技术战略导向均衡对海归创业绩效的影响机理，丰富组织均衡理论和战略管理理论的研究。

1.3.2 研究方法

在明确研究问题的基础上，本书采用规范分析与实证分析相结合、定量研究与定性分析相结合的方法。具体研究方法有以下五种。

（1）文献研究法

文献研究法是通过对既有文献（海归高层次人才、创新创业、政策环境、满意度等）进行系统性搜集与分析，在大量查阅相关研究文献的基础上确立研究思路和分析框架，为本书研究的各个变量的概念、内涵、维度构成和测量以及构建变量关系模型提供理论依据。

（2）文本分析法

文本分析法是研究者用来诠释文字记载与视觉讯息特征的一种研究方法。通过量化技巧和质的分析，以客观、系统的态度对文本内容进行研究和分析。本书将通过三种方式获得相关的海归高层次人才创新创业政策文本、财税政策文本：①通过在国务院、人力资源和社会保障部、科学技术部、国家发展和改革委员会、中共中央组织部以及教育部等政府机构门户网站，检索相关信息及相关文件；②运用百度等搜索引擎，加入相关关键词进行检索；③利用浙江省图书馆等资源，查询相关档案获取信息。本书借鉴彭纪生、仲为国和孙文祥（2008），刘凤朝和孙玉涛（2007），程华和王婉君（2013）等的研究成果，从数量、类别、内容等多个方面将政策细化。同时，运用数据分析法、比较分析法和内容分析法对政策进行分析与探究。

（3）问卷调查法

调查问卷将在参考大量文献、参考企业访谈结果、征询专家意见、问卷预测试等基础上逐步形成。调查对象将分别选择海归高层次人才、海归高层次人才创办的企业、海归高层次人才政策颁布部门。首先，根据研究目的，本书采用成熟量表和自行开发量表相结合的方式，形成研究所需的问卷；其次，在小范围内进行问卷调查，在此基础上对问卷进行修订与完善；最后，采用现场发放问卷的方式，大规模发放调查问卷。问卷发放的主要方式为调研现场发放、与政府相关部门合作随机抽取样本邮寄两种，以获取实证检验的第一手资料。

（4）案例研究法

案例研究法主要通过人物访谈（半结构化问卷）、现场观察及二手数据（报纸、网站、期刊等）收集资料。通过对典型海归高层次人才创办的企业作为案例，进行深度访谈或对二手资料进行扎根编码（开放式编码、主轴编码和选择性编码），初步挖掘创新创业的影响因素及其内在联系，在此基础上研究形成创新创业的主要影响因素与政策作用机制模型。

（5）定量分析法

定量分析法在科学研究中应用十分普遍，是检验研究中因果关系的一种重要方法。本书采用定量数据分析方法，从相关统计年鉴、大规模采样获得相关数据后，采用定量数据分析方法对假设关系进行实证检验。通过运用 Mplus、AMOS、SPSS 等软件，对数据进行描述性统计分析、信度分析、因子分析、相关分析和多元线性回归分析等，对数据进行统计分析。

1.4 主要研究内容和创新点

1.4.1 主要研究内容

（1）海归高层次科技人才创新创业政策演变研究

梳理浙江省海归高层次科技人才创新创业政策演变轨迹，在整理海归高层次科技人才创新创业相关政策的基础上，采取内容分析法，从政策目标导向、政策力度、政策发布时间、政策法律效力等，多维度探索创新创业政策的演变、发展趋势。基于政策工具（供给政策工具、环境政策工具、需求政策工具）以及创新创业过程二维框架视角，研究海归高层次人才创新创业演变规律。

（2）引进海归高层次人才创新创业生态环境评价——基于长三角地区的比较

基于著名的全球创业观察模型，将海归高层次人才创新创业的生态环境划分为：金融支持、政府政策、政府项目、教育与培训、研究开发与转移、商业环境与专业基础设施、国内开放程度、文化规范与社会规范、实体设施与基础设施九个方面，构建海归高层次人才创新创业生态环境评估模型。采用相关统计年鉴数据，对长三角地区海归高层次人才创新创业生态环境进行评估与比较。

（3）海归高层次人才对创新创业政策环境满意度研究

本书通过大样本问卷调查，选取浙江省海归高层次人才为研究对象，研究海归高层次人才对创新创业政策的满意度，检验海归高层次人才的性别、年龄、学历等变量对创新创业政策满意度的影响差异。调查海归高层次人才对创新创业政策及创新创业制度环境的需求，了解海归高层次人才创新创业的动力和阻力。

（4）探究市场导向—技术战略导向均衡对海归创业绩效的影响

探究市场导向—技术战略导向均衡对海归创业绩效的影响机理，拓展了组织均衡理论和战略管理理论的研究。把双重网络嵌入海归创业企业研究中，考察本地网络嵌入和海外网络嵌入在双元战略导向与海归创业绩效中的中介作用。

1.4.2 主要创新点

（1）从政策工具和创新创业过程两个维度，分析海归高层次人才创新创业政策演变

本书采用文本分析法，研究海归高层次人才创新创业政策的演变，通过构建政策工具—创新创业过程二维框架，以浙江省"九五"时期至"十三五"时期颁布的海归人才政策为研究对象，采用内容分析法和扎根理论编码进行统计分析。本书通过对政策制定主体、政策颁布数量、政策颁布主体力度、政策类型等的计量分析，挖掘海归高层次人才政策的基本特征和演变规律。分析政策工具：供给类政策工具、环境类政策工具和需求类政策工具的结构与创新创业过程之间的内在关系与特点。

（2）构建海归科技人才创新生态环境模型，评价海归高层次人才创新创业生态环境

本书基于全球创业观察模型，构建创新创业环境评价模型，采用来源于统计年鉴（2007～2016年）的数据，运用熵权法对长三角地区的浙江省、江苏省和上海市的创业环境进行综合评价并进行分指标评估，比较江苏省、浙江省和上海市的特点、优势与不足，为优化与完善海归高层次人才政策提供决策依据。

（3）引入组织均衡理论，旨在探究市场导向—技术导向均衡对海

归创业绩效的影响作用

既有研究聚焦于实施单一市场导向视角或单一技术导向视角，探讨其对绩效提升的作用。通过对多个海归创业企业的实地调研发现，现有理论研究中仅采用单一市场导向或单一技术导向作为企业发展战略，与企业实际情况并不相符。本书探究市场导向—技术战略导向均衡对海归创业绩效的影响机理，拓展了组织均衡理论和战略管理理论的研究。

1.5　章节安排

全书共分为 8 章。

第 1 章，导论。介绍了本书的研究背景，引出研究的理论意义与实践意义。在对海归高层次人才创新创业政策环境文献研究现状和发展动态简单回顾的基础上，介绍了本书的研究视角和研究方法，阐明了本书的主要研究内容、创新点和章节安排。

第 2 章，文献研究。在第 1 章定义海归高层次人才的基础上，对海归高层次人才创新创业政策发展阶段及演变、海归高层次人才创新创业生态环境评价、海归高层次人才对创新创业制度环境的满意度、战略导向均衡、双重网络嵌入与海归创业绩效等文献进行梳理，最后进行了小结。

第 3 章，海归高层次人才创新创业政策研究。本章首先对中国海归高层次人才政策的发展演变进行了研究，以重大政策颁布的时间点作为分界点，将中国海归高层次人才的发展分为三个阶段；其次，通过构建政策工具——创新创业过程二维框架，以浙江省"九五"时期至"十三五"时期颁布的海归人才政策为研究对象，采用内容分析法和扎根理论编码进行统计分析；最后，提出优化海归高层次人才政策的对策建议。

第 4 章，海归高层次人才创新创业生态环境评价——基于江浙沪的比较研究。创新创业环境是创新创业能否成功的重要因素之一。本章基于全球创业观察模型构建创新创业环境评价模型，采用来源于2007～2016年统计年鉴的数据，运用熵权法对长三角地区的浙江省、江苏省和上海市的创业环境进行综合评价。最后，根据研究结论提出相关启示与优化建议。

第5章，海归高层次人才对创新创业制度环境的满意度研究。本章以浙江省11个地区的223名海归高层次创新创业人才为研究样本，在区分创新和创业两类海归群体的基础上，分析了不同性别、年龄、学历背景、工作单位的海归高层次创新创业人才对浙江省创新创业政策的满意度差异。研究结论为完善相关政策提供决策借鉴。

第6章，战略导向均衡、双重网络嵌入与海归创业绩效。本章基于浙江省11个地区共156家海归创业企业的调研问卷数据，通过运用Mplus、AMOS、SPSS等软件工具，实证检验了海归创业企业市场导向—技术导向均衡、双重网络嵌入和创业绩效之间的关系和内在机制。最后，提出相关建议。

第7章，国内外吸引海外高层次人才创新创业政策环境比较。美国、欧洲、日本、新加坡和澳大利亚等发达国家和地区为了吸引全球性人才，出台了一系列政策。本章对美国、新加坡和澳大利亚的海归高层次人才政策做了梳理，分析比较典型国家海外高层次创新创业人才引进经验。中国各省（区、市）也相继推出系列促进海外高层次人才引进的相关政策。接着，总结并比较了上海市和广东省深圳市海外高层次人才引进的政策与经验。最后，挖掘并总结国内外引进海外高层次人才的经验，为完善中国相关政策及制度环境提供借鉴。

第8章，结论与启示。基于理论分析结果和实证研究结论，根据经济发展战略需求，提出完善海归高层次人才创新创业的政策及其政策工具组合建议。

第 2 章　文献研究

2.1　海归高层次人才政策

2.1.1　海归高层次人才

(1) 人才与科技人才

人才一词出自《易经》的"三才之道",《易经》讲:"兼三才而两之,故六。六者非它也,三才之道也。"人才一词出现在《诗经·小雅》的注中,文中曰:"君子能长育人才,则天下喜乐之矣。"从中可以看出,中华民族最早对于人才内涵的理解包括两方面:一是"贤",二是"能"。《辞海》中关于人才的解释有三层含义:一是指,有品德和有才能的人,即德才兼备之人;二是指,有学识和有能力的人;三是指,容貌好和气质佳的人。这是中国现代语境下对人才的通常解释。

人才是一个不断演化的概念。在不同的历史发展阶段和不同语境下,有不同的含义。在早期的人才学研究中,雷贞孝和蒲克(1980)认为:"人才是指,用自己的创造性劳动成果,对认识自然改造自然、认识社会改造社会和人类进步做出了某种较大贡献的人。"该定义率先将人才与创造性劳动相结合,符合时代的特点,是当时广泛应用的定义。随着人才学的发展与推广,对于人才的定义也在很大程度上丰富和深化。

关于人才的内涵特征，许多学者进行了研究。一般认为，人才是从事创造性劳动，而且，对科技进步与社会发展具有突出贡献的人。人才是为了经济社会发展从事创造性劳动，在某些领域取得较大成就的人（王通讯、叶忠海和于文远，1990）。也有的学者强调，人才是少量的、具有较高优秀素质的人。人才是指，具有优秀素质、从事创造性劳动、对科技进步和社会发展具有较大贡献的人（罗洪铁，2000）。人才是少数具有优秀素质、从事创造性劳动、对社会发展具有较大作用的人（张俊生，2006）。由此可见，人才的一个很重要的特质是具有创造性。同时，人才标准随着历史时期和观察角度的变化而变化。西方国家将高等教育和职业教育并重，将所有受过高等教育或职业教育的人定义为人才。

一般认为，人才是在一定发展阶段内，具有一定专门知识或特殊技能，从事创造性工作，取得的成果能推动经济社会发展的人（姚慧丽，2012；李丽莉，2014）。

科技人才是指，具有一定德行、一定科技创新能力和一定科技特长及技能，对科技进步与社会发展具有积极作用的人（杜谦和宋卫国，2004；陈晨，2013）。科技人才是任何一个国家人才资源的重要组成部分，同时，也是一个国家开展创新的重要因素。

经合组织（OECD）编撰的《弗拉斯卡蒂丛书》（*Frascati Series*）中的《科技人力资源手册》（*Human Resources in Science and Technology*）对科技人力资源的定义为："科技人力资源是指，有潜在可能或者实际从事系统科学技术知识的创造、推广、扩散和使用的人力资源"（李丽莉，2014）。中国对科技人才进行了定义。具体有：①具有中专及以上学历者；②具有技术员或相当于技术员及以上专业技术职称者（具有专业技术职务任职资格）。当然，人才的定义和内涵随着科技进步与经济社会的发展，也会发生一定演变。《人才学辞典》对科技人才的定义为，在社会科学技术劳动中，以较高的创造力、科学的探索精神，为科学技术进步和人类发展发挥较大作用的人（刘茂才，1987）。

在《国家中长期科技人才发展规划（2010～2020）》中，将科技人才定义为，具有一定专业知识或专门技能，创造性地从事科学技术活动，对科技事业进步与经济社会发展发挥促进作用的人。科技人才是国家创新资源的重要组成部分，是最重要、最核心的人力资源，是科技创新的核心要素，是促进科技进步和经济社会发展的重要驱动力（李丽莉，2014）。因此，科技人才是创新创业的关键要素之一。

学者们从不同视角，对科技人才的内涵和要素进行了研究。虽然表达上有一定差异，但是都包含一些核心元素。如，都强调科技人才具有一定的专门知识、特长和技能，都是从事创造性的科学研究、技术开发和应用推广等工作，具有一定的创新性、创造力，对科技进步和经济社会发展具有一定促进作用（胡威和刘松博，2014）。此外，科技人才具有探索性与创造性，个体性与协作性，社会性与时代性等特征（陈晨，2013；杨柳，2013）。

（2）海归高层次人才的内涵与特点

2008年"海外高层次人才引进"成为中央政府和各级地方政府人才工作的战略重点。中央政府和各级地方政府纷纷出台了一系列旨在吸引海外高层次人才回国创新创业的政策。但是，如何界定海归高层次人才，尚无统一看法。

根据《关于鼓励海外高层次留学人才回国工作的意见》[①]，引进海外高层次留学人才，一般是指，公派或自费出国留学，在海外从事教学、科研、工程技术、金融、管理等工作并取得一定成就，为国内急需的高级管理人才、高级专业技术人才、学术技术带头人，以及拥有较好

---

① 《关于鼓励海外高层次留学人才回国工作的意见》的通知. http://www.cdhrss.gov.cn/mleoflawdwtailU^*? id=AFB17vIGIDmjmZUGUmq.

产业化开发前景的专利、发明或专有技术的人才。①

文献研究显示，海归高层次人才的概念内涵尚未形成统一、清晰的界定。从海外高层次人才引进工作的文献梳理中发现，"海归人才""海归高层次人才""海归高层次留学人才""海归高层次科技人才""海归高层次创新创业人才"等概念同时存在。从语义上讲，高层次人才是一个比较抽象、难以清晰界定的概念。从不同视角、不同立足点，对高层次人才的理解和阐释也不同。有学者认为，高层次人才就是在国家人才结构中居于顶层的人才，他们从事的创造性劳动，为科技进步和经济社会发展做出了积极贡献（蔡学军，2003）。张倩（2010）认为，高层次人才是指，能够对国家、地区或者行业的经济、政治、文化和社会发展做出显著贡献的人才，比如，重大科学发现、重大科技发明、重大工程设计、重大战略思想和重大管理创新等稀缺人才。

从定义来看，海归高层次人才是相对于国内高层次人才而言的，是指具有海外学习经历、工作经历的高层次人才。海归高层次人才除了拥有高层次人才的特点外，还具有一些其他特征（姚慧丽，2012）。

1）拥有爱国主义情怀。海归高层次人才，拥有强烈的爱国主义情怀和民族自豪感。随着中国经济社会的发展，迫切需要拥有知识和技能的海外人才回国进行创新创业活动，提升科技创新能力。目前，中国拥有数百万海外留学人员愿意学成回国，参与祖国的建设，为中华民族的复兴贡献力量。

2）国际交流水平高与国际合作水平高。中国的海外高层次人才一般分布在科技创新能力处于世界领先水平的欧美发达国家，他们处于世界经济、科技的前沿，国际交流程度与国际合作程度非常高。

3）具有较高的流动性。海外高层次人才作为最顶尖的人才，是世

---

① http://www.nbrs.gov.

第2章 文献研究

界各国争夺的对象。美国、日本、新加坡等发达国家都在制定积极政策，吸引海外高层次人才。海归高层次人才一般会选择创新创业政策环境较好、科技实力较强的国家和地区。

以中国对海归高层次人才的认知，他们对提升科技竞争力的重要性，是随着科技进步与经济社会发展而逐步深化与完善的。

1983年8月，《中共中央国务院关于引进国外智力以利四化建设的决定》首次对引进海外人才进行表述，对于国外各类专业人才，凡是愿为中国四化建设服务，有一技之长，国内又确实需要的，我们都应欢迎。可以是高级、中级的科技专家，也可以是具有专门技能的熟练工人；可以是在职的专家，也可以是退休的专家和老工人。[1] 这标志着，中国拉开了引进海外人才工作的序幕。

2003年12月，《中共中央国务院关于进一步加强人才工作的决定》对引进海外人才提出了新的要求。该决定明确指出，重点引进高新技术、金融、法律、贸易、管理等方面的高级人才以及基础研究方面的紧缺人才。[2] 上述文件对海外人才引进工作的表述，反映了中国在经济发展的不同阶段，对海外人才赋予的不同内涵与不同界定。

2017年，人事部会同教育部、科技部、财政部以及全国留学人员回国服务工作部际联席会议成员单位，共同制定印发了《关于在留学人才引进工作中界定海外高层次留学人才的指导意见》，对海外高层次留学人才的范围，海外高层次留学人才界定的主要原则、条件等做了明确规定。[3]

---

[1] 中共中央、国务院关于引进国外智力以利四化建设的决定. https://www.cbi360.net/gov/a189047.html.
[2] 中共中央、国务院关于进一步加强人才工作的决定. http://www.gov.cn/test/2005-07/01/content_ 11547.htm.
[3] 关于在留学人才引进工作中界定海外高层次留学人才的指导意见. http://hrss.xm.gov.cn/xxgk/sjwj/201711/t20171115_ 1824289.htm.

《关于在留学人才引进工作中界定海外高层次留学人才的指导意见》明确指出，当前中国引进海外高层次留学人才一般是指，中国公派或自费出国留学，学成后在海外从事科研、教学、工程技术、金融、管理等工作并取得显著成绩，为国内急需的高级管理人才、高级专业技术人才、学术技术带头人，以及拥有较好产业化开发前景的专利、发明或专有技术的人才。①

《关于在留学人才引进工作中界定海外高层次留学人才的指导意见》规定，在引进海外高层次留学人才工作中，要坚持以科学的人才观为指导，要坚持德才兼备原则，把品德、知识、能力和业绩作为衡量人才的主要标准，要尊重人才的成长规律，把人才的学识、业绩和贡献与其发展潜能相结合，要尊重人才的多样性、层次性和相对性，通过实践检验人才，注重业内认可。

2.1.2 海归高层次人才创新创业政策

（1）创新创业政策

科技创新创业是指，各种形式的组织或个人，以实施科技项目的成果转化为目的，以创办科技型企业为载体，致力于科技成果转化，实现技术和经济融合的过程（孙俊科等，2010）。

在进行创新创业时，市场会失灵，也因国际战略需要，经济合作与发展组织（OECD）发现，各国政府都制定了相应的政策以促进创新创业（丁琛，2014）。

创新政策是制度的集合，是相关组织集聚在一起，为实现特定目标形成的一个集合（Giddens，1979）。创业政策的本质，就是刺激创业活动（Gartner，1995）。完善的创新创业政策，可以有效地带动创业者的

---

① 关于在留学人才引进工作中界定海外高层次留学人才的指导意见. http://hrss.xm.gov.cn/xxgk/sjwj/201711/t20171115_1824289.htm.

积极性和创新激情（Lundstrom and Stevenson，2005）。

创业政策一般有两个作用。一是通过制定优惠政策，引导、促进更多人创建新的企业；二是通过政策规制，营造良好的创业环境，为新创办企业的发展、成长提供保障，提高初创企业的存活率（Degadt，2004）。创业政策是政府为促进小企业创立、成长而制定的一系列优惠政策和支持措施（Kayne，1999；Collins，2003；王勇和任慧，2014）。

创业政策可以从创业和政策两个角度来理解。创业政策的目的是，为企业家从事创新活动与创业活动营造良好的环境和氛围，促进创业活动，推动经济增长（Hart，2003；王玉帅和尹继东，2010）。创新创业政策，是为了促进地区创新水平提高而采取的新的资源配置方式等创新性的措施（肖士恩等，2004）。创新创业政策，是为了提高创新水平而采取的各项措施的综合体（连燕华，1998）。

创新创业政策是政府为了鼓励创新发展和利用创新成果而采取的公共措施，营造更好的创业环境，为新企业创造更好的成长机会（Lemola，2002）。创新创业政策是包含教育、培训、金融扶持政策、税收政策、资源配置政策和法律制度等多项因素在内的一个整体，各因素相互结合，营造良好的创新创业环境。

世界各国的创新创业政策主要包括：政府直接补助、税收优惠、政府购买、鼓励投资、支持中小企业创新政策、知识产权保护制度等（丁琛，2014）。陈建新等（2018）将创新人才政策要素划分为：创新人才引进、创新人才培育、创新人才流动、创新人才评价、创新人才激励和创新人才服务保障六个方面。

芬兰贸易与产业部认为，创业政策包括五个内容：（1）创业教育、培训和咨询；（2）创业初期、成长阶段和全球化过程，通过提供融资等金融支持来促进创业，提升中小型企业的数量并增强其国际竞争力；（3）税收政策；（4）地区创业，根据地区差异进行资源的合理分配；

（5）法律制度，完善法律体系，营造良好的创业活动条件（陆成艺，2015）。

　　基于创业过程理论，王玉帅等（2009）提出创业动机、机会识别、企业初创三阶段创业政策理论框架。在创业动机阶段，创业政策的主要目的是识别、激发创业意愿，并通过政策强化创业动机。当创业者开始进入机会识别阶段时，创业政策需要基于机会识别视角，设法培育和增强创业者识别创业机会的能力，提升创业者识别、抓住创业机会的可能性。在企业建立初期，创业政策的重点是通过金融政策、商务政策等支持、提高初创企业的生存成功率。构建适宜的创新创业政策体系，有利于创业者的创业活动，提升创业生存率，促进经济社会可持续发展（赵都敏和李剑力，2011）。

　　姚艳玲（2010）提出，科技创新创业政策体系应该具有前瞻性、战略性、基础性和系统性，并构建了包括科技投入体系、科技创新主体培育体系、科技服务体系和科技环境体系的科技创新创业政策体系框架。李北柿和朱丽娜（2010）研究发达国家的中小企业科技创新政策体系时，发现主要有三个方面：一是为促进科技成果产业化提供服务，即对科技成果进一步工程化、中试和设计等提供服务；二是为中小企业技术创新提供资金支持；三是为解决中小企业技术创新和成果转化提供信息服务和咨询服务。姜长云和刘志荣（2009）研究发现，西方国家的中小企业发展比较好，原因在于当地政府制定了一系列扶持科技创新创业的政策。政府相关部门、科技中介组织和一些民间组织一起参与合作的社会化中小企业服务网络，构成了比较广泛的科技创新创业服务体系。廖中举等（2017）以大学生创业政策为例研究发现，目前中国以供给型政策为主，而环境型政策相对缺乏。创业政策重视提供外在条件支持，如"税费减免""融资支持"等对外在的资金、物力方面的支持，忽略了对创业的内在创新意识和创新能力的培养。

既有对科技政策、人才政策等公共政策的研究，主要采用定性分析的方法，而随着研究方法的不断推进，当前对政策的测量开始采用内容分析法、定量研究等方法，在此基础上，也对政策的绩效作用进行了研究（刘凤朝和孙玉涛，2007）。例如，彭纪生、孙文祥和仲为国（2008）对技术创新政策进行量化，定量描述了1978年以来中国科技创新政策的演变规律，并将技术创新政策变量引入柯布—道格拉斯生产函数，研究技术创新政策对经济绩效和技术绩效的影响，还比较、研究了不同政府部门在技术创新目标取向上的政策协同对经济绩效与技术绩效的影响。程华和钱芬芬（2013）以国家层面颁布的与产业技术创新相关性最强的454条技术创新政策为研究对象，基于柯布—道格拉斯生产函数，利用2000~2009年的产业面板数据，对政策力度、政策稳定性与创新绩效进行了研究。此外，在其他公共政策测量方面的研究也取得了一定进展。

（2）海归高层次人才创新创业政策

近年来，学者在创新创业政策干预原理的基础上，从多个视角探究了创新创业政策的制定（盛亚和朱柯杰，2013）。针对性的人才吸引政策，是全球化时代获得竞争优势的一种有效工具（Shchar，2006）。公共政策在吸引人才流动中起着重要的作用（Stephan et al.，2015）。

张波（2019）认为，海归高层次人才政策的内涵主要包括：完善技术移民制度，以吸引高技能人才；推出双重国籍；大量招收科学、技术、工程、数学领域的外国留学生；对高层次科技人才给予补贴或税收优惠；鼓励跨国公司吸收海外科技人才；设立国家猎头公司，在全球搜寻高科技人才；引导海外专业团队，推动科技人才回流；建立国际科技人才信息库与人才交流市场；积极推动国际科技交流与合作，储备科技人才；建立高科技园区，集聚科技人才等政策措施。

薛琴和申俊喜（2015）对工业化中后期海归人才回国创业政策进

行研究，发现中国各地区主要存在重政府主导轻市场运作、重政策优惠轻环境营造、重人才引进轻管理服务、重单枪匹马轻网络整合的问题。并提出要构建规范有序、公平竞争的市场环境，努力形成各具特色的产业创新网络，创新产学研合作的组织模式，着力培养尊重知识、尊重人才，不断学习创新的文化氛围，营造有利于海归人才创新创业的制度环境等。

2.2　海归高层次人才创新创业政策演变研究

改革开放以来，中国经济发展进入新阶段，高层次人才在经济社会发展中的重要作用日趋显著。1983年，中共中央制定《关于引进国外智力以利四化建设的决定》、国务院制定《关于引进国外人才工作的暂行规定》，吸引海外高层次人才正式成为改革开放的一项基本政策。2006年，全国科技大会提出实施自主创新战略。人事部印发《留学人员回国工作"十一五"规划》。

20世纪90年代初期，政府加大对人才的培养力度与引进力度，国务院出台以高层次人才为主要引进对象的海外揽才计划，逐步形成自上而下、从中央到地方的政策执行模式。

中国共产党第十八次代表大会以来，中央更是加大对人才的引进力度，中国海外高层次人才政策的演变经历了多个发展阶段，逐步向多角度、深层次方向发展。

不同学者对人才政策演变阶段的划分，有不同的参考标准。既有文献对人才政策的划分，主要有五阶段、四阶段和三阶段之说。

刘忠艳、赵永乐和王斌（2018）以重大事件为时间节点，对中国1978~2017年出台的科技政策进行梳理分析，提出改革开放以来的科技人才政策，可以划分为恢复调试期、初步确立期、积极推进期、深入推进期和全面创新治理期五个阶段。黄海刚和曲越（2018）研究1978~2017年中国高端人才的演进轨迹与战略转型，以重要科技战略和教育战略的颁布节点为划分标准，将人才政策分为恢复期、形成期、发展期、体系化期及创新引领期五个阶段。

李丽莉（2014）根据科技、经济发展中的关键点，将中国科技人才政策演进划分为四个阶段。1985年，国务院颁布《中共中央关于科学技术体制改革的决定》，标志着中国科技体制改革的启动；1992年，中共十四大确定建立社会主义市场经济体制后，科技人才政策为适应市场配置人才要求而进行了市场化转型；2002年，党中央提出了"以人为本"的指导思想，召开了第一届全国人才工作会议，科技人才政策进入了人本化发展阶段。三个重要节点将中国科技人才政策发展历程划分为四个阶段：第一阶段，科技人才政策的恢复阶段；第二阶段，科技人才政策的调整阶段；第三阶段，科技人才政策的转型阶段；第四阶段，科技人才政策的人本化发展阶段。

王丽娜（2012）总结了中国改革开放以来的人才政策发展过程，以重大会议的召开时间和重要政策的发布时间为划分节点，将人才政策演变划分为四个阶段，人才政策恢复重建期（1977~1982年）、人才政策改革破冰期（1983~1991年）、人才政策市场转型期（1992~2000年）和人才政策战略推进期（2001~2012年）。

萧鸣政和韩溪（2009）以中央涉及人才工作的重要会议（如党的十一届三中全会、党的十四大等）为筛选节点，将中国改革开放以来的人才政策划分为三个阶段，分别为，改革开放初期（1978~1992年）、科教兴国战略为主导时期（1993~2003年）和以人才强国战略为导向时期（2003~2008年）。

由此可见，多数学者以重大会议召开、重大政策发布和重大事件发生的时间为节点,将中国人才政策演变划分为不同阶段,每个阶段的人才政策都带有时代特色,同时,为下一阶段人才政策的制定提供历史经验和借鉴。

黄海刚和曲越(2018)采用社会网络分析方法和政策文献量化研究方法,分析了改革开放40年以来(1978~2017年)中国高端人才政策的制度变迁、话语结构转向及发文主体的网络关系。研究发现,中国高端人才政策具有显著的政府主导性和变革渐进性、强调"引"大于"育"的政策价值隐喻等特征,经历了政策工具从单一到多元、发文机构从相对独立到协同的制度变迁。

2.3 海归高层次人才创新创业政策环境评估研究

2.3.1 海归创新创业环境

创新创业政策的范围非常广,从政策制定到经济发展,最终提升社会福利。高德纳(Gartner,1995)认为,创业政策将直接影响一个国家和地区的创业水平。研究发现,良好的创业政策会促使人们进行创业(Lundstrom and Stevenson,2005)。合理的税收减免政策,有利于创业者数量的增长(Blanchflower,2000)。

全球化加剧了企业家跨境流动(Wright,2011),催生了一种新的现象——海归创业(returnee entrepreneurship)。海归指,曾在国外接受过教育或专业培训,并将知识和理念带回祖国的人才(Drori et al.,2010;Li et al.,2012)。海归既是投资者、管理者,也是工程师,他们回国创业为中国企业在各个方面的发展做出了贡献(Luo,2017)。海归群体通过对内外部资源和知识的整合优化,在更大程度上创造出推动社会发展的经济价值(胡洪浩,2014)。国内外学者对于海归的定义,

第 2 章 文献研究

不完全相同。总之,海归是对在国外留学或工作后回到本国的人才群体的总称。

白等(Bai et al.,2018)将海归企业家在本国创办的企业,称为海归创业企业(returnee entrepreneurial ventures)。陈健等(2017)借鉴中关村科技园对海归创业企业的定义,认为其是由海外留学人才回国创立的,且为注册公司法人代表的高新技术型公司。[①] 张枢盛和陈继祥(2014)在跨案例研究中指出,海归创业企业应满足三个条件:(1)企业的业务领域,属于高新技术行业;(2)企业在国内外都有属于自己的信息网络;(3)企业的成立时间为3年及以上。既有研究将初创企业成立时间,界定为自注册之日起算8年或8年内的企业(Li et al.,2012)。彭伟(2017)也给出了海归创业企业需符合的两个条件:(1)企业的成立时间要在8年以内;(2)企业创建者为在海外工作或者学习至少1年的海归。综合以上学者的研究成果,本书将海归创业企业定义为,由海归回国创建(或高层管理团队中有海归)的高新技术企业,且成立时间不超过8年。

当前,学者们开展海归创新创业环境研究,主要聚焦于海归创新创业环境现状与对策研究。

海外留学人才回国创业的队伍不断壮大,但创业企业仍面临较严重的成长困境,因此,海归创业企业要"接地气""添洋气"双管齐下,政府要通过政策创新,为海归创业者创造创业软环境并加强要素供给,将政策落到实处(彭伟,2017)。杨月坤(2013)对海归留学人才创新创业现状研究发现,当前,海归留学回国人才成为科技创新的一支重要力量,促进了新兴产业的快速发展,同时,创新创业活动面临着缺乏资金和高级人才、政府重引进、轻考核、淡激励以及配套服务不完善等问

[①] 关于印发《中关村国家自主创新示范区海归人才创业支持专项资金管理办法》的通知. http://zhengce.beijing.gov.cn/library/192/33/50/438650/105381/index.html.

题，并提出健全融资体系、完善人才评价考核机制、提高服务水平等对策建议。贺翔（2018）通过对宁波市的海归创业企业研究发现，融资渠道缺乏导致的融资困难以及高技术能力人才招募困难，成为当前海归创业企业的创业期"瓶颈"，建议政府大力发展天使投资和融资租赁以缓解融资困难，加大公共服务水平。虽然政府加大引才力度和引才强度，但海归创业成长仍面临着技术障碍、市场障碍、网络障碍以及产业障碍。因此，必须破除障碍性因素，更好地发挥海归知识技术溢出的作用（顾勇等，2013）。

2.3.2 海归创新创业政策环境评估研究

许多中文文献对不同城市吸引海归高层次人才创新创业的生态环境进行了比较研究。徐丽梅（2010）通过对中国的深圳市和无锡市引进海外人才的创业政策和创业环境进行对比分析，总结出吸引海外高层次人才创新创业要坚持政府作用和市场机制相结合、政府和创业者共担风险、对创业失败提供制度保障等。曹明（2007）以 GEM 理论模型为基础，对中国和日本的高层次人才创新创业政策环境进行分析与比较，认为不断改善中国的创新创业政策环境、建立多层次的对创业活动进行支持的制度体系，对于促进中国创新创业活动，进而促进经济可持续发展意义重大。

王勇和任慧（2014）通过对北京市"海聚工程"前 7 批 124 名创业者进行问卷调查，对北京市海归高层次人才的创业政策环境进行了评估分析。该文献发现，整体上，海归高层次人才对于北京市创业政策环境的满意度介于一般和较高之间，但对部分政策存在未体验或评价较低的问题，政府应进一步完善相应政策的激励性、支持性、服务性和保护性。

陈玲、王晓丹和赵静（2010）通过对上海市、苏州市和无锡市创新创业政策环境的比较研究，发现地方政府提供的更多是"保姆式服务"。李世军（2012）分析了安徽省海外人才的引进政策，提出要改善海归高层次人才的生活环境和工作环境，并加强海归高层次人才基地服务体系的建议。王看龙（2012）研究了山西省海外人才的引进政策，提出要健全政策体系、科学规划制度政策、创造平等机会、改善服务体系和优化工作环境等建议。

吴江（2014）将海外人才政策分为奖励性政策、保障性政策和发展性政策，分别解决"引得进""留得住"和"用得好"的问题。通过对北京市、上海市、广州市、深圳市、天津市、苏州市、无锡市、武汉市、重庆市、西安市10个城市相关政策的文本分析，认为各地出台的引进海外高层次人才政策存在引才目标地区差异不大、奖励性政策"不理智行为"突出、发展性政策创新空间大的问题。引才政策的不足，直接影响了引才效果，保障激励政策的不足影响了人才效能的发挥（张奕涵，2010；祝瑞，2013）。

吴江（2011）收集了357项全国人才法规政策，通过对2万多名留学人员、海外归国人员进行问卷调查，探究海归人才对人才政策的满意度，结果显示，海归人才对人才政策总体满意度居中上水平（约60%）。

曹钰华和袁勇志（2019）以深圳市、苏州市和沈阳市为例，基于基本政策工具和"系统失灵"两个视角，分析了三个城市的创新人才政策文本，通过系统化的内容分析和统计，探索区域创新人才政策与人才发展、区域创新之间的关系。研究发现，创新人才政策的总量、政策工具的类别与组合、人才多样性、机构多样性以及系统互动度等指标，与区域人才发展、区域创新绩效密切相关。

王慧文（2018）基于2009～2015年江苏省各地级市实行海外高端人才引进政策以来的相关数据，分析并测算了近年来江苏省集聚高层次人才的现状，并从经济发展水平、工资水平、人才集聚载体、科研氛围和政策环境等方面研究江苏省海归高端人才集聚的影响因素及其影响程度。

对创新创业生态环境的评价研究，以全球创业观察（global entrepreneurship monitor）项目最著名，是美国巴布森学院和英国伦敦商学院的学者于1998年发起的旨在跟踪和研究世界各地创业环境和创业活力的国际性研究项目。一些学者对创业环境的界定进行了探讨，其中，嘉特纳（Gartner，1985）从个体、组织、过程和环境四个维度描述了企业创业框架，认为创业环境由资源的可获得性、周边的大学及科研机构、政府的干预及人们的创业态度等因素组成（蔡莉等，2007）。

目前，国内专门针对创新创业制度环境的研究相对较少。肖斌（2005）通过北京市、天津市、深圳市、济南市、成都市等城市的专家问卷数据，提出一个包含17个项目三因素的中国创业制度环境评估模型，与三维度国家制度框架进行比较和统计检验，研究表明，创业制度环境三因素模型在同一个国家内的不同地区之间是有效的。一方面，制定合理的创业优化政策，整合社会资源，不仅可化解当前创业遇到的各种困境，调动创业积极性，还可带动更多人才实现就业，在一定程度上缓解了部分群众的就业压力；另一方面，创业的情况在一定程度上也可体现一个地区科技创新的活力。

探讨人才创新创业的影响因素，有利于制定合理的政策以促进创新创业的良性发展，有效地推动区域产业结构优化。任何一个制度在组织实施后都应当进行适时评估，以便对制度内容进行修改、完善或废止。因此，制度评估可以帮助制度制定者和制度执行者更好地制定、执行制度，及时完善、修正制度，有利于提升制度的科学性。

文献梳理发现，多数学者以GEM理论框架为基础，研究创新创业生态环境的评价指标体系。严利和叶鹏飞（2017）关注创业环境条件，包括金融支持、政府政策、政府项目、教育与培训、研究开发与转移、

第 2 章 文献研究

商业环境与专业基础设施、国内开放程度、文化规范与社会规范、实体设施与基础设施九个方面。陆成艺（2015）基于前人的创业政策理论框架，以及海外高层次人才群体的特殊性，构建全新的创新创业生态环境分析框架，围绕"创业促进、创业教育、减少障碍、创业融资、创业支持和目标群体战略" 6 个方面，对于创造舆论环境、建设创业基地、提供税收优惠、知识产权保护、财政资金扶持、简化贷款流程、提供政府采购等 21 个指标，进行了编码与量化分析。贺翔（2015）根据科学性原则、系统性原则、客观性原则和可获得性原则，从金融支持、政府政策、政府项目、教育与培训、研究开发与转移、商业环境与专业基础设施、国内开放程度、文化规范与社会规范、实体设施与基础设施九个方面构建海归高层次人才创新创业环境评价指标体系。徐京（2013）依据定性与定量结合、全面科学与可操作性结合的选取原则，指出吸引海外高层次人才创新创业的生态环境评价指标体系由金融支持、政府项目与政府支持、科研教育、商业环境和基础设施、社会与市场等几个一级指标、26 个二级指标构成。

海外高层次人才创新创业生态环境的评价方法，一般采用层次分析法、主成分分析法、德尔菲法来确定指标及权重。孙琪（2011）运用相关理论对中国辽宁省大连市海外归国学子的创新创业环境现状作了分析，基于 GEM 模型框架，构建了创业环境评价指标体系，采用层次分析法和德尔菲法，确定了各因素的权重。贺翔（2015）基于全球创业观察模型，运用主成分分析法，对中国浙江省 11 个地级市的海归高层次人才创新创业环境进行了评价。杨荔发（2012）通过因子分析法得出，地方政府海外高层次人才创新创业服务体系主要包括：政府创业政策支持服务、研发支持服务、创业金融服务、专业支持服务、创业网络服务、创业基础条件服务、创业基础服务 7 个主成分。王勇和任慧（2014）从激励性政策、支持性政策、服务性政策和保护性政策 4 个维度，细分为 14 个要素，从而建立"海聚工程"创业政策环境模型，对北京市海归高层次人才创业政策环境进行实证分析。

2.4 战略导向、网络嵌入与海归创业绩效研究

2.4.1 海归创业绩效

1. 海归创业绩效的影响因素研究

海归人才可以通过人力资本的技术转移为企业提供新的知识来源，提高企业的创新绩效（Luo et al., 2017）。朱晋伟和胡万梅（2015）基于高新技术行业的海归企业调研，认为其国内外社会资源、海外人力资源等均有利于回国经营企业的绩效提升。赵文和王娜（2017）以深圳市医药类海归企业为样本，运用定向比较分析方法（qualitative comparative analysis，QCA）定性探究海归企业绩效的提升路径，指出联结拓展海外关系网络是推动海归企业发展壮大的重要因素。有学者指出，海归企业家的国际社交网络与其国际绩效之间存在正向关系；海归企业家拥有国际社会网络，对于培养海归企业家的国际网络能力至关重要，而国际网络能力反过来对国际绩效产生积极影响（Bai et al., 2018）。罗等（Luo et al., 2017）对光伏产业专利行为研究发现，具有国际经验的知识型海归领导者更益于从事专利活动，在加强企业技术创新能力的同时，也对邻近企业产生溢出效应。学者们主要通过海归的社会资本（具有国内网络和海外网络）、人力资本（海外学习经验和技术知识资源），对海归企业的绩效进行研究。从企业战略管理视角考察海归创业企业实施的战略导向对海归创业绩效内在机理的研究较为鲜见。

（1）创业企业绩效概念

随着创业活动和理论研究不断得到关注，仅仅依靠企业绩效的衡量

标准来考察创业企业绩效,不完全符合初创企业的特征。学者们开始尝试将企业绩效和创业相结合,通过对创业企业绩效概念的界定,构建创业企业绩效的相关理论。创业企业绩效理论的发展,主要基于组织绩效理论而展开,目前,其内涵界定并未达成定论。莫利特诺和维塞玛(Moliterno and Wiersema,2007)指出了企业绩效和创业企业绩效的潜在区别,认为企业绩效是组织在运营管理过程中产生的营收效益,而创业企业绩效是由组织创业行动带来的成果或新创公司的经营状况。有学者指出,创业企业绩效是一种评价创业企业经营管理状况满意程度的指标。贝蒂和史密斯(Beattie and Smith,2010)认为,创业企业绩效是用来检验创业企业经营状况的重要指标,在一定程度上表现为创业者创业目标达成的程度(Weick,1979)。也有学者认为,创业企业绩效是指,初创公司及其下属其他公司的总收益增长和战略发展(Ng and Rieple,2014)。桑德伯格和霍费尔(Sandberg and Hofer,1987)认为,创业企业绩效本质上是产业结构、创业者以及企业战略实施等多种因素综合作用的结果。总之,创业企业绩效衡量的是创业企业的经营状况和发展状况。

(2)创业企业绩效的维度与测量

对于创业企业而言,提高创业企业绩效水平是核心追求目标,也是其生存和发展的必要任务。创业企业绩效,一方面,是衡量创业是否成功的核心标尺;另一方面,也是对不同创业理论预见度的基本评价准则(余绍忠,2013)。已有学者从创业企业绩效分类的不同视角进行研究。

2. 财务绩效和非财务绩效

万卡特拉曼和拉马努扬(Venkatraman and Ramanujam,1986)提出,创业企业绩效可以通过财务绩效指标和非财务绩效指标两方面衡量。财务绩效指标,因其可以直接反映创业成效并辨别创业企业是否实现了最初的生存目标而被众多学者采用。为了满足不同研究需要，学者们对于财务绩效指标的测量采用了截然不同的具体指标。费泽和威拉德（Feeser and Willard，1990）认为，阶段性销售盈利的增长在某种程度上反映了企业取得的阶段性成功，故用销售收入增长率这一财务指标来测量创业企业绩效。姚梅芳等（2004）构建了高科技创业企业绩效评价指标，用现金流、流动比率和速动比率来表征财务绩效。一般来说，财务绩效的测量指标，主要有销售额增长率和营收获利率（余绍忠，2013）。但采用单一财务绩效指标很难反映企业的总体现状，因此，在创业研究中，非财务绩效指标日益受到学者们的广泛重视。有学者提出，用能够反映企业长期持续发展状况和创业过程中的非财务绩效指标测量创业企业绩效，更为合理且易获取。迪斯等（Dess et al.，1999）认为，加入其他因素的非财务绩效指标，如员工满意度等，一方面，员工满意度、公司名誉等对于反映短期财务绩效有重要作用；另一方面，这些非财务绩效指标在体现企业的潜在发展能力上更为准确，有助于反映企业未来的长期绩效。杨隽萍和唐鲁滨（2011）在此基础上设计了包括投资收益率、新员工数增速、资金周转速度等九个全面评价指标体系，用以探究创业发起人网络结构与企业绩效提升之间的关系。

2.4.2 均衡视域下的战略导向

（1）战略导向概念和维度

有关企业层面的战略导向成为战略管理领域研究方向的焦点之一，备受关注。关于战略导向的内涵，学者们的理解不尽相同。既有研究的概念界定涉及营销、创业、战略等领域。①行为视角。文卡塔兰（Venkatraman，1989）最早提出，战略导向是由企业主导实施的行动策略与采取的行为相结合的企业层面战略，在此基础上构建了6个维度的行为特征。②文化视角。诺贝尔等（Noble et al.，2002）将战略导向定义为企业内部的一种经营哲学、企业理念和企业文化；战略导向源自组织内部，是指导组织采取行动或行为的理念和价值文化的结合（Li，2005）。③资源视角。希特等（Hitt et al.，1997）认为，战略导向是企业对内部拥有的资源和外部所处环境的辨识与分析，体现了企业以持续绩效增长作为发展目标的一种资源调配的基本原则。④方向视角。较有代表性的文献是，加蒂农和塞雷布（Gatignon and Xuereb，1997）研究指出，组织运用战略导向进行有效的资源分配，引导组织行动策略并不断提升绩效，而战略导向就是组织为达成目标而从战略层面上定位的未来发展走向；高等（Gao et al.，2007）认为，战略导向作为指引企业实施行动的风向标，目的是创造长期领先的经营绩效。目前，相关研究文献较为广泛并受到认可的是从方向视角界定的战略导向。企业实施不同战略导向，对资源分配和精力分配倾向不同，进而触发了各种企业网络嵌入行为（张妍和魏江，2016）。因此，本书借鉴彭伟等（2017），采用方向视角对战略导向进行界定，将战略导向定义为企业为实现绩效目标而采取的某种战略方向。

随着外部市场环境不确定性加剧，企业间的竞争日趋激烈，选择不同的战略导向对企业经营的影响愈加突出，企业通过实施战略导向以适应市场动态改变，从而获得长期有利的地位（Li et al.，2008）。战略导向的选择，直接决定了企业对当前内外部优势、威胁的不同判断（宋晶等，2014）。有学者基于技术环境和市场环境，从市场导向和技术导向两个维度对战略导向进行研究（Brockhoff and Chakrabarti，1988）。张妍和魏江（2014）在梳理国内外战略导向研究进程中发现，市场导向和技术导向是两个研究和运用最为广泛的方向。因为海归创业企业多集中在高新技术产业，市场环境动态多变、产品和技术的生命周期更新较快，所以，市场导向和技术导向已成为高新技术产业采取的两种日益重要的战略导向。

（2）市场导向的概念和维度

市场导向起源于营销管理领域和营销战略领域。20世纪90年代，营销学者最早提出有关市场导向的概念构建。其一，是从文化视角。市场导向是组织内在价值观和组织文化的一部分，能够维持组织管理竞争优势，从文化视角理解市场导向的内涵更具指导性（Hurley and Hult，1998）。纳维和斯莱特（Narver and Slater，1990）认为，企业通过企业内部员工的共享价值观和共享意识，致力于创造市场和客户所需的价值，从而产生更优的企业绩效的一种文化。文化视角下的市场导向强调顾客的重要性，以顾客需求得到充分满足来创造更大价值。其二，是从行为视角。科利和贾沃斯基（Kohli and Jaworski，1990）认为，市场导向型企业收集并传递满足客户需求的市场信息，并及时做出反应以指导企业行为，包括企业对满足客户需求的市场信息收集、企业内部跨部门信息扩散和对市场信息的反应。德什潘德和法利（Deshpande and Farley，1993）指出，市场导向型企业是通过密切关注目标市场顾客需求变化来创造差异化的产品和服务，以满足顾客需求的一系列企业行为。

刘宇（2009）在整合文化视角和行为视角的基础上，提出市场导向型企业，在内部整合人力、财务等资源，在外部关注客户需求，形成以客户为核心的企业文化和企业行为相结合的市场导向体系。

1）市场导向维度及测量。因为市场导向概念界定的理论基础和视角不同，所以，研究者也开发了各自对市场导向测量的评价体系。目前，最具代表性的两种量表分别是纳维和斯莱特（1990）开发的，由顾客导向、竞争导向和跨职能协调三个维度的14个题项组成的MKTOR量表，以及科利和贾沃斯基（1990）设计的，由企业对市场信息收集、扩散和应变三个维度的20个题项组成的MARKOR量表。虽然MKTOR

量表和 MARKOR 量表在表征市场导向时有不同程度的不足之处，但两者在实证分析检验中都具备了较高的信度和效度。随着对市场导向内涵研究的进一步深入，学者们基于两种经典量表并结合研究需要修订并设计了量表题项。纳维和斯莱特（2004）提出了反应性市场导向和积极性市场导向的概念，设计了 8 个题项进行评价后被学者们借鉴运用（张婧和赵紫锟，2011；彭华涛，2018）。

2）市场导向对绩效的影响研究。随着市场导向研究的进一步深入，学者们致力于探究市场导向与组织绩效之间的关系并得出了不同的研究结论，甚至得出相互冲突的结论。伯松等（Berthon et al.，2010）指出，企业实施市场导向，可能存在过度关注市场与顾客的问题，从而错失了获取其他学习来源的机会，不利于技术领先产品的开发。贝克和辛库拉（Baker and Sinkula，2010）指出，企业实施市场导向，将直接作用于销售盈利，且往往使得企业经营绩效更佳。市场导向致力于顾客和市场，通过机会识别，预测顾客的新需求，以开发创新性所需的资源，从而实现企业持续增长的竞争优势（Schindehutte，2010）。张婧和段艳玲（2010）认为，市场导向分为反应型市场导向和先动型市场导向，实行两种市场导向均衡，有助于产品创新绩效的提升。简兆权等（2018）基于组织双元理论和资源基础观，将市场导向分为主动式市场导向和反应式市场导向，通过对珠三角地区服务业企业的研究，得出实施主动式市场导向推动了组织内部盈利和外部市场盈利的提升，反应式市场导向则促使组织财务绩效目标的达成。市场导向对客户需求和市场需求的快速反应，并不总是对企业绩效提升具有推动作用，有时，反而会起到抑制作用。造成这一结论矛盾有两个原因：一是学者们仅从市场导向单一视角出发，探究其与组织绩效间的关系，未考虑同时实施市场导向和技术导向对组织绩效的影响；二是市场导向如何对企业绩效产生作用的内在机理，仍然不明晰。

(3) 技术导向的概念和维度

加蒂农和塞雷布（1997）首次提出，将技术导向作为方向视角下战略导向的一个维度来研究，认为技术导向假定客户倾向于技术含量高的产品和服务，技术导向型公司倾向于研发和应用创新技术。此后，有学者基于技术先进性理论，将技术导向定义为企业致力于投入主要资源，获取和利用先进技术创造市场上尚未存在的产品和服务（Berthon et al.，1999）。翥吉马等（Atuahene-Gima et al.，2001）认为，技术导向是企业员工为了适应技术变化环境，而采取的一种探索性、创新型行为。学者们出于各自的研究需要，将技术导向的概念界定向更加多元化的方向发展。王一夫（1995）提出，技术导向通过技术转移的战略观念，完成从技术到产品的转化，推动企业走向产业化。张骁等（2013）认为，技术导向除了技术概念外，还体现为一种经济概念，通过使用新技术进行产品创新和服务创新，对社会需求做出反应，以此实现收益最大化。

技术导向强调技术要素驱动下的创新，有学者认为，技术导向应置于创新导向中进行研究。伯松等（1999）认为，创新导向是顾客偏好于产品或服务的性能和价值，实质上体现了技术超前优势。有研究指出，从技术导向与创新导向的概念界定上来看，两者实际上是较为相似的（Gatignon and Xuereb，1997）。格林施泰因（Grinstein，2008）也认为，技术导向和创新导向均致力于引进新技术、开发新产品或新服务，其概念在本质上并无差别。也就是说，技术导向型企业通过引进新技术、创造新产品或新服务、持续创新成果，确保企业在其领域内长期保持明显的技术性优势（Zhou et al.，2005）。技术导向强调技术要素的长期影响，高技术导向的组织在产品开发中往往会不断引入新技术。总之，技术导向重视技术创新对企业经营的重要作用，通过引入并应用领先技术，致力于创造新产品或新服务来增强竞争优势（Hult et al.，2004）。

1）技术导向的测量。学者们开发了不同的量表对技术导向进行测量，以满足不同角度的研究需要。加蒂农和塞雷布（1997）最先将技术导向作为战略导向的一个类别进行研究，并设计了诸如新产品开发中采用先进技术量表、积极主动发展新技术量表、有效及时追踪新技术量表等进行测量。奈塞等（Nijsse et al.，2005）也开发了量表来评价技术导向，主要涉及当前技术的应用能否导致新技术引进延迟、企业往往需要较长时间才能有效地采纳新技术等四个题项进行测量。此外，其他文献在沿用已有量表的同时也展开了进一步研究。中文文献张骁等（2013）借鉴了郑梅莲等（2007）以及里特（Ritter，2004）实证分析中的测量量表，通过产业内的技术领先者、重视研发活动、承担技术风险、持续开发新产品四个题项测量技术导向。陈天和赵旭（2017）从技术优势、迅速实施技术革新、使用精密技术、追求革新性新技术四个方面来测量技术导向。李巍（2015）研究科技企业产品创新和经营状况时，将技术导向区分为技术先进性和产品柔性，技术先进性即通过企业努力追求全面掌握产品的核心技术、企业认为新产品的技术领先重要等四个题项测量；产品柔性，即采用企业为满足顾客的需求致力于使产品功能多样化、企业在产品开发中充分运用外部资源以提高自身研发效率等三个题项进行测量。技术导向和创新导向在概念界定上的相似性，使得诸多学者在实证研究中通过创新导向的成熟量表来测量技术导向。

2）技术导向对绩效的影响研究。技术先进程度不同，是产生经营绩效差距的主要原因。高效领先性技术是企业获取竞争优势的战略制高点。关于技术导向和组织绩效的关系并未得到充分验证，也并未得出普遍认可的观点（张骁等，2013）。有一些学者认为，技术导向具有高风险性，投入过多会消耗组织资源，因而并不一定完全对企业绩效起到提升作用。谢洪明等（2006）对珠三角地区企业调研指出，致力于技术创新对企业绩效提升并无直接推动作用。但学者们大多认为，技术导向通过超前的技术创新，破除企业现有竞争困境，产生了收益突破。周等（Zhou et al.，2007）认为，技术导向能够积极推动企业技术创新。在市场竞争加剧的情境下，技术导向作为企业新产品开发创新成果的重要战略导向，其独有的创新技术要素将成为企业竞争优胜的内在动力（Wiklund and Shepherd，2005）。技术导向型企业，致力于技术驱动，跳出市场现有供求限定，提供差异化的技术领先型产品而为企业增加盈利（李颖等，2018）。企业实施高技术导向，可以通过提高外部开放性和积极性，间接增强突破性创新能力（林嵩和刘震，2015）。道比（Dobni，2010）表示，企业实施技术导向更致力于技术创新产品研发，进而助推企业市场价值提高及经营绩效更优。技术导向使得公司新产品具备强有力的市场灵活性，持续保持市场领先和技术领先，能使其在市场中独占鳌头，获得超额营收（张骁等，2013）。因此，海归创业企业作为技术创业的典型代表，实施技术导向是其在市场竞争中保持持续领先的决定要素。也就是说，企业积极应对技术变化或通过技术革新引领技术变化，在领域内率先掌握新技术，对于提升行业竞争力和市场灵活性具有重要意义（Zhou et al.，2005；Talke et al.，2011）。

（4）战略导向均衡相关研究

1）战略导向均衡维度和测量。资源约束理论认为，企业资源是有限的，无法同时将市场导向和技术导向作为战略重心。因为市场导向和技术导向涉及对企业有限资源的竞争，所以，早期学者大多基于资源约束论，从单一战略导向视角出发考察其对企业绩效的不同影响。从理论上割裂了不同战略导向对企业绩效的影响作用，脱离了企业实际情况，并不能为企业经营提供基于实践的指导（Zhou and Li，2010）。此后，学者们逐渐认识到单一战略导向的缺陷，更多学者支持组织双元理论。组织双元理论认为，组织的运营和壮大在很大程度上取决于其更好地平衡探索性活动和利用性活动（Cantarello et al.，2012）。何和黄（He and Wong，2004）提出了利用式活动和探索式活动是共同影响的，强调了双元平衡对战略管理领域的重要意义。市场导向，以利用性活动为主，侧重于通过获取当前的市场信息，掌握市场变化，采取应对措施，强调适应变化和利用变化；技术导向，以探索性活动为主，侧重于通过技术探索驱动企业发展，强调创造变化和创造差异。因此，市场导向和技术导向之间呈现出一种类似于利用式活动和探索式活动的张力，将市场导向和技术导向相结合达到一种均衡，会弥补各自的缺陷，从而有利于企业实现更好的经营绩效（李巍，2015）。

曹等（Cao et al.，2009）将组织均衡划分为联合及平衡两个方面，其中，联合体现探索式活动和利用式活动的绝对水平，平衡体现两者的相对水平。一些学者将组织均衡理论延伸至企业管理中的战略管理范畴。张婧（2010）创造性地将其延伸到战略导向范畴内，实证表明，实现先动市场导向—反应性市场导向均衡有助于企业产品创新绩效的提升。李巍（2015）进一步提出了企业管理实践中两种战略导向间也可以实现平衡，并对市场导向—技术导向联合均衡和匹配均衡进行概念界定和研究。

2）战略导向均衡相关研究。面对日益复杂和不确定的商业环境，市场导向与技术导向对组织绩效的重要性日趋显现。从单一视角探究这两种战略导向与组织绩效关系的文献层出不穷。但迄今为止，鲜有文献论及市场导向—技术导向均衡对组织绩效产生影响的内在路径。积极实施市场导向的企业，侧重于满足客户需求并关注外部市场环境的动荡，而采取技术导向的企业，则会试图通过不断探索新技术来构建差异化的技术优势。既有文献仅仅将视角限定在某种特定的战略导向，孤立地研究它们各自对组织绩效的影响。相关学者指出，经营成功的公司往往在聚焦技术的同时也迎合市场（张妍和魏江，2014）。学者们开始探究企业同时实施市场导向和技术导向会怎样，试图弄清楚如何同时利用这两种战略导向来实现企业经营绩效最大化。既有研究表明，企业实施单一的战略导向远远不够，实现不同战略导向之间的平衡才更有助于维持企业持续的竞争优势（张妍和魏江，2014）。

有学者指出，根据公司现有经营状况实施最优战略导向，平衡探索式活动与利用式活动，既适应并利用现有市场变化，又创造开发新技术、新产品，有利于企业长期持续领先（He and Wong，2004；Cao et al.，2009）。李等（Li et al.，2006）研究表明，保持战略导向平衡对于企业开发新产品有重要作用。李巍（2015）通过调研科技企业指出，市场导向—技术导向联合均衡对突破式产品创新和企业绩效具有积极作用，匹配均衡对渐进式创新和组织绩效有促进作用。彭伟等（2017）基于三个城市的海归创业企业的调研数据进行研究的结果表明，市场导向和技术导向达到平衡状态，能够有效地促进海归创业企业积极嵌入本地网络和海外网络的平衡。学者们虽然论证了企业同时实行市场导向和技术导向更有利于企业绩效，但是，目前有关市场导向—技术导向均衡的研究仍为数甚少，相关理论框架在后续研究中亟待深入探索（张骁和胡丽娜，2012），更缺乏对市场导向—技术导向均衡如何影响海归创业绩效的内在机制研究。

2.4.3 双重网络嵌入

（1）网络嵌入性理论

企业的生产经营活动需要从行业的供应商、行业协会联盟、科研机构等的合作交流中获取信息和资源，其行为受到所在社会关系网络的影响（Gulati et al.，1998）。社会网络是技术型创业企业赖以生存和发展的环境，网络嵌入是创业企业获取外部资源和寻求多方合作与支持的重要渠道（张春雨等，2018）。网络嵌入的相关研究，可以追溯到嵌入性

第 2 章　文献研究

理论的研究（Granovetter and Mark, 1985）。一个事物内生于其他事物之中, 即为嵌入性, 用以测量不同事物之间的紧密联结程度。嵌入性理论应用于不同研究领域, 其中, 在组织间社会网络关系中的应用尤为普遍。嵌入性对组织与周围其他相关主体间的关系产生重要影响。网络嵌入性是社会网络理论的重要概念, 体现了行为主体在网络中所处的地位, 以及与网络中其他主体的关系。哈林恩等（Halinen et al., 2013）认为, 网络嵌入性, 即为置于网络中的成员和其他独立主体间彼此依赖的关系。这种网络嵌入性决定了行为主体在网络中能够配置资源的多少和类型, 继而对网络中行为主体的绩效产生影响（魏江和徐蕾, 2014）。

格兰诺维特（Granovetter, 1985）在《经济行动和社会结构: 嵌入性问题》(*Economic Action and Social Structure: Embedding Issues*) 中最早表达了网络嵌入的内涵, 指出网络中个体采取的社会行为并非独立存在, 而是在所处社会网络影响下产生的, 且在后续研究中对网络嵌入做了具体阐述, 并将其分为结构嵌入和关系嵌入两种。结构嵌入表现为行为者所在关系网络的内部构造特征, 侧重于关注行为者在社会合作网络中所处的相对位置对其行为以及绩效产生的影响（Granovetter, 1992；Andersson et al., 2002）；而关系嵌入则用来描述社会网络中各行为主体间相互联系的二元关系特征, 通常通过关系强度反映（Uzzi, 1997；Gulati, 1998；Granovetter, 1992）。这两个维度划分, 也成为网络嵌入性理论较为典型的并在后续文献中被许多学者广为沿用的分类方法。古拉蒂和加里乌尔（Gulati and Gariul, 1999）根据网络嵌入的不同特征, 在沿用上述分类的基础上加入了位置嵌入进行研究。那哈皮特和戈沙尔（Nahapiet and Ghoshal, 1998）、戈沙尔（Ghoshal, 1998）在上述二维分类的基础上, 又提出将网络嵌入新增一个维度, 即认知嵌入并进行理论分析。佐金和迪马乔（Zukin and DiMaggio, 1990）从外部社会情境出发, 在格兰诺维特（1983）提出的嵌入性分类基础上进一步延伸发展，将其划分为政治、认知、结构以及文化四种嵌入类型，同时，考察了不同的嵌入类型对行动主体在网络中的行为对于绩效产生何种影响。随着网络嵌入性研究受到越来越多的关注，网络嵌入性理论被运用到社会科学的各个研究领域并提出新的划分。约翰和哈格多恩（John and Hagedoorn，2006）基于空间层次视角提出了三层嵌入性，将网络细分为：宏观方面，国家及产业的双边嵌入；中观方面，企业多元网络环境嵌入；微观方面，企业层面组织间嵌入性。并在此基础上，深入探讨了三个不同层次的嵌入性，以及其交互对企业间合作行为的影响作用。除此之外，还有一些文献，如格里利奇和尼尔森（Grillitsch and Nilsson，2015）与以往分类不同，认为网络嵌入性应区分为本地网络嵌入性和超本地网络嵌入性两类进行研究。

(2) 双重网络嵌入

社会网络理论认为，企业不是独立存在的个体，而是嵌入社会关系网络中的一员（Granovetter，1985）。结合网络嵌入的多重结构特征，深入研究创业企业的创业网络，是未来创业研究的重要方向（Dess，2003）。学者们表明，社会网络的复杂多变决定了网络嵌入性不应该是单一的，而是具有双重特征甚至多重特征。斯塔姆等（Stam et al.，2014）采用元分析方法，研究了企业社会资本对创业绩效的影响，诠释了企业网络多样化对绩效提升的积极作用，也证实了双重网络或多重网络的价值所在。安德森和佛斯格伦（Andersson and Forsgren，1996）阐述了全球化视野下网络嵌入性具有双重特性，基于此，最先界定了双重网络嵌入性的定义。迈耶等（Meyer et al.，2011）也证实了跨国企业的双重网络特征，跨国企业与其下属公司之间的关系表现为内部网络嵌入特征，同时，与所在东道国的其他公司间的贸易合作等，表现为外部网络嵌入特征。

双重网络嵌入日益为跨国创业企业的研究所关注。从网络视角出

第 2 章 文献研究

发,跨国创业必然包括由创业者嵌入所在东道国本地关系网络和海外关系网络。其中,东道国本地关系网络由当地的业务合作者、政府以及科研机构等构成,海外关系网络是由海外人才的海外学习经历或工作经历即"先前知识技能"或"先前经历"等构成,特别是由此建立的人脉关系(何会涛和袁勇志,2012)。海归在海外学习或者工作经历中,与海外合作伙伴或科研机构等建立网络关系。海归创业企业有天然的海外网络嵌入优势,能为其提供最新的技术信息。海归创业者的海外学习经历或工作经验作为其独特的人力资本,是建立和维系海外网络关系的主要来源(Shane,2003)。从经济功能不同进行区分,安德森等(2001)认为,海外网络包括市场网络和技术网络两种,其中,市场网络是与海外供应商、合作客户建立的为适应国际市场的业务网络,技术网络是与海外高校、科研机构和行业研发机构建立的学习创新技术的关系网络。尚航标等(2015)以珠三角地区的国际化企业为样本,探索在中国情境下企业从海外网络嵌入中增强与业务伙伴间的合作能力,进而拓展资源知识获取、提升创新力以实现技术超越的路径。

社交网络可以被认为是一组个人或组织之间各种链接的集合(Kontinen et al.,2011)。发展本地关系可能至关重要,特别是社会网络使人们能够在缺乏强有力法律制度的情况下获得资源(Bruton et al.,2003)。同时,为了熟悉本地市场并获取所需信息,海归创业企业通过加强与本地的业务伙伴、政府部门、高校科研机构的联系,更好地融入本地环境。奥德里奇(Aldrich,1993)依据网络性质不同,指出跨国创业企业与当地的关系网络包括商业网络和制度网络两种。朱秀梅等(2011)基于中国转型经济情境下提出创业公司的本地网络嵌入,包括商业性网络嵌入和支持性网络嵌入,商业性网络嵌入表现为与同行业业务合作伙伴间的关系网络;支持性网络嵌入是指,与政府职能部门、投融资以及高校科研机构间的关系网络。

相比于本地创业企业，海归创业企业因其同时涉及本国的合作网络和海外的社会关系网络，是典型的双重网络特性企业（王辉耀和路江涌，2012）。海归创业者嵌入海外网络，与海外科研机构保持合作交流，以便获取先进技术，嵌入本地网络获取市场、资金支持以及政府扶持等（彭伟和符正平，2015）。

（3）网络嵌入的测量

基于网络嵌入性的不同划分方法，学者们开发了满足相关研究需要的指标来测量。格兰诺维特等（1985）、李玲、党兴华和贾卫峰（2008）以及李永周等（2018）从网络嵌入的结构维度和关系维度研究，网络嵌入的结构维度用与政府、中介服务机构、科研单位保持联系、社会关系具有影响力等七个题项测量，网络嵌入的关系维度用与合作伙伴保持持续的社会关系、彼此信守承诺、互相帮助解决问题等七个题项测量。孙骞和欧光军（2018）在探索异质性网络嵌入对创业活动的影响时，将双重网络嵌入划分为知识链嵌入和价值链嵌入，并结合魏江等（2010）、赵炎等（2013）的研究，采用外部知识获取的方便程度、业务伙伴之间知识分享的程度等六个题项对知识链嵌入进行测量。结合王雷（2014）的研究，以合作伙伴间关系的稳定程度、合作伙伴间的互动频率等五个题项，对价值链嵌入进行测量。

在海归或跨国创业企业以及国际化企业的网络嵌入性研究中，学者们普遍认同其嵌入了本地网络和海外网络两种网络，也开发了不同的量表进行测量。格兰诺维特（1983）、伍兹（Uzzi，1999）以及魏江和徐蕾（2014）采用关系持久度和交流频率来测量本地网络嵌入和超本地网络嵌入的关系强度。彭等（Peng et al.，2000）、朱秀梅、陈琛和蔡莉（2010）以及何会涛和袁勇志（2018）认为，本地网络嵌入可以通过商业联系和制度支持两方面联结，并在相关研究中采用与本地政府职能机构、中介服务机构、行业企业关系嵌入程度等六项指标测量海归创业企业的本地网络嵌入。伍晶（2016）以及李杰义、刘裕琴和曹金霞（2018）对跨国企业本地网络嵌入，采用在东道国参股控股公司个数和东道国营收在总营收中的占比来衡量。

安德森等（2001）、何会涛和袁勇志（2018）认为，海外网络嵌入主要是企业在国际合作与国际交流过程中形成的国际化网络，主要包括技术网络嵌入与市场网络嵌入两方面，即采用与国外供应商网络、研发机构、业务伙伴等的关系嵌入程度等6项指标来测量海归创业企业的海外网络嵌入。劳尔森等（Laursen et al.，2006）以及李杰义、曹金霞和刘裕琴（2018）从海外网络结构嵌入和关系嵌入两方面出发，采用包括与海外合作者相互合作频率、在所有海外合作者中经常联系的海外合作者占的比例与海外合作者间相互认同等六个题项来测量海外网络嵌入程度。邓新明等（2014）和李杰义等（2018）在研究跨国公司网络嵌入性对创新绩效的影响时，用境外参股控股公司数量以及境外营收占总营收入比例两个指标来表征海外网络嵌入性。

（4）网络嵌入相关研究

社会资本理论认为，社会网络关系中隐藏着社会资源，而网络嵌入性决定了行为主体在网络关系中获得资源进而产生收益差异（Borgatti et al.，2009）。既有研究基本上肯定了网络嵌入作为企业所处社会关系对技术创新以及改善经营的积极作用。企业嵌入知识网络，不仅能通过信息、技术、知识分析实现显性知识转移，而且，能通过网络中其他行为主体建立联系，共同解决复杂问题，实现隐性知识转移，从而有利于获取竞争优势（McEvily and Marcus，2005）。解学梅和左蕾蕾（2013）认为，企业创新网络的强度、规模以及开放性特征，通过知识转移与资源配置有助于创新绩效的提升。既有研究从网络嵌入性视角出发，指出了企业网络嵌入有利于促进创新绩效提升。

网络嵌入性与企业绩效的关系，也成为文献研究新的关注点。中外文文献对海外网络嵌入和本地网络嵌入展开了广泛研究。亨德里等（Hendry et al.，2000）通过实证检验了超本地的商业连接有利于市场多元化和技术先进性，从而提高企业能力。有文献表明，海归创业企业积极嵌入本地网络，内化为本土化能力，从而对企业成长有积极的影响作用（Obukhova et al.，2013）。也有文献从网络嵌入性出发指出海归创业企业积极嵌入海外网络对创新能力和创新绩效的促进作用（Alon et al.，2011；Filatotchev et al.，2009）。张枢盛和陈继祥（2014）选取高新技术领域不同行业的海归企业进行分析，指出海归企业的国内外社会网络关系对企业发展与技术革新有积极的影响作用，组织间学习起到中间桥梁作用，且国外社会网络造就了海归创业企业独有的竞争优势。也有文献认为，企业网络嵌入性特征直接对绩效产生影响，甚至可能产生混合作用（Ciabuschi et al.，2014）。彭伟和符正平（2017）基于长三角地区创业企业和珠三角地区创业企业的实证研究发现，对于海归创业企业来说，本地网络嵌入—海外网络嵌入均衡能够积极推动创业绩效提升。何会涛和袁勇志（2019）考察了本地网络嵌入程度不同对企业市场导向行为带来的企业绩效差异化所产生的权变调控作用。

通过文献梳理发现，既有研究基本认同网络嵌入在海归创业企业经营过程中的重要影响，主要基于社会网络理论，利用"关系—结构"分析框架，考察网络嵌入对企业绩效和创新活动的影响作用，但忽视了网络关系的多样化特性，即企业会同时嵌入多重社会关系网络（孙骞和欧光军，2018）。目前，关于双重网络嵌入的相关文献在海归创业研究中仍然不够丰富，鲜见针对海归这一特殊群体的双重网络嵌入（包括本地网络嵌入和海外网络嵌入）在战略导向和创业绩效之间作用的研究。与既有研究不同的是，本书从更细化的角度，分析本地网络嵌入特征和海外网络嵌入特征，深入探讨双重网络嵌入对战略导向均衡和海归创业绩效的作用机制。

2.5 小结

通过文献分析可以发现，对于海归高层次人才创新创业生态环境评价的研究，近几年逐渐成为研究热点，但是，研究深度与研究广度还不够，对海归高层次科技人才创新创业的政策、法规、制度环境的量化研究比较缺乏。

中文文献对吸引海外高层次人才创新创业生态环境指标体系的研究并不多，且研究的侧重点不同，导致设计的指标体系千差万别。从海归高层次人才视角，对海归高层次人才创新创业生态环境评价进行的研究相对缺乏。

关于科技人才创新创业的政策、法规、制度环境的既有研究，停留在定性探讨方面。从比较角度的研究，一些学者比较了美国、日本、德国等发达国家引进高科技人才的先进经验，对美国、韩国和新加坡等国家吸引高端科技人才的政策与实践进行了比较、总结。

基于微观视角，围绕海归创业的战略导向、网络嵌入以及创业绩效研究等相关领域尚不多见。尤其是对海归高层次人才创办企业的战略导向、市场导向、技术导向、市场导向—技术导向均衡、双重网络嵌入与创新创业绩效的关系研究，还不够深入。

本书以技术创新理论的相关理论为指导，对引进海外高层次科技人才创新创业政策进行梳理，运用文献研究法、内容分析法、半结构化深度访谈、问卷调查法等方法进行研究。首先，基于政策工具视角，多维度探究海归高层次科技人才创新创业政策的演变规律。其次，基于GEM创新创业环境模型，构建海归高层次人才创新创业政策评估体系，

海归高层次人才创新创业政策环境研究

并对长三角地区二省一市海归高层次人才创新创业政策环境进行评估与比较。再次,通过样本问卷调查,研究海归高层次人才对创新创业政策的满意度。基于建立战略导向、网络嵌入与创新绩效的关系模型,定量分析影响海归高层次人才创新创业绩效的关键因素。最后,对典型国家政府和国内典型城市的地方政府引进高层次海外人才创新创业的政策环境进行梳理和经验总结,提出相关政策建议。本书对促进、完善海归高层次人才政策体系、提高政策绩效意义重大。

第 3 章　海归高层次人才创新创业政策研究

在全球人才流动加速的知识经济时代，中央政府和地方政府相继颁布了一系列鼓励海归高层次人才创新创业的政策。本章首先，对中国海归高层次人才政策的发展演变进行了研究，将重大政策颁布的时间点作为分界点，把中国海归高层次人才的发展分为三个阶段。其次，通过构建政策工具—创新创业过程二维框架，以浙江省"九五"时期至"十三五"时期颁布的海归人才政策为研究对象，采用内容分析法和扎根理论编码进行统计分析。研究发现，浙江省海归高层次人才政策数量增长迅速，从"十五"时期至"十三五"时期开局之年政策数量呈明显上升趋势；政策发文主体较多，但协调性较弱，浙江省财政厅是重要的联合发文主体；从政策工具维度而言，供给类政策和环境类政策过多、需求类政策偏少；创新创业准备阶段缺少环境型政策，起步阶段缺少供给型政策，发展阶段缺少需求型政策。最后，提出优化海归高层次人才政策的对策建议。

3.1　研究背景

伴随工业4.0时代的到来，科技革命带来的大数据信息科学和人工智能迅速发展，人才素质的重要性日益凸显。因为全球化的影响导致跨国公司人才短缺，所以，越来越多的国家注意到高技能海归人才在促进国家走向全球化方面的作用（Wang, Zweig and Lin, 2011）。其中，多克尔和拉波波特（Docquier and Rapoport, 2011）、茨威格、陈和罗森（Zweig, Chen and Rosen, 2011）指出，技术型海归可以通过各种方式促进本国的发展，特别是作为人力资本、生产力、金融、技术和知识的来源。原因在于，海归在出国留学和就业过程中增加了价值，或积累了某种跨国资本；琼克和提森（Jonkers and Tijssen, 2008）、伍利等（Woolley et al., 2008）在研究中也表明，海外经验增加了海归的人力资本和社会资本。海归通过在国外获得的技能和知识，拓宽国际网络和国际资源，获得回国创新创业的竞争优势。

西蒙和曹（Simon and Cao, 2009）指出，中国正从投资驱动型战略向创新驱动型战略转变，在创新人才、创业人才方面存在很大缺口。研究社会经济发展规律发现，经济、人才与科技三方面是相互依存的多环联动链。而人才依靠技术创新而实现科技发展，推动经济增长。作为世界上出国留学学生最多的国家，中国大量优秀人才外流现象突显。为了扭转人才流失的局面，中国政府自20世纪90年代初推出了一系列政策，旨在吸引海外人才回国。据《国家中长期科技人才发展规划（2010－2020年）》显示，中国虽已跻身人力资源大国行列，但与世界其他发达国家和地区相比，人才事业发展的总体水平仍有一定差距。[①]中国各地也紧跟中央政策，越来越重视人才事业的发展。

3.2 海归高层次人才创新创业政策演变

基于文献研究，分析中国海归高层次人才政策发展演变的特点，根

[①] 中华人民共和国科学技术部. 关于印发国家中长期科技人才发展规划（2010—2020年）的通知. 2021年8月16日.

据国家颁布的有关海归高层次人才的重要文件和召开重大会议的代表性年份为划分点，将中国海归高层次人才政策发展演变分为三个阶段，分别为初创发展阶段、快速发展阶段和转型发展阶段。

3.2.1 初创发展阶段

改革开放后到20世纪90年代末期，是中国海归人才政策演变的初创发展阶段。随着改革开放大幕的拉开与改革的深入，中国高层次人才队伍规模不足，且年龄结构失衡、知识创新能力薄弱的短板逐渐显现，阻碍中国经济和社会进一步发展。20世纪80年代末期，中央充分认识到优化人才队伍结构、引进海外高层次人才工作的重要性。从1990年开始，在中共中央的大力支持下，由教育部和中国科学院牵头的各项引进海外高层次人才工作陆续展开，各相关部门陆续出台一系列具有针对性的揽才计划。1990年，国务院办公厅下发《国务院办公厅关于征求对〈中长期科学技术发展纲领（讨论稿）〉意见的通知》，对中国当时科技发展的中长期规划进行了详细论述，并提出要加大海外人才引进力度的建议，以此来满足国家科技发展的需求。1994年，国家自然科学基金委员会出台了旨在鼓励海外人才回国、促进国内青年科技人才发展的"国家杰出青年科学基金"计划。1996年，国家外国专家局出台《关于回国（来华）定居专家工作有关问题的通知》，首次对相应学科领域的海外高层次人才来华待遇做出了详细说明。

据统计，这一阶段中国出台的涉及海外人才引进的政策共计20余项，各类政策和文件的出台有效地吸引了一批海外高层次人才参与中国的科研和经济建设，为中国经济的快速发展打下坚实基础。1992年，党的十四大确立了社会主义市场经济体制的改革目标，从1992年开始，中国海外人才引进政策逐渐弱化了体制机制的束缚，突出强调市场化倾向，是中国人才引进工作的重大突破，人才引进效果明显增强。但从宏观视角分析这一阶段的政策可以看出，早期的海归人才政策数量较少，且都是由国家层面的机关制定并实施，各部门间的联系相对较弱，地方政府的参与度不高，政策的种类较为单一，政策涉及领域的广度和深度也十分有限，主题词集中在"科技人才"，没有具体类别的划分。总体来说，此阶段的政策还是偏向保守和单一。

3.2.2 快速发展阶段

第二阶段为1998~2007年，是中国海归人才政策演变的提速发展阶段。1998年，是中国海归人才培养与引进的标志性年份，出台了很多重要的政策与措施，对"科教兴国"理念的深化具有重大意义。1998年5月，"985工程"重点大学建设工作全面启动，中央及相关国家机关日益重视高校高层次人才队伍对中国现代化建设的重要作用，自主培养及面向海外引进高层次人才成为国家发展的重要战略，各项海外引才政策和举措如雨后春笋般相继推出。1998年，教育部携手李嘉诚基金会共同开展"长江学者奖励计划"，吸引各类海外高层次人才投身中国高等教育事业建设。21世纪后，人才引进工作进一步提速发展，国务院多部门参与人才引进工作。2000年，科技部联合人事部、教育部下发《关于组织开展国家留学人员创业园示范建设试点工作的通知》，明确了各级政府创造优良市场化环境和建设良好公共基础服务的职责，采取多种方式吸引海外留学人员归国就业创业。从2005年起，国务院连续三年发布的年度《工作要点的通知》中，都强调了要改革既有的人才服务机制，破除之前过于行政化的人才评价体系的束缚，着重发挥市场在海外人才配置中的核心作用。2005年，科技部发布了《关于在留学人才引进工作中界定海外高层次留学人才的指导意见》，2007年科技部又发布了《关于建立海外高层次留学人才回国工作绿色通道的意见》，对海外人才的界定标准和服务管理工作做出了详细说明。

据统计，这一阶段涉及海外人才的政策共计30余项。国家对海外人才的重视逐步从理论研究阶段转变为政策落实阶段，海外人才政策呈现提速发展的新局面。2001年，加入世贸组织，与其他国家的接触更为密切，中国抓住这次进入国际市场的机会，积极吸引海外人才，提升中国高等院校与高科技企业的国际化程度，不断扩大国际视野。相比于第一阶段，第二阶段海外人才政策出台的数量和质量都有较大程度的提升，政策牵头部门也呈现多元化趋势，引进人才的方式更加灵活多变，政策涉及的内容也更加丰富完善。一些发达地区的地方政府开始根据地区特色，单独出台吸引海外高层次人才的地方政策，如上海市政府2004年出台的《上海市临港新城管理办法》，在引进的海外人才出入境方面予以"一次审批、多次有效"的制度便利。

虽然此阶段海外人才引进工作取得了突破性进展，但是，在政策数量上与中国经济发展体量明显不成正比，各部门间的协同效率相对较低，政策间的统筹落实有待进一步提高。

3.2.3 转型发展阶段

第三阶段为2008年至今，是中国海外人才政策演变的转型发展阶段。2008年，北京奥运会让中国站在了世界舞台的中心，中国以更加开放包容的姿态向世界敞开了怀抱。在中央的大力支持下，国家直属机关和地方政府相继出台大量海外人才引进政策，助力中国在人才争夺战中的有利地位。2015年，互联网行业有了极大的技术飞跃，同时，国务院出台《关于大力推进大众创业万众创新若干政策措施的意见》，指出要支持海外高层次人才来华创业，尤其要注重留学生群体和来华高端人才的引领带动作用，从海外归国人才的资金端、生活起居、相应户籍制度等层面予以政策支持。① 2018年，中共中央办公厅与国务院联合印发《关于分类推进人才评价机制改革的指导意见》指出，要加快推进重点领域人才评价的改革速度，对于新引进的海外高层次人才，遵循人才发展规律、科学设置人才考察周期，尽量避免频繁的考核对人才的干扰。

在第三阶段，出台的人才政策相当密集，涉及领域十分广阔，政策内容也从之前一味强调待遇转向待遇考核并重。同时，地方性的人才引进政策开始涌现，京津冀地区、长三角地区和珠三角地区出台的人才引进政策数量呈指数性增长。此阶段的海归人才政策更加理性，虽然加大了对创新创业的补助力度，但也改革了人才考核制度，规避人才重复资助问题。同时，政策更加注重对与中国产业升级相关的高新科技领域高层次人才团队的引入，深化按需引才理念，强调"以人为本"的价值导向，对中国人才资源的吸收和合理配置具有重大意义。

3.3 基于政策工具和创新创业过程的海归高层次人才创新创业政策——以浙江省为例

当前，对人才政策的研究，中外文文献主要集中在对政策文本的量化评价、文本分析、指标分类体系等方面。从政策文本量化角度，利贝卡普（Libecap，1978）在考察外部经济推动下的美国内华达州矿业权法律的演变中，首次量化了政策文本。从人才政策内容角度，刘佐菁等

---

① 《关于分类推进人才评价机制改革的指导意见》. https：//www.gov.cn/zhengce/2018-02/26/content_ 5268965. htm.

（2017）探究了中国广东省 10 年来制定人才政策取得的成绩，提出了未来人才政策的改善方向。从指标体系视角，曹霞等（2010）构建了高层次创造型人才政策设计评价指标体系，并测量了人才政策的效果。在地方引才特点上，李永刚（2015）基于文化适应理论，提出高校在进行海外人才引进时存在跨文化挑战，一方面，海归人才要提高文化适应性；另一方面，高校也应调整组织管理体制。中文文献采用内容分析法从不同视角研究了海外人才政策。顾承卫（2015）从住房补贴、科研资助等方面出发，研究分析了中国各地引进海外科技人才的政策。张再生和杨庆（2016）从海外人才政策的阶段性特征、协同性和系统性三方面，分析海外人才政策存在的主要问题，提出"三项优化、四项创新"的政策建议。然而，从政策工具视角探析海归高层次人才创新创业政策的文献较为鲜见。

浙江省作为一个资源不充足的省份，要跳出"资源依赖"困境，必须依靠高层次创新创业人才。浙江省人民政府高度重视海归高层次人才创新创业，改革开放以来相继出台了一系列鼓励海归高层次人才创新创业的政策。1996 年，浙江省人事厅发布《关于鼓励出国留学人员来浙江工作的意见》。[①] 为进一步深入实行浙江省科教兴省的人才战略，加强各方面的人才培养和人力资源开发，加速科技进步，1999 年，中共浙江省委和省政府做出了《关于实施新世纪人才工程的决定》。[②] 2016 年，浙江省人民政府办公厅关于印发《浙江省人才发展"十三五"规划的通知》中明确指出，坚持把人才作为创

---

① 1996 年，浙江省人事厅发出《关于鼓励出国留学人员来浙江工作的意见》。https://www.flfgk.com/detail/eb05313c8b499bd88276c4f749b18461.html.
② 1999 年，中共浙江省委和人民政府做出了《关于实施新世纪人才工程的决定》。https://code.fabao365.com/law_402932.html.

新的第一资源。[①]

系统梳理改革开放以来浙江省政府出台的鼓励海归高层次人才创新创业的政策，对优化和完善政策有一定借鉴意义。鉴于此，以浙江省"九五"时期至"十三五"时期海归高层次人才创新创业政策为研究对象，研究海归高层次人才政策的演变趋势及发文主体特征。基于政策工具视角，引入创新创业过程维度，构建"政策工具—创新创业过程"二维框架，结合内容分析法和定量分析法（黄萃等，2014）进行多维度量化分析，发现规律并找出可能的不足，为完善和优化海归人才政策提供决策借鉴。

3.3.1 政策分析框架与研究设计

（1）数据来源

20世纪90年代以来，浙江省人民政府为了吸引和鼓励海外留学人才回浙江省工作，加强海外人才引进，充分发挥海归人才的才智和对外联系沟通的桥梁作用，促进浙江省经济发展，先后出台了一系列与海归高层次人才相关的政策文本。本章以浙江省为研究对象，主要对海归高层次人才政策采用地域性分析，政策文本的收集仅限于浙江省省级层面。本书基于政策工具视角，从浙江省人民政府网站省级层面的机构发文中，收集涉及海归高层次人才政策及与留学人才回国创新创业密切相关的政策文本。其中，政策主要由浙江省省级行政部门（不包括市级、区级及以下）制定发文。

为确保政策的完整性和精确性，政策获取严格按三个程序遴选和整理：一是搜索浙江省人民政府官方网站及人事厅、财政厅、人保厅等

[①] 《浙江省人才发展"十三五"规划的通知》. https：//www.waizi.org.cn/policy/63111.html.

第3章 海归高层次人才创新创业政策研究

50个省级行政部门网站,收集有关政策法规;二是逐条通读并选取与海外人才政策相关的法律法规、条例、规划、决定、办法、意见、公告、通知等,关于领导发言、批示、信函以及相关行业标准、技术规范等类型的政策文本不计入;三是为确保政策筛选的科学性,由一位人力资源专家、一名博士研究生和两名硕士研究生精读收集的所有政策文本,并剔除与海外高层次人才相关性不强的政策。最终遴选出1996~2017年115条浙江省海外人才政策,并选取其中相关性最强的80条政策文件作为研究对象。

(2)分析框架

政策工具不仅是创新政策框架的一部分,也是政策实施的一部分,合理选择并实施政策工具是政策发挥其预期效力的有力保障(Borrás and Edquist, 2013)。政策工具的研究,可溯源到20世纪50年代,胡德(Hood, 1983, 1986)在《政府的工具》(*Government Tools*)一书中阐明了作为政策颁布者政治博弈的结果,政策工具是在工具理性层面上对政策文献研究的深化,体现了政策的发展性。

中文文献对政策工具的研究始于21世纪初期,随后,引入政策工具来探析政策文本。例如,朱贵龙、杨小婉和江志鹏(2018)运用政策工具来探究中国协同创新政策的演化;白彬和张再生(2016)运用政策工具对创业驱动的就业政策进行分析;张雅娴和苏竣(2001)从三个层面综合使用政策工具,对软件产业、集成电路产业政策文本进行实证分析,为促进国家技术创新提出健全软件产业发展的体系布局。褚睿刚(2018)将税收政策工具分为环境税和税收优惠两类政策工具,并统筹两种政策工具组合,使其实现协同互补的效应。政策工具一直被运用于各个产业政策的评估和分析。为了实现理想的政策效果,政策制定和实施时需要通过政策间的客观关系将政策工具有机结合,形成强大的政策合力(Rothwell and Zegveld, 1985)。鉴于此,本章将引入政策工具分析理论,建立浙江省海归高层次人才创新创业政策分析框架。

(1) X维度:政策工具视角

基于罗思韦尔和泽赫费尔德(Rothwell and Zegveld,1985)提出的政策工具划分类型,可以分为供给型导向政策、环境型导向政策和需求型导向政策。供给型导向政策表现为,对海归人才创新创业发展有直接推动力;环境型导向政策对海归人才创新创业发展有间接影响力;需求型导向政策表现为,对海归人才创新创业发展的拉动力(赵筱媛和苏竣,2007)。供给型导向政策工具是指,政府借助资金、培训等支持,加大对海归人才的资助力度,改善海归人才供给要素的现状,从而推动海归人才创新创业事业的发展,包括资金投入、基础设施建设及公共服务等方面。环境型导向政策工具是指,政府运用税收优惠、财政与金融工具、海归人才策略性措施等政策为海归人才创新创业事业的发展提供有利环境,从而间接促进创新创业。需求型导向政策工具是指,政府出资或者鼓励企业通过设置海外机构,积极拓展引进高层次人才的渠道,降低市场不确定性,促进全面而高水平的发展、人才市场的进步,并将其分为海外人才机构、贸易管制等方面(宁甜甜和张再生,2014),政策工具对海归高层次人才创新创业作用,如图3.1所示。

(2) Y维度:创新创业过程视角

我国的浙江省人民政府为吸引海外高层次人才回国开展创新创业活动出台激励政策,而创新创业活动的阶段不同,对政策颁发的力度、倾向以及方式等产生差异。因此,创新创业活动过程,是政府在制定创新创业政策时需考虑的必要因素之一。政府针对海归高层次人才创新创业活动过程的不同阶段制定相应的政策,使之更有效地实现政策的最终目标。

第3章 海归高层次人才创新创业政策研究

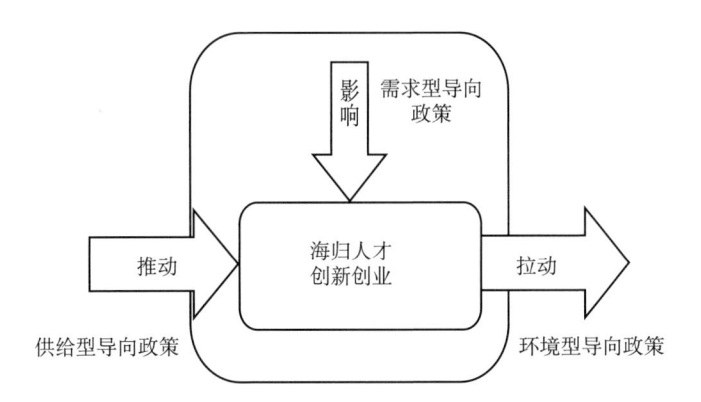

图 3.1 政策工具对海归高层次人才创新创业作用

资料来源：笔者根据相关文献整理绘制而得。

创新创业活动的阶段不同，对政策及其政策工具的需求也会产生差异。基于生命周期理论，霍尔特（Holt，1992）认为，新创公司创业活动可以分为四个阶段：创业前期、创业中期、创业早期增长时期和创业后期增长时期。在创新创业准备阶段，政府对于创新创业主体侧重于创新创业引导、资金支持以及创新创业技能教育培训等要素的提供。因此，供给型政策工具在创新创业初期更有效。在创新创业起步阶段，税收优惠、贷款补贴以及消除经营壁垒等环境型政策工具相对比较重要。在创新创业发展阶段，除了优惠政策外，公共服务、提供法律法规保障以及完善市场机制尤为重要（白彬和张再生，2016）。因此，政府在制定海归高层次人才创新创业政策中，必须考虑创新创业不同过程的特点。鉴于此，将创新创业活动过程纳入海外人才创新创业政策分析框架中，并借鉴霍尔特（1992）的研究，将创新创业活动过程划分为，创新创业准备阶段、创新创业起步阶段、创新创业发展阶段，并构建海归高层次人才创新创业政策二维分析框架，如图 3.2 所示。

海归高层次人才创新创业政策环境研究

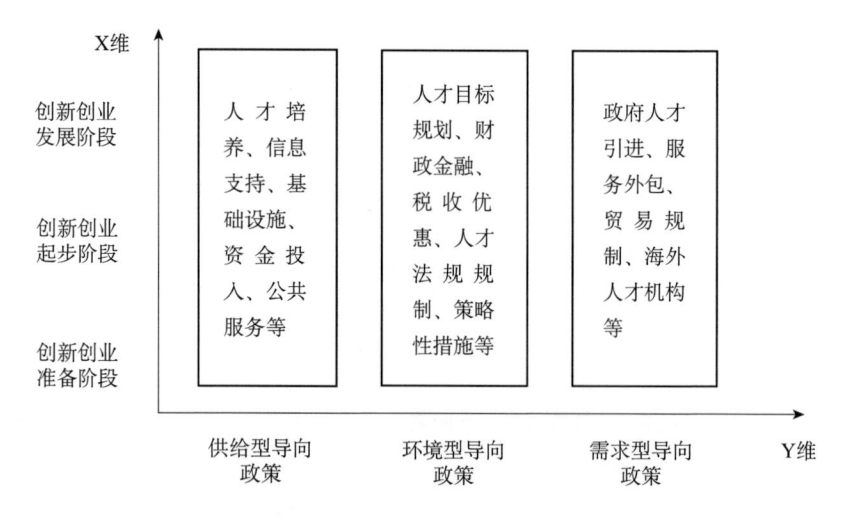

```
X维
创新创业
发展阶段          ┌──────┐  ┌──────┐  ┌──────┐
                 │人才培│  │人才目│  │政府人│
                 │养、信│  │标规划│  │才引进│
                 │息支持│  │、财政│  │、服务│
创新创业          │、基础│  │金融、│  │外包、│
起步阶段          │设施、│  │税收优│  │贸易规│
                 │资金投│  │惠、人│  │制、海│
                 │入、公│  │才法规│  │外人才│
                 │共服务│  │规制、│  │机构等│
                 │等    │  │策略性│  │      │
创新创业          │      │  │措施等│  │      │
准备阶段          └──────┘  └──────┘  └──────┘
                  供给型导向  环境型导向  需求型导向      Y维
                    政策       政策       政策
```

图 3.2　海归高层次人才创新创业政策二维分析框架

资料来源：笔者根据相关文献整理绘制而得。

（3）研究方法

从海归高层次人才创新创业政策二维分析框架出发，对海归高层次人才创新创业政策进行文本内容分析。基于扎根理论，将每一条政策中的相关条款作为一个基本政策单元，按照"政策文本编号—基本单元序列号"的方式编码。为提高政策文本编码的信度，4 名课题组专家组成研究小组，并由每位成员分别对 80 条政策独立编码。编码一致性系数是用来检验政策信度的指标 [编码一致性系数 = 2 × P/（Q1 + Q2），其中，P 表示两位编码人员完全一致的编码数，Q1、Q2 分别为两位编码人员的编码数]。首先，随机抽取 4 条政策文本进行编码检测，并得出一致性系数分别为 85.91%、86.88%、91.43%、89.37%，满足信度要求；其次，按照一致性系数最高的 91.43% 编码，重新调整并修正编码，绘制海归人才创新创业政策文本编码，如表 3.1 所示（篇幅有限，此表为缩略表）。

第3章　海归高层次人才创新创业政策研究

表 3.1　　　　　海归人才创新创业政策文本编码

序号	政策名称	政策基本单元	政策编码
1	浙江省人民政府办公厅转发浙江省人事厅《关于鼓励出国留学人员来浙江工作的意见》的通知	三、出国留学人员可以来浙江省的国家机关、全民、集体企事业单位，私营、股份制企业或外商投资企业工作；可以在国（境）外企业（公司）驻浙机构工作；可以在本省单位、中央及外省（区、市）在浙单位受聘担任信息员、推销员等；可以先回国，受聘于国内企业，再派往国外工作。出国留学人员可以来浙江省自办或与国外合资兴办企业、研究所和合作从事技术开发、转让、经营等活动；可以以境外注册公司的名义来浙江省投资；可以用自己的专有技术或专有资金向浙江省各类企业投资入股；允许进入外国公司担任代理商或从事外经外贸中介工作	1-3
		四、愿来浙江省工作的留学人员，可由工作站帮助联系落实单位，也可自行联系或通过亲属、朋友联系。凡由工作站联系的留学人员，须与受聘单位签订工作协议书，明确双方的权利、义务及其他应遵守的事项	1-4
		七、已获得国外长期居留权和留学国再入境资格的留学人员，到浙江省投资或自办民营科技企业、股份制企业、从事研究开发或生产高新科技产品的，有关部门应优先办理立项审批。上述企业产品达到国家和本省有关规定标准的，企业符合外商投资企业条件的，可享受外商投资企业的税收优惠政策。对兴办、领办、租赁各类企业或科技机构的留学人员，可在注册、贷款、税收、进出口等方面，本着同等条件优先、优惠的原则予以办理	1-7
……	……	……	……
80	《关于进一步做好高层次人才税收服务工作的通知》	一、创新高层次人才税收服务举措，优化纳税服务 各级税务部门要深刻认识做好高层次人才税收服务的重要意义。要落实"最多跑一次"，改革各项涉税服务举措，精简办税事项，积极落实网上办税、移动办税，争取实现优惠事项办理"零次跑"，为高层次人才办税提供便利服务，充分激发和调动广大高层次人才的创新创业活力，推动我省高层次人才引进工作和培养工作	80-1
		二、落实高层次人才有关财税优惠政策，营造良好创业环境 （三）外籍高层次专家、学者等海外高层次人才以非现金形式或实报实销形式取得的住房补贴、伙食补贴、搬迁费、洗衣费，按合理标准取得的境内、境外出差补贴以及合理的探亲费、语言训练费、子女教育费等，暂免征收个人所得税	80-2-3

序号	政策名称	政策基本单元	政策编码
80	《关于进一步做好高层次人才税收服务工作的通知》	(七)个人以技术成果投资入股到境内居民企业,被投资企业支付的对价全部为股票(股权)的,个人可选择在5年内分期纳税的政策执行,也可选择适用递延至转让该股权时纳税的优惠政策	80-2-7

资料来源:笔者根据浙江省人民政府官方网站相关政策整理而得。

3.3.2 基于政策工具的海归高层次人才政策分析

(1)"九五"时期到"十三五"时期,政策文本数量总体上升且呈现阶段性特征。"九五"时期以来,浙江省人民政府颁布有关海归人才创新创业的政策数量呈上升趋势。"九五"时期到"十三五"时期的前两年,海归人才政策数量增长迅速,分别为6条、11条、28条、42条、21条,其中,1996~2006年,每年颁布的有关海归人才政策的数量为0~3条。海归人才引进处于初步探索阶段,政府意识到海归人才是高层次人才队伍的重要组成部分;2006年我国颁布了《国家中长期科学和技术发展规划纲要(2006~2020年)》[1],重点强调灵活采取多种方式建立契合海归人才特征的引才体制,在加大海归人才资助力度的同时,加强创业基地建设。国家政策推动了浙江省人才政策的出台,浙江省每年颁布的海归人才创新创业政策显著增加并呈上升态势。研究显示,浙江省颁布的海归人才政策数量呈稳步上升趋势,虽然也有波动,但是,在每个五年计划的开局之年,如2001年、2006年、2011年和2016年,浙江省人民政府出台的政策数量比上年明显增加,说明浙江省人民政府把引进海归高层次人才作为重要工作纳入了五年规划。2008年《浙江省"十一五"人才发展规划》[2]颁布,浙江省发改委出台了

---

[1] 《国家中长期科学和技术发展规划纲要(2006-2020)》. https://www.gov.cn/gongbao/content/2006/content_240244.htm.

[2] 《浙江省"十一五"人才发展规划》. https://www.gov.cn/gzdt/2006-03/21/content_232317.htm.

第3章 海归高层次人才创新创业政策研究

《"十一五"引进外国智力规划》[①];2011年浙江省政府颁布的海归人才政策数量达到最高点。浙江省政府在"十二五"规划中强调,建立健全引才长效机制和引才的服务保障机制,形成多方联动的海外人才服务窗口,实施海外人才激励政策,加强海外人才创新创业能力培养;2016年浙江省颁布的海归人才政策数量是2015年的近2倍。《浙江省人才发展"十三五"规划》[②]强调,要落实发展的新概念、新理念,优化人才供给配置、激发人才创新活力、构建竞争新蓝图,致力于打造"双创"新引擎,到2020年新引进海外智力和人才达23万的目标,[③] 1996~2017年浙江省颁布的海归人才政策数量,如图3.3所示。

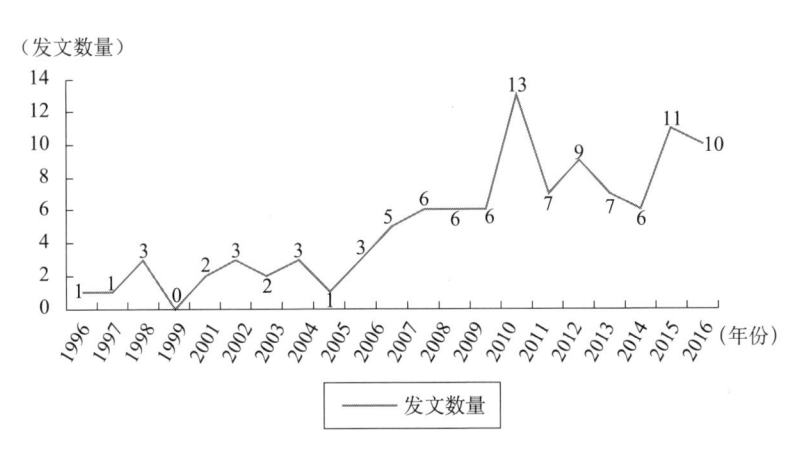

图3.3　1996~2017年浙江省颁布的海归人才政策数量

资料来源:笔者根据相关政策整理绘制而得。

(2)浙江省人民政府海归人才政策文本发文主体分析。数据显示,"九五"时期以来,浙江省人民政府各部门都参与了海归高层次人才创

---

① 《"十一五"引进外国智力规划》. https://hrss.huzhou.gov.cn/art/2016/7/31/art_1229208326_54571577.html.
② 《浙江省人才发展"十三五"规划》. https://pilu.tianyancha.com/regulations/7f9e645775eebb61f71fec6530ad1417.
③ 浙江省人民政府办公厅关于印发浙江省人才发展"十三五"规划的通知. 2016-09-10.

新创业政策的制定，这些部门构成了浙江省海归人才政策体系的核心发文主体，且政策的颁发包括独立发文和联合发文（两个或两个以上主体）两种形式，浙江省人民政府人才政策不同主体发文的政策文本数量，见表3.2。

主要特点包括：①发文主体较广泛。从颁发部门来看，涉及浙江省省委、省政府及省级部门共21个，表明引进海外高层次人才工作涉及多个政府部门。从表3.2中各部门的发文次数统计来看：总发文数量最多的5个部门依次是：浙江省人民政府（20条）、浙江省人民政府办公厅（20条）、浙江省科技厅（15条）、浙江省财政厅（15条）、浙江省人保厅（13条）。单独发文数量最多的4个部门分别是：浙江省人民政府办公厅（15条）、浙江省人民政府（12条）、浙江省海外高层次人才引进工作专项办公室（9条）、浙江省科技厅（7条）。②浙江省人民政府和浙江省人民政府办公厅是主要发文主体。浙江省人民政府和浙江省人民政府办公厅发文数量最多，其中，浙江省人民政府和浙江省人民政府办公厅联合发文数量分别占其总发文数量比重的40%和25%，从其联合发文占比看，浙江省人民政府、浙江省人民政府办公厅与其他政府部门间的协调性还不够。③浙江省财政厅是联合发文的重要主体。浙江省财政厅联合发文数量最多，达10条，占其总发文数量的67%，显示了财政政策是浙江省海归高层次人才政策的重要组成部分，表明政府非常重视以财政金融、税收优惠等政策工具吸引海归人才创新创业。

表3.2 浙江省人民政府人才政策不同主体发文的政策文本数量

发文主体	总发文数量	独立发文数量	联合发文数量
浙江省人民政府	20	12	8
浙江省人民政府办公厅	20	15	5
浙江省科技厅	15	7	8

续表

发文主体	总发文数量	独立发文数量	联合发文数量
浙江省财政厅	15	5	10
浙江省人力资源和社会保障厅	13	6	7
浙江省海外高层次人才引进工作专项办公室	9	9	0
中共浙江省委	8	1	7
浙江省教育厅	8	2	6
浙江省人事厅	7	6	1
中共浙江省委办公厅	5	0	5
中共浙江省委组织部	7	0	7
浙江省公安厅	4	2	2
浙江省金融办	4	0	4
浙江省科技体制改革和创新体系建设领导小组办公室	2	2	0
浙江省工商局	2	1	1
浙江省发展和改革委员会	2	1	1
浙江省人民代表大会常务委员会	1	1	0
浙江省质监局	1	1	0
中共浙江省委人才工作领导小组办公室	1	1	0
浙江省经信委	1	0	1
浙江省税务局	1	0	1

资料来源：笔者根据浙江省人民政府官方网站的相关政策整理而得。

3.3.3 海归高层次人才创新创业政策的二维分析

（1）海归高层次人才创新创业政策分析——基于政策工具视角

以政策工具为 X 维，采用内容分析法对政策文本进行分析。每一条政策包含多个基本政策单元，归属于不同的政策工具。政策工具编码统计，见表 3.3，1996~2017 年浙江省海归高层次人才创新创业政策工具占比统计，如图 3.4 所示。

表3.3　　　　　　　　　政策工具编码统计

工具类型	工具名称	政策单元编码	频数
供给型政策工具	公共服务	1-13, 4-6, 4-10, 4-12, 7-3-13, 7-4-18 (2), 13-2-11 (1), 16-5, 22-4-3, …, 80-1.	77
	资金投入	1-10-1, 4-15, 7-5-23, 8-3-11 (1), …, 73-4-3.	19
	基础设施建设	7-4-19 (1), 8-6-23, 13-7-23, 16-6, 18-2-2 …, 78-4-14.	29
	人才信息支持	4-16, 7-2-8, 7-5-24, 16-2, 16-3, 19-5-4, …, 72-1-3 (2).	23
	人才培养	6-1, 19-4-1, 19-4-3, 19-6, 33-2-4, 43-4-9, 49-5-29, 50-4-15.	8
环境型政策工具	策略性措施	1-3, 1-4, 1-8, 1-9, 1-10-3, 1-12, 2-3-2 (2), 2-3-2 (4), 3-20 (1), 3-20 (3), 4-11, …, 79-18.	74
	人才法规	1-16, 6-5, 7-1-3, 7-2-6, 7-3-11, 7-4-16, …, 78-3-6.	19
	税收优惠	1-7, 2-3-2 (1), 7-4-18 (1), 7-4-19 (2), 7-4-21, 25-5-33, 55-3-8 (2), 80-2-3, 80-2-7.	9
	财政金融	1-10-2, 3-20 (2), 6-4, 7-4-15, 7-4-20, 15-2…, 75-3.	33
	人才目标规划	7-5-22.	1
需求型政策工具	海外人才机构	21-4-3-2 (2), 21-4-3-3 (2), 22-5-2 (3), 23-3-3, 25-3-1, 43-4-4, 70-3-4-1, 71-2-3-2 (2).	8
	贸易规制	N/A	N/A
	服务外包	67-1-3 (1), 70-4-2 (1), 72-1-3 (1), 72-2-8.	4
	政府人才引进	2-3-2 (3), 4-8, 5-2-10 (2), 7-1-1, …, 67-1-1.	13
总计	N/A	N/A	317

资料来源：笔者根据浙江省人民政府官方网站相关政策整理而得。

分析显示，浙江省海归人才政策综合运用了供给型政策工具、环境型政策工具和需求型政策工具。其中，供给型政策工具最多，占总体的49.2%；环境型政策工具次之，占总体的42.9%；需求型政策工具最少，占总体的7.9%。目前，浙江省人民政府主要通过供给型政策工

第3章 海归高层次人才创新创业政策研究

具、环境型政策工具激励海外人才创新创业。程华和王婉君（2011）对 1979～2009 年中国国家层面颁布的 580 项创新创业政策进行研究，发现 20 世纪 80 年代，中国创新创业政策以供给型政策工具为主，20 世纪 90 年代以来，中国政府加强了环境型政策工具的使用，21 世纪后，中国政府才开始重视需求型政策工具。研究发现，在海外高层次人才政策中的三种政策工具也显示出类似结果，即需求型政策工具的使用相对较少。区域经济发展的不同阶段和经济社会需求的影响，使中国各地区引才政策趋向不尽相同，总体上，东部地区以营造优良的软环境为主，中西部地区更注重要素投入引才（顾承卫，2019）。目前，供给型政策工具和环境型政策工具成为中国各地区引才的主要方式。一方面，浙江省经济发展水平较高，引进海外高层次人才多采用要素供给方式，通过提供资金、基础设施、公共服务等吸引、激励海归高层次人才来浙江创新创业；另一方面，浙江省的创新创业目标是"全国领先，世界前列"，创新创业水平已处于较高层次，目前，主要通过营造良好的创新软环境，发展科技创新创业事业，实现世界领先目标（徐军玲、陈俊衣和杨娥，2018）。

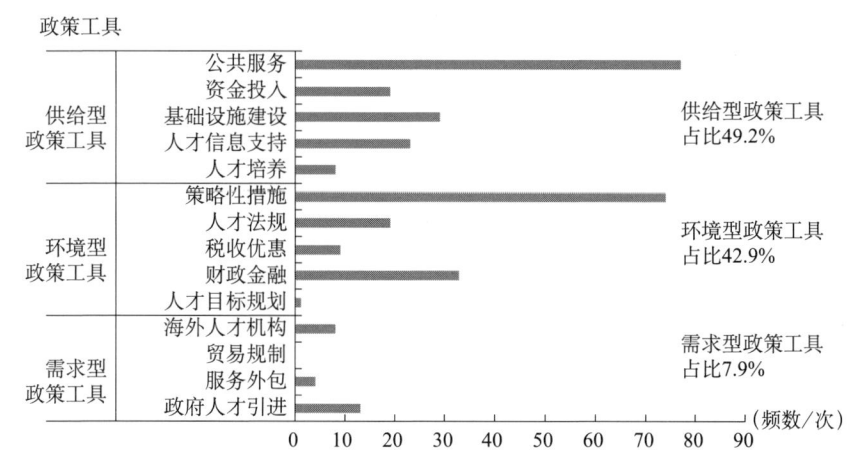

图 3.4　1996～2017 年浙江省海归高层次人才创新创业政策工具占比统计

资料来源：笔者根据浙江省人民政府各部门官方网站的相关政策整理绘制而得。

海归高层次人才创新创业政策环境研究

进一步研究发现，供给型政策工具、环境型政策工具和需求型政策工具分析结果，见图 3.5。在供给型政策工具中，公共服务政策工具使用最多，占比为 49.2%，其他依次为人才基础设施建设，占比为 18.6%；人才信息支持，占比为 14.7%；人才资金投入，占比为 12.2%；人才培养占比为 5.1%。公共服务政策工具使用最为频繁，表明政府越来越重视提供公共服务保障吸引海归人才创新创业，通过提供公共服务引导和支持海归高层次人才创新创业；人才资金投入、人才培养、人才信息支持等政策工具在创新创业政策中还有提升空间，尤其是人才培养类政策工具未充分运用。海归高层次人才的知识经验主要来自海外，急需中国背景下的创新创业相关知识，因此，对于海归高层次人才的培养显得非常必要，当然，应该重点关注为创新创业活动提供最新信息支持。

在环境型政策工具中，策略性措施占比最大，达 54.4%；财政金融次之，占比 24.3%；人才法规，占比为 14.0%；税收优惠，占比为 6.6%；人才目标规划，占比为 0.7%。"九五"时期以来，浙江省人才事业逐渐起步，思想认识层面及策略措施层面都处于探索阶段，策略性措施运用比较广泛，战略实施性的中长期人才目标规划较缺失。策略性措施一般是短期行为，体现了政府推动创业发展的动机，但短期行为很难保证项目持续稳定运行，同时，长期规划类政策的缺失，使得创新创业主体很难享受制度红利（白彬和张再生，2016）。制度体系、目标规划类政策，应为今后政策制定的侧重点。税收优惠作为政策的重要组成部分是调节市场的经济手段，可以引导资源向海归企业合理配置，对创新创业意义重大，可以加大政策工具运用的广度和深度。人才目标规划是海外人才发展的战略问题，应该引起足够的重视。

需求型政策工具整体比较缺失，在需求型政策工具中，政府人才引进占比为 52.0%，海外人才机构占比为 32.0%，服务外包占比为

第3章 海归高层次人才创新创业政策研究

16.0%，并未涉及贸易规制。需求型政策工具有利于降低创新创业主体市场的不稳定性，推动创新创业成果产业化、市场化、国际化（白彬和张再生，2016）。

（a）供给型政策工具
- 人才培养 5.1%
- 人才信息支持 14.7%
- 人才基础设施建设 18.6%
- 人才资金投入 12.2%
- 公共服务 49.4%

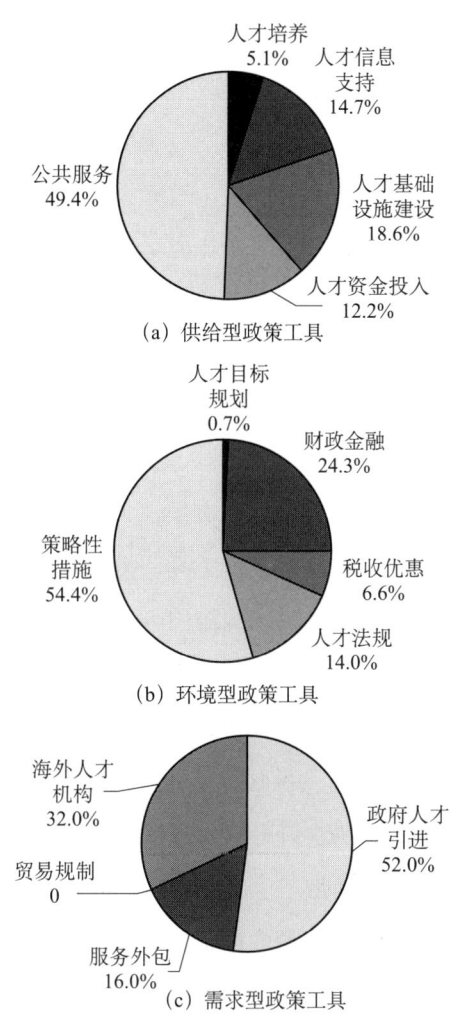

（b）环境型政策工具
- 人才目标规划 0.7%
- 财政金融 24.3%
- 税收优惠 6.6%
- 人才法规 14.0%
- 策略性措施 54.4%

（c）需求型政策工具
- 海外人才机构 32.0%
- 贸易规制 0
- 服务外包 16.0%
- 政府人才引进 52.0%

图3.5 供给型政策工具、环境型政策工具和需求型政策工具分析结果

资料来源：笔者根据浙江省人民政府相关部门网站收集的政策整理绘制而得。

（2）海归高层次人才创新创业政策分析——基于创新创业过程视角

以创新创业过程为Y维度进行分析发现，创新创业准备阶段的政策工具编码共计 65 条，占政策总体的 20.5%；创新创业起步阶段的政策工具编码为 124 条，占政策总体的 39.1%；创新创业发展阶段的政策工具编码为 128 条，占政策总体的 40.4%。创新创业准备阶段的政策工具占比相对较少，表明在创新创业准备阶段，政府的引导政策和支持政策相对较少；在创新创业起步阶段，政策工具数量占比相对较多，说明政府的支持为创新创业企业创业初期适应国内市场、急需技术创新投入提供有力支撑；在创新创业发展阶段，政府提供政策工具的数量相对较多，在创业发展阶段海归创新创业企业能享受较好的政策红利。虽然海归人才政策覆盖了创新创业过程，但针对各个阶段的特点，制定的相应政策工具尚不够。

（3）海归高层次人才创新创业政策的二维分析

进一步将 X 维度、Y 维度同时纳入研究范围，构建"政策工具—创新创业过程"二维框架，探究海归高层次人才创新创业政策。在海归创新创业企业准备阶段，供给型政策工具、需求型政策工具的使用较为均衡，环境型政策工具相对缺失。在海归人才创新创业准备阶段，一定的要素供给在很大程度上激励了其创新创业的决心，但良好的创新创业环境非常重要。在环境型政策工具中，人才目标规划工具的使用，为人才创新创业初期指明了方向，税收优惠能够降低创业初期的研究成本，知识产权保护等策略性措施会降低研发风险，因此，环境型政策工具在创新创业准备阶段是非常重要的，未来应该加强运用。在创新创业起步阶段，环境型政策工具和需求型政策工具运用比较充分，供给型政策工具比较缺失。供给型政策工具中的人才培养、人才信息支持，对海外高层次人才将海外经验优势转化为本土创业优势尤为重要。在创业初期的创业教育和创业培训，能够提升创业主体的创业技能。同时，资金约束是制约企业初创时期发展的重要因素，需要政府给予支持，因此，要加大创新创业起步阶段的供给型政策工具的运用；在创新创业发展阶段，

第 3 章 海归高层次人才创新创业政策研究

虽然三种类型的政策工具都有涉及，但需求型政策工具偏少，占比为 7.9%。创新创业发展阶段主要采用供给型政策工具和环境型政策工具，忽视了需求型政策工具在此阶段为进一步拓宽海归人才引进渠道、提高人才质量起到的直接作用。在创新创业发展阶段，迫切需要大量高层次科技人才，运用政府人才引进政策工具、海归人才机构政策工具，有利于发展多元化的人才引进方式，中国政府需要重点加强运用。海归高层次人才创新创业政策工具二维分析，如图 3.6 所示。

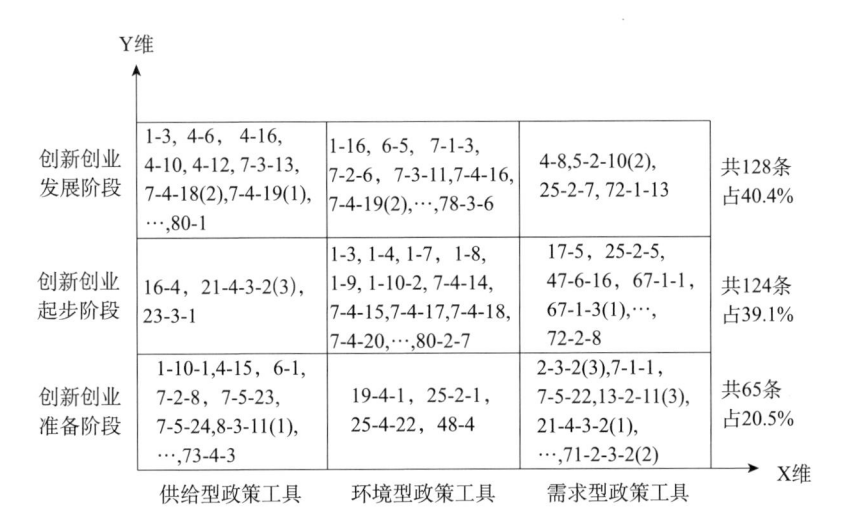

	供给型政策工具	环境型政策工具	需求型政策工具	
创新创业发展阶段	1-3, 4-6, 4-16, 4-10, 4-12, 7-3-13, 7-4-18(2),7-4-19(1), …,80-1	1-16, 6-5, 7-1-3, 7-2-6, 7-3-11,7-4-16, 7-4-19(2),…,78-3-6	4-8,5-2-10(2), 25-2-7, 72-1-13	共128条 占40.4%
创新创业起步阶段	16-4, 21-4-3-2(3), 23-3-1	1-3, 1-4, 1-7, 1-8, 1-9, 1-10-2, 7-4-14, 7-4-15,7-4-17,7-4-18, 7-4-20,…,80-2-7	17-5, 25-2-5, 47-6-16, 67-1-1, 67-1-3(1),…, 72-2-8	共124条 占39.1%
创新创业准备阶段	1-10-1,4-15, 6-1, 7-2-8, 7-5-23, 7-5-24,8-3-11(1), …,73-4-3	19-4-1, 25-2-1, 25-4-22, 48-4	2-3-2(3),7-1-1, 7-5-22,13-2-11(3), 21-4-3-2(1), …,71-2-3-2(2)	共65条 占20.5%

图 3.6　海归高层次人才创新创业政策工具二维分析

资料来源：笔者根据研究分析结果整理绘制而得。

3.4　结论与启示

3.4.1　研究结论

在全球人才迅速流动的知识经济时代，中央政府和地方政府相继颁布了一系列鼓励海归高层次人才创新创业的政策。本章选取浙江省"九五"时期到"十三五"时期颁布的海归高层次人才创新创业政策为研究对象,基于政策工具理论,采用内容分析法和扎根理论编码统计分析法,构建"政策工具—创新创业过程"二维框架,得出以下五点结论。

(1) 政策颁布数量呈上升趋势和阶段性增长的特点

浙江省人民政府出台的海归高层次人才创新创业相关政策,呈稳步上升趋势。2001年、2006年、2011年、2016年发布的政策数量分别比上一年度都有明显上升。浙江省人民政府非常重视引进海归高层次人才创新创业,从战略规划层面引导海归人才工作。

(2) 海归人才政策的发文主体较广泛

浙江省人民政府及相关职能部门构成了海归人才政策体系的核心发文主体,发文主体较广泛,其中,浙江省人民政府和浙江省人民政府办公厅是主要发文主体。从联合发文数量及其占比看,浙江省人民政府和浙江省人民政府办公厅与其他政府部门间的协调性比较弱。浙江省财政厅是重要的联合发文主体,说明财政政策是海归高层次人才政策的重要组成部分。

(3) 政策工具结构稍显不合理,需求型政策工具整体比较缺失

从政策工具视角,浙江省海归高层次人才创新创业政策综合运用了需求型政策工具、环境型政策工具和供给型政策工具。其中,供给型政策工具最多,环境型政策工具次之,需求型政策工具最少。在供给型政策工具中,公共服务工具使用最多,人才培养工具最少。环境型政策工具存在两极分化的现象,策略性措施过半,税收优惠和人才目标中长期规划政策工具缺失。需求型政策工具整体比较缺失。

(4) 针对创新创业过程特征的政策制定体现不够

从创新创业过程视角发现,创新创业准备阶段的政策工具较少,创新创业起步阶段的政策工具和创新创业发展阶段的政策工具较多,占比

约为40%。政府针对创新创业过程特征的政策制定比较少。

（5）不同发展阶段政策工具结构不同

从创新创业过程和政策工具二维视角，创新创业准备阶段供给型政策工具和需求型政策工具的使用较为均衡，环境型政策工具相对缺失；在创新创业起步阶段，侧重于环境型政策工具和需求型政策工具的使用，供给型政策工具较为缺失；在创新创业发展阶段，三种类型的政策工具都在采用，但需求型政策工具偏少。

3.4.2 政策建议

（1）优化供给型政策工具的内部结构，加大海归人才培养力度、资金投入力度和人才信息支持力度

研究显示，较少采用人才培养政策工具，而海归高层次人才知识经验主要来自海外，急需中国背景下创新创业相关知识，因此，对于海归高层次人才的培养显得非常必要。政府应重视对海归高层次人才的培养，提高创新人才软实力，使其在本土化竞争中占据核心优势。在制定人才培养政策时，也要注重针对不同类型的人才制定差异化的培养政策。另外，资金缺乏是中小企业技术创新面临的难题，政府应加大对海归高层次人才创新创业前期的资金扶持，设立专项财政资金，鼓励创新创业。企业想获得竞争优势，信息的及时、有效甚至超前具有战略意义。政府应建立信息研究机构，整合并优化配置国内外信息资源，发布技术市场信息和国内外创新成果，为创新创业提供技术信息与市场信息（马费成和夏义堃，2003）。

（2）优化环境型政策工具内部组合，侧重于税收优惠工具和人才目标规划工具的使用

税收优惠政策能最大限度地激发企业的技术创新能动性，是促进技术创新发展、优化资源配置及加快产业结构转型升级的重要政策工具（刘霞玲，2009）。政府要加大财税政策支持力度，聚焦减税降费，增

加海归创业企业的内生活力,将减税方式从增加抵扣等间接减税向直接降低名义税率转变,特别是着力降低企业所得税税率和增值税税率。同时,针对短期行为的策略性措施,分阶段、分步骤增加可操作性,为保证政策的长期持续稳定,要尽快出台制度体系和规划类政策,从战略层面制定人才目标规划,引导人才树立创新创业目标。

(3) 加大需求导向型政策工具的运用力度,充分发挥其直接拉动作用

需求导向型政策工具着力于市场,对于完善市场机制、降低市场的不确定性以及激发中小企业创新活力的影响更为直接(许冠男,2016)。海归人才涉及国内外知识、技术、人力资源的互动,海归人才机构等政策工具更加偏向政府在海外设立或协助企业设立各分支机构,与海归人才政策目标非常吻合。政府应加大需求型政策工具的实施力度,推进人才事业从自服务阶段向与国际接轨的多元化阶段发展,拓宽引进高层次人才的渠道。

(4) 有针对性地制定符合创新创业阶段性特征的海归人才政策

在创新创业准备阶段,发挥供给型政策工具和需求型政策工具的作用,加大人才培养类政策工具的运用,以提高海归人才的创新创业意识。在注重创新创业孵化基地及平台建设的同时,积极运用环境型政策工具,注重发挥环境型政策工具中的人才目标规划工具,从顶层设计上重视海外人才规划,引导海归高层次人才创新创业。政府应加大策略性措施的实施,对海归高层次人才回国带来的重大科技成果、引进利用外资的经济技术项目给予项目引进费和奖励,允许专家以技术入股的形式开发新产品并在投产获益后参与利润分成,在准备阶段最大限度地激励创新创业。在创新创业起步阶段,引导社会资本对创新创业投资的支持、积极运用税收优惠工具,并鼓励银行等金融机构加大对新创企业信贷的支持。同时,合理的要素工具是创新创业起步阶段的支撑,应该加

第3章　海归高层次人才创新创业政策研究

大供给型政策工具的实施力度,通过资金、培训等的支持,加大对人才的资助力度,推动创新创业。未来重点抓住"双创"机遇,在财政政策上强力支持企业关键技术研发,健全创新创业教育和创业技能人才培养体系。在创新创业发展阶段,保持供给型政策工具和环境型政策工具的运用,建立健全市场机制,为创新创业主体提供法律法规保障,还应提供配套的公共服务政策。同时,政府要加大需求型政策工具的运用,特别是服务外包工具和海外人才机构工具的运用,鼓励企业通过设置海外机构,吸纳海外高层次人才,为创新创业发展阶段拓宽引才渠道提供有力保障。另外,政府应加强实施服务外包政策,采取合同委托研发、专利许可贸易等方式,降低创新创业的成本和风险。

第4章 海归高层次人才创新创业生态环境评价——基于江浙沪的比较研究

创新创业已经成为中国重大的发展战略之一。创新创业环境是创新创业能否成功至关重要的因素之一。本章基于全球创业观察模型，构建创新创业环境评价模型，采用来源于2007~2016年相关统计年鉴的数据，运用熵权法对长三角地区的浙江省、江苏省和上海市的创新创业环境进行综合评价。研究表明，江浙沪三地创新创业环境综合指数呈现上升态势，从综合指数来看，江苏省位列第一、浙江省第二、上海市第三；分地区比较，江苏省、上海市的商业环境和基础设施位列第一，浙江省研究开发与转移位列第一。最后，根据研究结论，提出相关启示与优化建议。

4.1 文献综述

近年来，中国的创新能力继续稳步提升。据中国科学技术发展战略研究院发布的《国家创新指数报告（2016~2017）》，[1] 中国国家创新指数综合排在第17位，得分为69.8分，比2015~2016年排名上升一名，且与10~15名的国家差距极小。《"十三五"国家科技创新规划》提

---

[1] 中国科学技术发展战略研究院.《国家创新指数报告（2016~2017）》图解［EB/OL］. http://www.casted.org.cn/channel/newsinfo/6336, 2017-08-18.

第4章 海归高层次人才创新创业生态环境评价——基于江浙沪的比较研究

出,到2020年中国国家综合创新能力在世界上的排名进入前15名。[①]创新创业已经成为中国重要的战略之一。

国内外学者对于创新创业环境已经有大量研究,最具代表性和影响力的是五维度模型和全球创业观察模型。

五维度模型由格耶瓦里和福格尔(Gnyawali and Fogel,1994)提出,其维度包括创业技能和管理技能、创业经济支持、创业非经济支持、社会经济条件、政府政策和工作支持。

全球创业观察是由美国百森商学院和英国伦敦商学院共同创立的一个研究项目。该项目主要关注全球成员国(地区)的创业活动,以比较全面的指标衡量创业活跃程度(韦诸霞和赵国安,2015)。其分别是金融支持、政府政策、政府项目、教育与培训、研究开发与转移、商业环境与专业基础设施、国内开放程度、文化规范与社会规范、实体设施与基础设施九个维度指数。GEM第一次实施是在1999年,参加GEM的国家(地区)逐年递增,到目前为止,GEM覆盖约占全世界总人口的70%(徐京,2013)。

此外,伊森伯格(Isenberg,2011)提出了百森创业生态系统项目(entrepreneurship ecosystem project,BEEP),从政府角度致力于提高国家创业水平,将影响创业活动存在和发展的区域因素分为政策、资金、人力资本、文化、市场和相关支持体系六个维度。该文献指出,实际运行中可持续发展的创业生态系统,都是多种因素相互作用的结果。

此前,对于创新创业环境指标的研究,已经形成了丰富成果。张玉利和陈立新(2004)提出创业环境的构成要素,主要包括金融支持与非金融支持、政府政策和工作程序、社会经济条件、创业技能与管理技能。郭元源、陈瑶瑶和池仁勇(2006)认为,创业环境应分为经济基

---

① 中华人民共和国科学技术部. 专家解读《"十三五"国家科技创新规划》[EB/OL]. http://www.most.gov.cn/xinwzx/mtjj/ztjj/201608/t20160812_127212.htm,2016-08-12.

础系统、服务支撑系统、文化支撑系统、科教支撑系统和环境支撑系统五个子系统。蔡莉、崔启国和史琳（2007）提出，创业环境包括融资环境、科技环境、人才环境、政策法规环境、市场环境和文化环境六个方面。周丽（2006）构建了由自然环境、社会环境、经济环境三大环境系统及政策法律、金融服务、智力技术、社会服务和产业构成的创业环境模型。周小虎和毕轲（2017）认为，影响海归人才创业活动的创业生态系统，属于政府强参与、企业网络分散类型的创业生态系统。这种创业生态系统中市场关系网络形成的主要原因，是政府政策和资源的倾斜扶持，以及创业主体基于关联业务的资源共享。该文献提出，创业生态系统中的资金、区域人力资本、创业平台支持、创新氛围支持以及生活环境支持等方面的因素，均可能对海归创业人才效能的发挥产生影响。栗凯（2017）将创新创业环境划分为政策、法律、融资、服务、教育及社会文化六部分，并对比美国、以色列、德国三个代表性国家，系统地分析了中国创新创业环境的整体情况。王兆琛（2020）提出，企业协同高校和科研机构的科技创新、中介机构服务的专业化、政府政策的引导和组织作用以及基础设施的水平和文化环境，均会影响创业环境。杨志安和邱国庆（2020）认为，打造创新创业的优质环境条件，需要在服务机制、政府政策以及教育培训上有所提升。傅静微和傅运春（2020）指出，在创新创业环境方面，主要在高层次人才上存在一定劣势，应着重于优化人才建设的协同性以及规范性。

也有一些文献，基于GEM模型对城市（地区）的创新创业环境进行研究。例如，马永春（2011）针对河南省的创新创业环境进行分析，得出河南省整体开放程度较弱、政府引导支持力度不足、教育文化建设能力不强等，使河南省在资金、政策还是能力上，都低于其他省（区、市）的结论。闫培华（2004）对成都市创业环境与创业政策进行研究，得出成都市在政府资金、政府政策和基础设施方面具有优势，在金融支

第4章 海归高层次人才创新创业生态环境评价——基于江浙沪的比较研究

持、商务环境与专业基础设施等方面存在劣势。凡庆涛和王文（2017）运用 GEM 模型，从金融支持、研究开发与转移等方面，分析北京市的创新创业环境，认为在科技优势和商业环境及政策方面还有待加强。缪晓越和孙艺文（2018）基于 GEM 模型研究东北地区的创业环境，认为东北地区在实体设施与基础设施等方面具有优势，在金融支持、教育与培训、研究开发与转移、国内开放程度和文化规范与社会规范等方面还存在劣势，并提出了相应的对策与建议。

中外文文献已经对创新创业环境做了大量研究。如，杨晔和俞艳（2007）对上海市创业环境进行分析，认为上海市在创业技能和政府政策支持等方面存在问题，提出加强银行放贷支持、健全创业中介体系、强化创业教育培训等建议。王炜（2015）提出，太原市高新区的创业环境在产业规划、研发体系以及人才建设上呈现出一定优势，但在政府政策、投融资体系等方面还有待加强。孙常辉（2018）分析河南省双创环境，认为河南省创新创业主体活力不足、融资环境有待改善、创新创业服务与支持机构发展滞后、人文环境不尽如人意，并提出相应建议。谢小青和黄晶晶（2017）运用压力-状态-响应（Pressure-State-Response，PSR）模型对湖北省武汉市创新创业环境进行评价分析，提出强化创新引领、聚集人才优势等政策建议。叶琴等（2016）比较了上海市浦东区、北京市海淀区、深圳市三地的创新创业环境，发现上海市浦东区存在的不足并提出建议。姚剑锋（2020）分析浙江省宁波市鄞州区创新创业环境，发现该地区的地方政府在资金、政策体系上为创新创业提供了良好的环境，但其创新创业平台建设不够完善、高质量人才稀缺，服务体系较薄弱。林珊和马利霞（2020）建议山东省青岛市政府需要结合地方特色进行宣传以提高文化建设，并且，不断提高政府保护机制以及创新创业平台建设。靖彩玲（2020）认为，河北省的创新创业环境已进入新高度，但在教育建设、投融资体系、政府保护政策上都存在较大不足，应加强人才培育与引进政策、重视技术开发和技术保护、完善运营资金政策、支持投融资并降低创业门槛，以优化其创新创业环境。

《全球创业观察 2018/2019 中国报告》对 G20 经济体的创业活动进行了比较分析。该报告指出，中国创业环境的综合评价得分为 5.0 分，在 G20 经济体中排在第 6 位。中国的创业环境在有形基础设施、内部市场活力以及文化、社会规范方面具有优势，而在学校创业教育、研发转移以及商业、法律基础设施等方面相对不足。在 G20 经济体中，中国的商业和法律基础设施得分最低。从创业活动类型来看，中国技术创业的比例较低，与排名靠前的澳大利亚、英国和日本等仍有较大差距。员工内部创业较少，家庭成员之间的合伙创业占较大比例。中国企业创业活动终止的主要原因，是企业不盈利。高质量创业活动终止的主要原因，是有机会出售企业或发现其他商业机会。①

虽然创新创业环境已经有一些相关研究成果，但大部分研究文献关注某一地区，针对多个城市或多个省（区、市）之间的比较分析较少。长三角地区中的浙江省、江苏省和上海市是中国经济发展较快的地区，2009 年江浙沪三地 GDP 总和已经超过 1 万亿美元。本章选择浙江省、江苏省、上海市的数据，基于 GEM 构建创新创业环境评价指标体系，运用熵值法对指标进行分析，找出可能存在的不足并提出对策建议。

4.2　指标筛选与数据来源

4.2.1　指标筛选

基于 GEM，本节将九个维度作为一级指标，再根据各维度所代表

---

① 《全球创业观察 2018/2019 中国报告》发布，http://news.gmw.cn/2019-10/24/content_33262730.html。

第4章 海归高层次人才创新创业生态环境评价——基于江浙沪的比较研究

的含义,选取了24个二级指标,构建模型。

(1) 金融支持,是指成立初期的企业或处于成长期的企业在金融资源上的可得性与易得性

上市公司企业数可以从侧面反映当地金融资源的可得性。上市公司企业数越多,金融资源的可得性越高。金融业从业人员可以反映当地的金融业发展程度,金融业从业人员越多,金融业越发达,金融资源越多。金融机构各项贷款可以反映金融资源的易得性,金融机构各项贷款越多,创新创业环境越好。

(2) 政府政策,是指地区为创新创业发展推出的激励创新创业的政策,及政策实施的实际情况

民营企业占比可以反映政府政策对创新创业的支持,民营企业占比越大,政府对创新创业的支持越多。知识产权保护力度越大,政府对企业创新创业支持越大,企业创新创业环境越好。

(3) 政府项目,是指政府对创业者提供的资金支持、政策支持的直接项目以及对创新创业提供的支持与帮助

财政科技投入占比,是指当地科技拨款占财政拨款的比重,与政府科技支出共同反映政府对创新创业的直接投入力度。企业"孵化器"即高新技术创业中心,为新企业提供创业空间、创业设备及一系列服务支持,降低创业者的创业风险和创业成本,提升创新创业环境。

(4) 教育与培训,是指当地对创业者的知识、能力、意识等各方面素质的培养

本科以上占比反映当地整体的知识水平,普通高校本科生人数反映当地的创新创业人力资源情况,两者均可反映当地的教育水平与培训水平。科学研究人员反映当地自主创新创业人力投入强度。

(5) 研究开发与转移,是指对研究开发活动及成果转移转化

研发占比即研发(R&D)经费占地方生产总值(GDP)比重,与

每万人发明专利数均用来反映该地区的研究开发水平,而技术合同交易额反映该地区技术转移、科技成果转化的规模与能力。

(6) 商业环境与专业基础设施,是指为创业企业提供各种服务的中介机构资源

专业基础设施,是指为企业提供各种专业化资源或服务的基础设施条件。税收优惠即政府运用税收政策,对部分特定企业进行的税收减免、税额抵免等,税收优惠多少可以反映当地的商业环境。"高新区"可以为当地的相关企业提供更多专业基础设施资源,创造良好的商业条件。"社会零售商品占 GDP 比例"越高,零售商品越多,市场专业化程度越高,商业环境越好。

(7) 国内开放程度,反映该地市场的开放程度,企业进入市场是否存在进入壁垒,市场的活跃情况

外资企业占比,是指外商投资企业占总企业数的多少,反映当地市场开放程度。新成立企业数反映该地区市场进入壁垒高低。

(8) 文化规范与社会规范,是指该地区的文化规范及社会规范对创业的态度

文化规范与社会规范包括公共服务支出、社会保障支出、教育支出三个指标,从公共服务、社会保障、教育三个方面来评价该地区文化对创新创业的影响。

(9) 实体设施与基础设施,是指该地区创业的基础设施条件是否良好,如铁路、公路等道路交通设施

本书选取公路里程及互联网宽带及用户数两个指标,反映该地的基础设施情况。

4.2.2 数据来源及数据处理

数据来源于《中国统计年鉴》《中国科技统计年鉴》《中国高技术

第4章 海归高层次人才创新创业生态环境评价——基于江浙沪的比较研究

产业统计年鉴》《上海统计年鉴》《江苏统计年鉴》《浙江统计年鉴》，时间跨度为2007~2016年。为了消除不同指标的不同量纲综合指数运算带来的影响，本书采用极差的标准化法进行数据标准化处理，即：$y_{ij} = \frac{x_{ij} - \min(x_{ij})}{\max(x_{ij}) - x_{ij}}$，$y_{ij}$是经过无量纲化处理后的评价指标指数，$\min(x_{ij})$和$\max(x_{ij})$是原始数据的最小值和最大值。在此基础上，利用熵值法原理计算各指标的信息熵$F_1, F_2, \cdots, F_n$，再根据熵权公式$Z_j = \frac{1 - F_j}{n - \sum_{j=1}^{n} F_j}$（$j = 1, 2, \cdots, n$），求得各指标的权重。

4.2.3 指标指数计算

本小节利用加权平均法计算九个一级指标指数和综合指数，一级指标指数$K_i = \sum_{j=1}^{n}(Z_j Y_{ij})$，其中，$Z_j$是第j项二级指标的熵权，$Y_{ij}$是第i年第j项指标的标准化值。综合指数$L_i = \frac{\sum K_i}{9}$，创新创业环境评价指标体系，见表4.1。

表4.1　创新创业环境评价指标体系

目标	一级指标	指标序号	二级指标	信息熵	熵权
江浙沪三省（市）创新创业环境评价	金融支持	A1	上市公司企业数（个）	0.9365	0.0283
		A2	金融业从业人员（万人）	0.9453	0.0244
		A3	金融机构各项贷款（亿元）	0.9206	0.0353
	政府政策	B1	民营企业占比（%）	0.9324	0.0301
		B2	知识产权保护（项）	0.8697	0.0580
	政府项目	C1	财政科技投入占比（%）	0.9483	0.0230
		C2	政府科技支出（亿元）	0.9263	0.0328
		C3	企业孵化器（个）	0.8611	0.0618
	教育与培训	D1	本科以上占比（%）	0.9326	0.0300
		D2	普通高校本科生人数（万人）	0.8849	0.0512
		D3	科学研究人员（万人）	0.9432	0.0253

续表

目标	一级指标	指标序号	二级指标	信息熵	熵权
江浙沪三省（市）创新创业环境评价	研究开发与转移	E1	研发占比（%）	0.9324	0.0301
		E2	每万人发明专利数（件/万人）	0.8969	0.0459
		E3	技术合同交易额（亿元）	0.8803	0.0533
	商业环境与专业基础设施	F1	税收优惠（万元）	0.9106	0.0398
		F2	高新区（个）	0.8339	0.0740
		F3	社会零售商品占GDP比例（%）	0.9330	0.0298
	国内开放程度	G1	外资企业占比（%）	0.8765	0.0550
		G2	新成立企业数（个）	0.8757	0.0553
	文化规范与社会规范	H1	公共服务支出（亿元）	0.9068	0.0415
		H2	社会保障支出（亿元）	0.9344	0.0292
		H3	教育支出（亿元）	0.9156	0.0376
	实体设施与基础设施	I1	公路里程（万千米）	0.8837	0.0518
		I2	互联网宽带及用户数（万户）	0.8736	0.0563

资料来源：笔者根据相关统计年鉴的数据计算整理而得。

4.3 创新创业环境指数分析

4.3.1 创新创业环境综合指数分析

创新创业环境综合指数的变化，反映了江浙沪创新创业环境的变化。研究显示，2007~2016年，江浙沪三地创新创业环境综合指数总体呈现上升趋势，说明江浙沪三地的创新创业环境得到持续优化。

从数据上看，江苏省的综合指数一直处于第一位，浙江省和上海市在2009年以后逐渐拉开距离，浙江省居第二，上海市居第三，江浙沪创新创业环境综合指数见图4.1。

第4章 海归高层次人才创新创业生态环境评价——基于江浙沪的比较研究

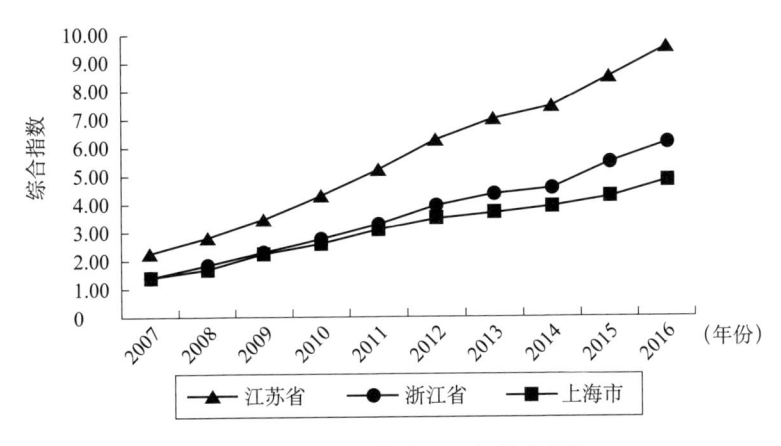

图 4.1 江浙沪创新创业环境综合指数

注：为了统计数据表更加直观，表格中的数据都在原来的基础上扩大了 100 倍。
资料来源：笔者根据相关统计年鉴的数据计算整理绘制而得。

4.3.2 创新创业模型九维度指数分析

进一步对江浙沪创新创业环境的九个维度进行分析。

（1）金融支持指数

研究显示，2007~2013 年，浙江省的金融支持指数领先于江苏省和上海市，从 2013 年起，江苏省各项机构金融贷款余额迅速增加，从 2013 年的 64908 亿元上升到 2016 年的 92957 亿元，创新创业环境中的金融环境得到提升，相比之下，上海市创新创业环境金融指数位居第三，江浙沪金融支持指数，见图 4.2。

（2）政府政策指数

研究显示，江苏省的政府政策指数始终位居第一，从 2007 年稳定增长到 2010 年，快速增长到拐点 8.25，经过回落后又逐渐上升。浙江省的政府政策指数位居第二，上海市位居第三。江浙沪地方政府政策指数，见图 4.3。

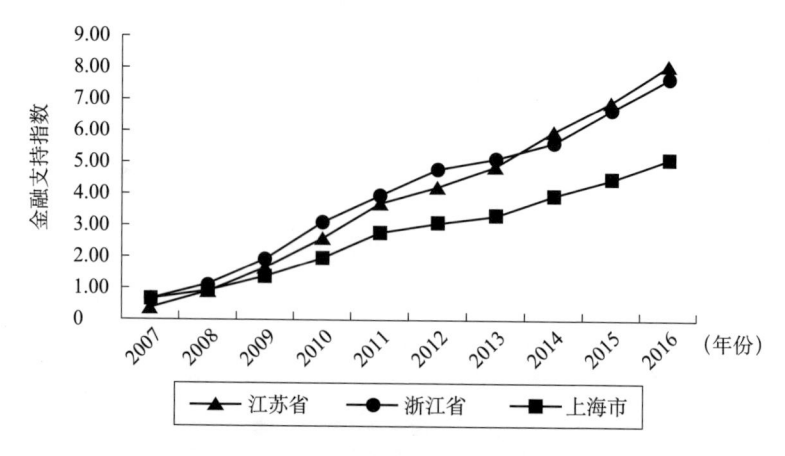

图 4.2　江浙沪金融支持指数

资料来源：笔者根据相关统计年鉴的数据计算整理绘制而得。

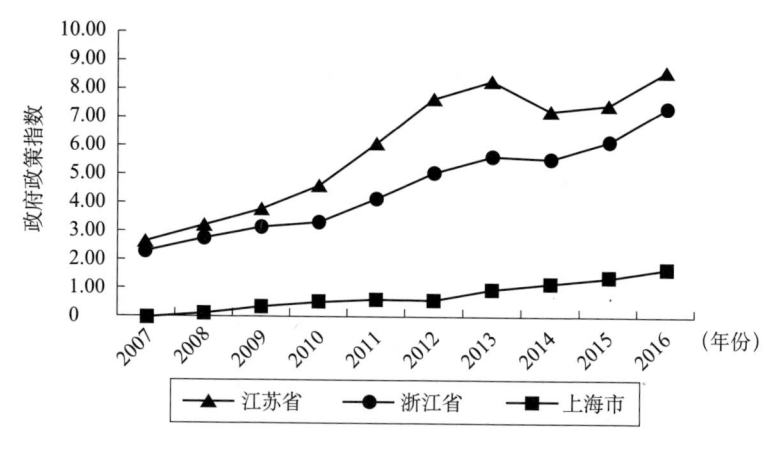

图 4.3　江浙沪地方政府政策指数

资料来源：笔者根据相关统计年鉴的数据计算整理绘制而得。

(3) 政府项目指数

研究显示，江苏省的政府项目指数位居第一，而且，上升势头较好；上海市位列第二，近年来，上海市政府加大科技投入，建立孵化基地，效果明显；浙江省的政府项目指数，位居第三，江浙沪地方政府项目指数，见图 4.4。

第4章 海归高层次人才创新创业生态环境评价——基于江浙沪的比较研究

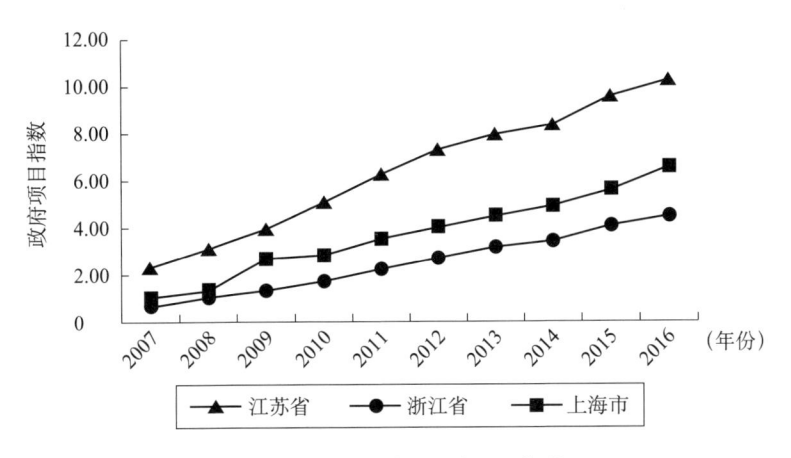

图 4.4　江浙沪地方政府项目指数

资料来源：笔者根据相关统计年鉴的数据计算整理绘制而得。

（4）教育与培训指数

研究显示，江苏省教育与培训指数整体呈现上升趋势，位居第一；上海市和浙江省分别位于第二、第三，在 2013 年以后上升态势放缓，浙江省略有改善，与上海市的距离逐渐变小。江浙沪教育与培训指数，见图 4.5。

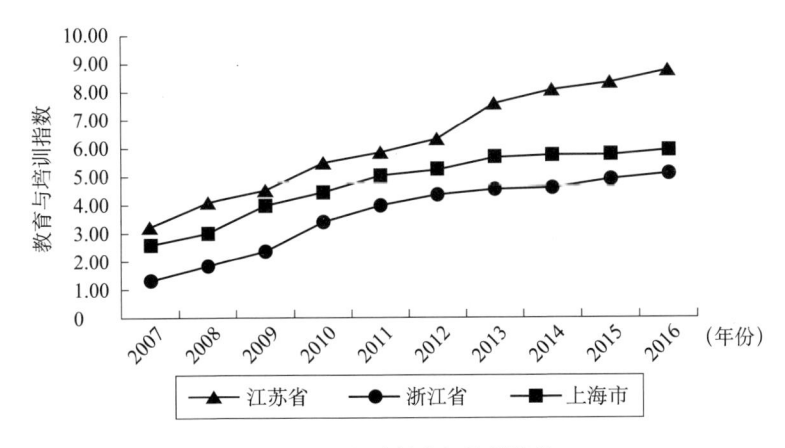

图 4.5　江浙沪教育与培训指数

资料来源：笔者根据相关统计年鉴的数据计算整理绘制而得。

(5) 研究开发与转移指数

研究显示，江苏省研究开发与转移指数在 2012 年前位居第二，2012 年以后上升速度较快，超越上海市成为第一，目前上海市位居第二；浙江省研究开发与转移指数排名第三，说明浙江省在研究开发与技术成果转化方面有待提升。江浙沪研究开发与转移指数，见图 4.6。

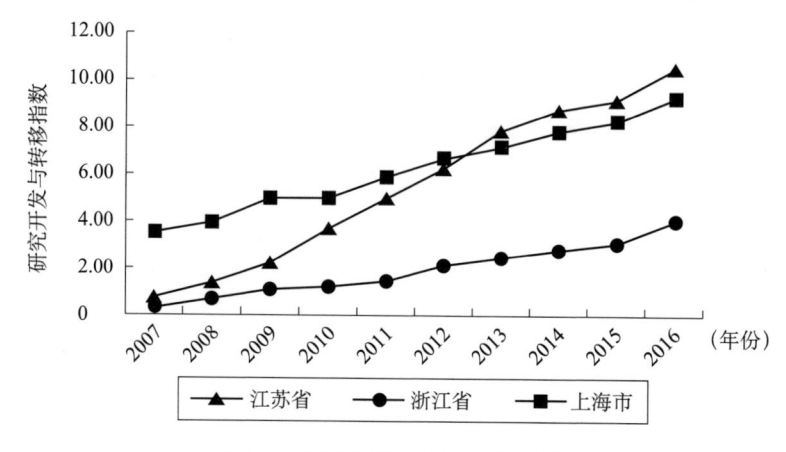

图 4.6　江浙沪研究开发与转移指数

资料来源：笔者根据相关统计年鉴的数据计算整理绘制而得。

(6) 商业环境与基础设施指数

研究显示，江浙沪商业环境与基础设施指数在 2011 年前增速较缓，自 2011 年以后，江苏省、浙江省增长速度比较快，尤其是江苏省，说明这两个省的商业环境得到改善，江苏省始终位居第一，浙江省位居第二，上海市第三。江浙沪商业环境与基础设施指数，见图 4.7。

(7) 国内开放程度指数

研究显示，在 2015 年前，上海市国内开放程度指数始终位居第一，但是，在 2012 年达到最高点后，呈现下降趋势，2016 年位居第二；江苏省在 2015 年前位居第二，一直保持较平稳的上升态势，2015 年后迅速上升，超过上海市位居第一；浙江省国内开放程度一直位居第三，

第4章 海归高层次人才创新创业生态环境评价——基于江浙沪的比较研究

2010年前缓慢上升，之后处于缓慢下降态势，2014年后停止下降，呈现平稳态势。江浙沪国内开放程度指数，见图4.8。

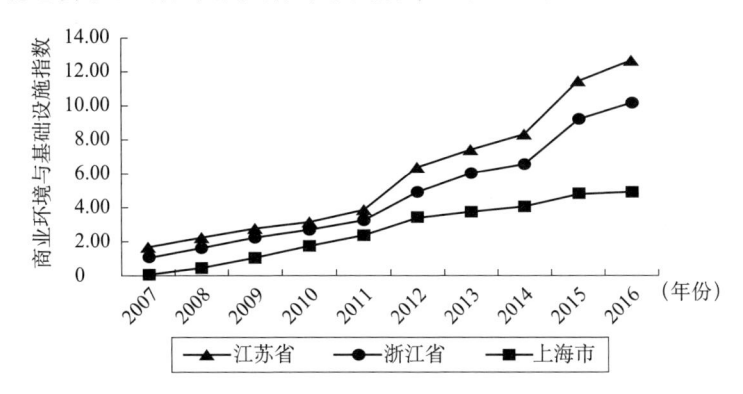

图4.7 江浙沪商业环境与基础设施指数

资料来源：笔者根据相关统计年鉴的数据计算整理绘制而得。

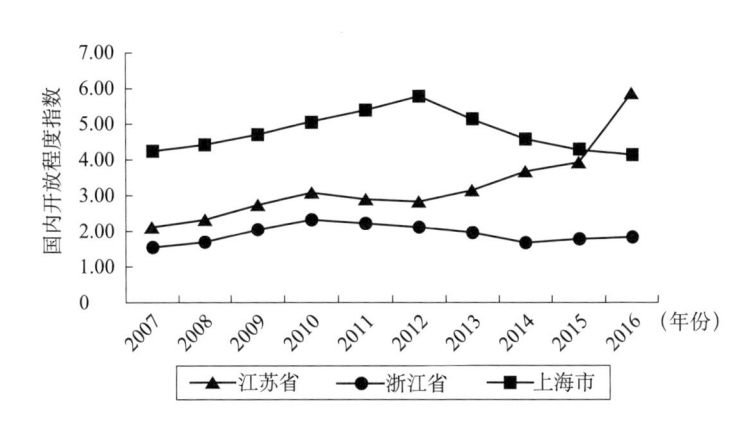

图4.8 江浙沪国内开放程度指数

资料来源：笔者根据相关统计年鉴的数据计算整理绘制而得。

（8）文化规范与社会规范指数

研究显示，江苏省、浙江省与上海市三地的文化规范与社会规范指数都呈平稳上升态势，说明文化环境不断改善；其中，江苏省位列第一、浙江省位居第二，上海市位居第三。江浙沪文化规范与社会规范指数，见图4.9。

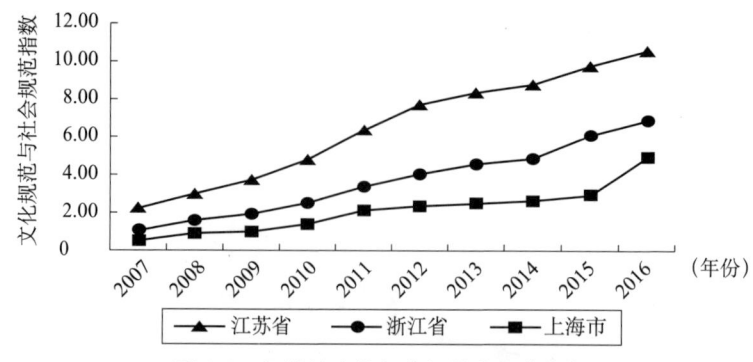

图 4.9　江浙沪文化规范与社会规范指数

资料来源：笔者根据相关统计年鉴的数据计算整理绘制而得。

（9）实体设施与基础设施指数

研究显示，江苏省的实体设施与基础设施指数呈上升趋势，2014年后迅速上升，位列第一；浙江省也呈现平稳上升态势，位居第二；上海市一直保持平稳态势，增长缓慢，位列第三。江浙沪实体设施与基础设施指数，见图 4.10。

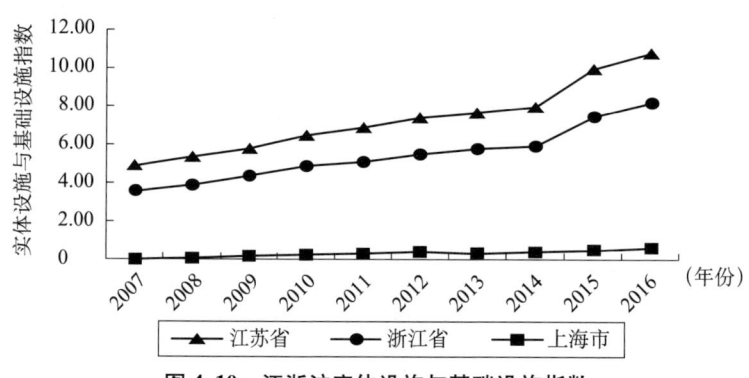

图 4.10　江浙沪实体设施与基础设施指数

资料来源：笔者根据相关统计年鉴的数据计算整理绘制而得。

4.3.3　江苏省、浙江省、上海市创新创业环境指数比较

（1）江苏省

研究显示，江苏省的商业环境与基础设施指数一直呈上升态势，

第 4 章 海归高层次人才创新创业生态环境评价——基于江浙沪的比较研究

2014 年超过其他指数，位列第一；实体设施与基础设施指数 2014 年后位列第二；金融支持指数也呈较快增长态势，位列第二；国内开放程度指数位列第三，但是，增长趋势比上海市、浙江省明显。总体来说，江苏省的创业环境优于上海市和浙江省。

（2）浙江省

研究显示，浙江省研究开发与转移指数始终呈现上升态势，位列第一，政府项目指数也保持较好的增长态势，2016 年超过教育与培训指数，位列第二；国内开放程度指数在 2007~2010 年缓慢增长，从 2012 年开始逐年下降；文化规范与社会规范指数 2015 年后有较大增长；实体设施与基础设施指数增长缓慢，并始终位于第三；政府政策指数，位列第二。

（3）上海市

研究显示，2016 年以前，上海市的实体设施与基础设施指数和政府政策指数分别位列第一和第二，商业环境和基础设施指数增长较快，2013 年超过其他指数位列第一，实体和基础设施指数位列第二。这表明，近年来上海市政府出台了相关政策措施，提升了上海市创新创业环境。国内开放程度指数自 2010 年后呈现缓慢下降态势，位列第三，研究开发与转移指数位列第二。

4.4 研究结论与研究启示

4.4.1 研究结论

研究表明，江浙沪三地创新创业环境综合指数呈现上升态势，江苏省位列第一，浙江省第二，上海市第三。

江浙沪分维度分析表明，江苏省创新创业环境指标的九个维度指数始终位列第一；在九个维度指数中，浙江省有四个指标位居第三，分别是政府项目指数、教育与培训指数、研究开发与转移指数和国内开放程度指数；上海市有五个指数位居第三，分别是金融支持指数、政府政策指数、商业环境与基础设施指数、文化规范与社会规范指数和实体与基础设施指数。

江浙沪分地区比较：在江苏省，商业环境和基础设施指数在九个维度指数中位列第一，国内开放程度指数位列第三；上海市商业环境和基础设施指数在九个维度指数中位列第一，国内开放程度指数位列第三；在浙江省，研究开发与转移指数位列第一，实体与基础设施指数位列第三。

4.4.2 启示

在江浙沪，江苏省创新创业环境综合指数位居第一，而且，九个维度指数也始终位列第一，表明总体上江苏省的创新创业环境较好，相对而言，在九个维度指数中，江苏省的国内开放程度指数相对较弱，金融支持指数次之，建议积极扩大开放程度，改革金融体制，进一步完善创新创业环境。

在江浙沪，浙江省创新综合指数位居第二，创新创业环境相对较好。在九个维度指数中，五个位居第二，四个位居第三。浙江省在政府项目指数、教育与培训指数、研究开发与转移指数和国内开放程度指数上相对比较薄弱，建议加入政府支持力度，加大对教育和培训的投入，加大研发投入，制定系列政策促进成果转移与转化，扩大开放程度。另外，实体与基础设施也需要进一步加大投入与完善。

上海市创新创业环境综合指数位居第三，在江浙沪中，创新创业环境相对较弱，在金融支持指数、政府政策指数、商业环境与专业基础设

第 4 章　海归高层次人才创新创业生态环境评价——基于江浙沪的比较研究

施指数、文化规范与社会规范指数和实体设施与基础设施指数五个方面需要进一步完善优化。

江苏省、浙江省和上海市总体上创新创业环境逐步得到改善，但是，不同省（市）产业基础、经济发展水平与科技水平等各有特色，基于 GEM 的九维度指标指数表达也有所不同。各省（市）应该根据自身发展战略以及优势与不足制定相关政策，取长补短，逐步完善创新创业环境。

第 5 章 海归高层次人才对创新创业制度环境的满意度研究

本章以浙江省 11 个城市的 223 名海外高层次创新创业人才为研究样本，在区分创新、创业两类海归群体的基础上，分析了不同性别、年龄阶段、学历背景、工作单位的海归高层次创新创业人才对浙江省创新创业制度环境的满意度差异。研究发现，年轻的海归高层次创业人才制度环境满意度感知最高，而年长的海归高层次创业人才对制度环境满意度感知偏低。不同学历背景的海归高层次创业人才，对制度环境满意度差异感知不明显。海归高层次创业人才对环境满意度感知程度由高到低分别是规制性环境满意度，规范性环境满意度，认知性环境满意度。女性海归高层次创业人才对制度环境满意度高于男性。本章的研究结论，可以为完善相关政策提供决策借鉴。

5.1 文献研究

5.1.1 创新创业制度环境

创新创业制度包括一个国家、地区内与创业活动密切关联的政治、法律、文化等多种要素，通过创业者的创新创业认知对创新创业行为决策产生影响，造成不同的创新创业活动速度、规模与成效（Gnyawali and Fogel，1994）。嘉特纳（1985）从个体、组织、过程和环境四个维度描述

第5章 海归高层次人才对创新创业制度环境的满意度研究

了企业创新创业环境框架,认为资源的可获得性、周边的大学及科研机构、政府的干预及人们的创新创业态度等因素构成了创新创业环境。

在早期的制度环境研究中,诺思和鲍莫尔(North and Baumol,1990)从较宏观的角度出发,认为制度环境是影响生产、交换和分配的基本规则和治理体系,并将其划分为正式制度和非正式制度。正式制度是指,一些行为规范以某种明确的形式被确定下来,由行为人所在组织进行监督并用强制力保证实施,如成文的法律、法规、政策、规章、契约等;非正式制度是指,人在长期社会发展过程中逐步形成的行为准则,包括风俗习惯、伦理道德、价值观等。鲍莫尔指出,合理的制度有助于创业者进行生产性创业活动,不合理的制度则会导致创业者从事非生产性创业活动。

斯科特(Scott,1995)提出了制度包含的三个要素:规制性、认知性和规范性,已成为研究、评估制度环境模型的原型。[①] 在总结前人研究的基础上,科斯托娃(Kostova,1997)提出了基于国家层面的制度环境三因素模型,将国家层面的制度环境分为三个维度:即规制维度(regulatory dimension)、认知维度(cognitive dimension)和规范维度(normative dimension),结合不同国家在制度环境上的差异,精准地评估不同国家制度环境的相对优势与相对劣势。

创新创业制度环境的维度。布塞尼茨、斯潘塞和戈麦斯(Busenitz,Spencer and Gomez,2000)为了研究规制、认知和规范三个维度如何影响创业,对美国一所商学院来自6个国家的数百名学生开展了问卷调查,并得出了一个三维度创业环境评价模型。该文献研究、验证了三维度制度框架在国家层面上的有效性。肖斌和高建(2005)在全球创业观察(global entrepreneurship monitor)模型的基础上,提出了中国创业

---

① W. 理查德·斯科特. 制度与组织——思想观念与物质利益[M]. 姚伟、王黎芳,译. 北京:中国人民大学出版社,2010.

制度环境框架模型,以评估中国城市创新创业制度环境。该文献研究发现,该制度模型与科斯托娃提出的三因素模型吻合度较高,而后,诸多学者在研究中均采用了这一划分方法。

5.1.2 满意度研究

(1) 基本概念

ISO 9000 中将顾客定义为接受产品的组织和个人,根据不同的划分标准,可以把顾客分成不同的群体。①

穆思(Muth,1961)针对蛛网理论,提出了最初的理性预期假设。弗鲁姆(Vroom,1964)提出期望理论,认为一个人在追求实现目标的过程中,目标会表现为一种期望起到激励作用。艾德尔森(Aderson,1973)认为,顾客期望是衡量顾客满意度的重要标准。在 2000 版 ISO 9000 中,将顾客期望定义为顾客在购买决策过程前期对其需求的产品和服务寄予的期望。

卡多佐(Cardozo,1965)首次将顾客满意概念引入市场营销领域,指出顾客满意促进顾客的再次购买行为。法内尔(Fornell,1992)认为,顾客满意是顾客对产品或服务购买和使用后的一种总体评价。科特勒(Kotler,1996)认为,顾客满意是消费者对产品或服务所感知的绩效与期望相比较的结果。霍华德和谢思(Howard and Sheth,1969)认为,顾客满意是消费者对付出的代价和分享的收益是否合理进行评判的一种心理认知状态。

顾客满意是顾客在消费过程中,产品或服务满足需求程度的感受或一种反应(Oliver,1997),是顾客比较购买产品时所付出的成本与使用产品所获得效益的结果(Churchill,1982)。顾客满意可视为顾客对于

---

① 国际标准化组织(International Organization for Standardization,ISO),ISO 9000 质量体系标准,包括 3 个体系标准和 8 条指导方针。

第5章 海归高层次人才对创新创业制度环境的满意度研究

事前预期与认知绩效之间感知差距的一种评价反应（Tes，1988）。

在 ISO/DIS 9000① 中，顾客满意被定义为"对一个产品可感知的效果（或结果）与期望值比较后，顾客形成的愉悦或失望的感觉状态。"

（2）顾客满意度的影响因素

满意度的测评主要基于顾客的需要和期望与所接受的产品或服务关系的认识和理解来建立顾客满意度测评模型，在实践过程中，学者们基于立足点或者研究角度的不同提出了许多模型。

法内尔（Fornell，1992，1993）在顾客满意度理论基础上，提出了基于国家层面的顾客满意度指数模型，以研究瑞典顾客满意度指数（Swedish customer satisfaction barometer，SCSB）模型。瑞典顾客满意度指数（SCSB）模型，见图 5.1。

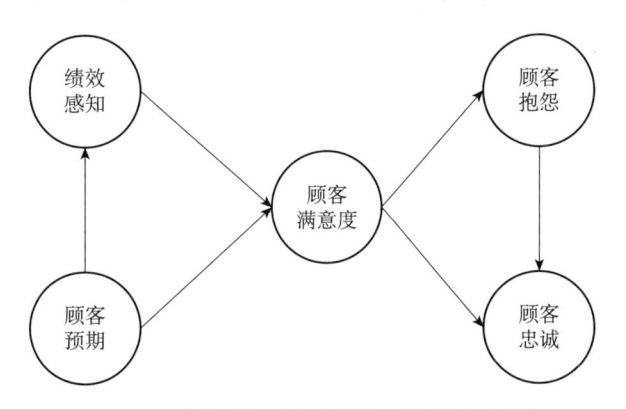

图 5.1 瑞典顾客满意度指数（SCSB）模型

资料来源：刘资媛. 顾客满意度影响因素的理论分析及实证研究 [D]. 长沙：湖南大学，2004.

美国顾客满意度指数模型（American customer satisfaction barometer，ASCI），见图 5.2，是法内尔等（1996）在瑞典顾客满意度模型的基础上提出来的。

---

① ISO 9000：2000 质量管理体系——基础和术语. 2002.

清华大学对中国顾客满意度进行了大量研究,并于 2001 年提出了中国顾客满意度指数模型(Chinese customer satisfaction barometer, CCSI),见图 5.3,并进行了两次全国性的实验研究。

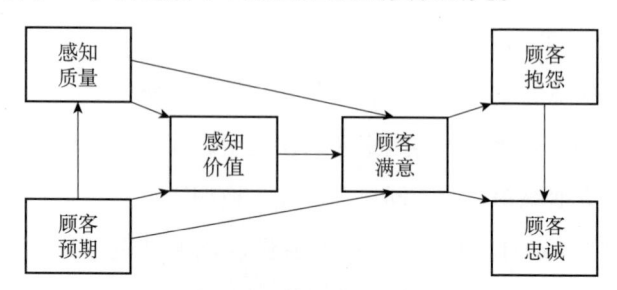

图 5.2　美国顾客满意度指数(ASCI)模型

资料来源:刘资媛. 顾客满意度影响因素的理论分析及实证研究 [D]. 长沙:湖南大学, 2004.

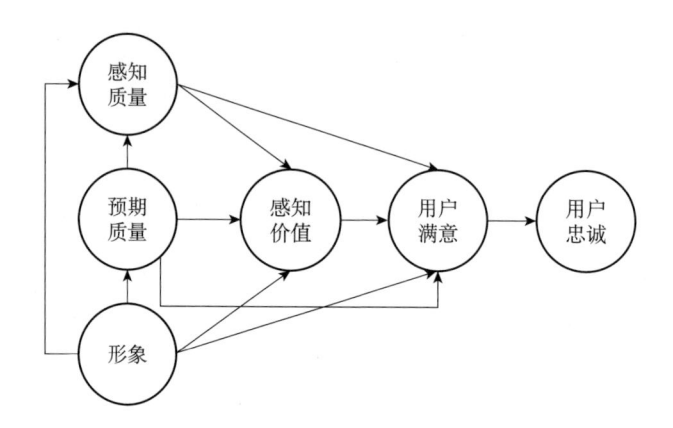

图 5.3　中国顾客满意度指数(CCSI)模型

资料来源:赵平. 中国用户满意指数构建方法研究 [R]. 国家自然科学基金项目, 2002:23.

5.1.3　创新创业制度环境、创业者感知和满意度

王校培(2009)根据国家制度模型,构建创业的制度环境满意度评价模型,评价了中国福建省海归人员对创业的制度环境满意度。王金

第 5 章 海归高层次人才对创新创业制度环境的满意度研究

丽（2017）在创业环境对海归人员满意度的影响研究——以海南省为例中，从海归人员的基本情况与特点入手，分析他们对创业环境的满意度。王静（2013）认为，区域形象日渐成为促进区域可持续发展的动力源泉，对于提升区域综合实力和竞争力发挥着不可低估的作用。

朱镇和王新（2018）在研究创业感知的中介效应时，发现三种维度的中介作用并不均衡。查尔德（Child，1972）认为，真正影响创业者满意度的并非客观环境，即使在同一客观环境下，不同创业者对环境的感知也不同，做出的选择和决策也有所差异。姜舒雅（2015）对杭州市旅游目的地形象构成要素与游客感知、游客满意度及重游意愿的关系进行研究，得出的结论是形象好坏直接影响游客满意度。

万玺（2013）构建了海归创业政策吸引度、创业政策满意度与创业忠诚度的结构方程模型，研究发现，创业动机对创业政策吸引度有显著作用，创业政策吸引度对创业政策满意度有显著影响，创业政策吸引度和创业政策满意度都对创业忠诚度有显著影响，但创业政策满意度的影响更显著。

吴江（2011）收集了已有的 357 项中国的人才法规政策，并对我国 2 万多留学人员、海外归国人员进行问卷调查，结果显示，海归人才对人才政策总体满意度居中上水平（约60%）。宗子仰（2010）从"引得进""留得住"和"用得好"三个维度，构建了人才政策测量评价模型。

王永春（2017）以高校海归人才为研究对象，将海归人才工作满意度划分为工作环境满意度、生活环境满意度、政策环境满意度三个维度。工作环境满意度包括，对单位领导、单位工作环境状况、单位人际关系和对回国后个人取得业绩进度满意度的四个观测变量。生活环境满意度包括，对住房条件、生活状况、城市环境（主要指公共交通和空气环境）三个观测变量。政策环境的满意度包括，政策优待情况、政策宣传情况、政策落实情况、落户与子女入学四个观测变量。

也有部分文献关注科技人才的激励因素。如廖中举等（2013）以浙江省 11 个城市的 2019 名科技人才为对象，采用定量方法研究了人才类别、人口特征和制度性因素对科技人才收入满意度的影响。该文献研究发现，企业科技人才对收入满意度较高，不同类别人才的特征对专业技术职称评定与科技成果奖励制度的评价有显著差异。科技成果评价奖励制度，对收入满意度的影响力度最大。

综观中外文文献，无论是创新创业制度环境研究，还是科技人员的薪酬满意度研究都取得了丰富成果。然而，中外文文献对创新创业制度环境的研究多为理论研究，实证评价研究较少。研究创新的制度环境和创业的模型主要是科斯托娃（1997）提出的国家制度模型，布塞尼茨、斯潘塞和戈麦斯（Busenitz, Spencer and Gomz, 2002）提出的国家制度的有效性验证模型反映了不同国家之间的创业活动，但地区的有效性并没有得到证实。

本节基于中外文研究文献，采用科斯托娃提出的国家制度模型，构建了由规制性维度、规范性维度、认知性维度为主的创业制度环境评价模型和创新环境、创新资源和创新政策等的创新制度环境评价模型，通过问卷调查数据，以期了解创新创业人才对创新创业制度环境满意度的现状。

5.2 问卷设计与数据收集

5.2.1 问卷设计

本次问卷设计主要有两部分，第一部分主要考察调查者对浙江省创新创业制度环境的满意度。顾客满意度指数模型，见表 5.1。同时，对

第5章 海归高层次人才对创新创业制度环境的满意度研究

数据进行量化。"完全正确"被量化为5,"基本正确"为4,"不确定"为3,"基本不正确"为2,"完全不正确"为1。第二部分是被调查者的一些基本信息,见附录1。

表5.1 顾客满意度指数模型

编号	变量	问项	代表性文献
1	规制性维度	政府政策（如公开采购）一直对新成立公司实行优惠	斯科特（Scott, 1995）科斯托娃（Kostova, 1997）布塞尼茨、斯潘塞和戈麦斯（Busenitz, Spencer and Gomez, 2000）
2	规制性维度	政府对新成立公司和成长型公司的税务管制和其他管制是可预见的、稳定的	
3	规制性维度	新成立公司和成长型公司可以通过单一职能部门获得广泛的政府支持	
4	规制性维度	科技园和孵化器为新成立公司和成长型公司提供了有效支持	
5	规制性维度	为新成立公司和成长型公司提供足够数量的政府项目	
6	规制性维度	政府机构工作人员能够胜任支持新成立公司和成长型公司	
7	规制性维度	政府对新成立公司和成长型公司提供足够的资助用于获得新技术	
8	认知性维度	学校教育提供了充分的市场经济原理指导	李雪灵、王利军和姚一玮（2018）科斯托娃（Kostova, 1997）
9	认知性维度	许多人知道如何管理一家小公司	
10	认知性维度	许多人能对创办新公司的好机会迅速做出反应	
11	认知性维度	许多人有能力组织创办新公司所需要的资源	
12	规范性维度	本地文化鼓励创造和创新	李雪灵、王利军和姚一玮（2018）布塞尼茨、斯潘塞和戈麦斯（Busenitz, Spencer and Gomez, 2000）王校培（2009）刘炜（2017）
13	规范性维度	成功的企业家享有较高的社会地位和威望	
14	规范性维度	社会广泛认为发明者的发明权应当得到尊重	
15	规范性维度	在浙江省,社会鼓励妇女创业	

续表

编号	变量	问项	代表性文献
16	区域形象	我对浙江省政府在社会、经济各方面的宣传力度感到满意	刘炜（2017） 阿尔达斯 （Aldas, 2001）
17		我对浙江省整体印象感到满意	
18		和其他省（区、市）的创新创业制度环境相比，我更愿意在浙江省创办新企业	
19	创业者预期	浙江省创新创业制度环境和我预期的一样	王校培（2009）
20		浙江省创新创业制度环境在满足我的需求方面表现得和我预期的一样	

资料来源：笔者根据相关文献整理而得。

5.2.2　问卷发放

研究数据主要通过四个渠道获取：一是在参加杭州"梦想小镇"举办的"全国大众创业、万众创新活动周"过程中，对浙江省的海归创业企业发放调查问卷；二是实地走访调研浙江省海外高层次人才创新园（浙江杭州未来科技城）、绍兴市科创大厦、杭州国际人才创新创业园、浙江省海外留学人员创业园、海外高层次人才创新创业基地；三是通过联系温州市、金华市、湖州市海归创业园管委会，委托发放电子问卷；四是对浙江理工大学往届毕业生、经管学院 MBA 学生所在企业属于海归创业企业的校友们，委托发放电子问卷。最后，历时一年时间，获得本书的企业数据和企业调研资料。

5.3　数据分析

5.3.1　海归高层次人才创新创业总体描述性统计分析

本章以浙江省 11 个城市的海归创新创业人才为调查对象，数据获

第5章 海归高层次人才对创新创业制度环境的满意度研究

得主要通过实地调研访谈和电子问卷发放两种形式,本次共发放调查问卷300份,回收有效问卷223份,问卷有效回收率为74.33%。海归创业人才问卷为70份,海归创新人才问卷为153份,海归高层次人才创新创业调查描述性统计分析结果,见表5.2。在被调查的海归高层次人才中,男性占比为60.1%,明显高于女性(占比为39.9%);在年龄阶段上,主要集中于30~49岁,其中,30~39岁占比最高,达41.7%。29岁及以下的海归高层次人才占比为11.7%,40~49岁的占比为32.7%,50岁以上的占比为13.9%。从学历上看,海归人才中博士及以上占比最高达65.5%。依次为硕士占比为27.8%、本科占比为6.7%,专科及以下无;从海外学习时间上看,1~3年的占比最高,为38.1%,其他依次为,10年及以上的占比为30.9%,7~9年的占比为18.4%,4~6年的占比为12.6%;海归回国创业占比为31.4%,其他占比为68.6%。

表5.2 海归高层次人才创新创业调查描述性统计分析结果

变量	分类	人数(个)	占比(%)
性别	男	134	60.1
	女	89	39.9
年龄	29岁及以下	26	11.7
	30~39岁	93	41.7
	40~49岁	73	32.7
	50岁以上	31	13.9
	总计	223	100.0
学历背景	本科	15	6.7
	硕士	62	27.8
	博士及以上	146	65.5
	总计	223	100.0
在海外的学习时间	1~3年	85	38.1
	4~6年	28	12.6
	7~9年	41	18.4
	10年及以上	69	30.9
	总计	223	100.0

续表

变量	分类	人数（个）	占比（%）
海归创业	海归回国创业	70	31.4
	其他创业	153	68.6
	合计	223	100.0

资料来源：笔者根据调查问卷数据整理而得。

5.3.2 海归高层次人才创业满意度偏好

（1）海归高层次人才创业满意度偏好

通过对浙江省70家海归创业企业满意度调研发现，累计得分最高的分别为"在浙江省，创新思维和创造性思维被看作成功的途径"（285分）、"政府一直资助帮助科技人才创办新企业的中介组织"（284分）、"将一个想法变成一个企业在浙江省是受到羡慕的"（280分），说明政府对海归创业企业的政策支持较多，且真正能令创业企业从政策中获益。累计满意度得分最低的是"政府为新的小企业留出政府采购合同"（244分），可见，政府的政策支持较少涉及公司业务发展。海归高层次人才创业制度环境满意度描述性统计分析结果，见表5.3。

对于"政府为新的小企业留出政府采购合同"，不同企业的满意度差异最大，对于"在浙江省，创新思维和创造性思维被看作成功的途径"满意度差异最小。"政府为新的小企业留出政府采购合同"（1.094）、"政府对于愿意创办公司的个人有特殊的鼓励政策"（1.001）、"政府帮助科技人才创立新的企业"（0.837）的方差最大，不同企业在这三方面的满意度反馈差异最大；"在浙江省，创新思维和创造性思维被看作成功的途径"（0.647）、"在浙江省，企业家受到羡慕"（0.65）两方面的方差最小，不同企业的满意度评价差异较小。

第5章　海归高层次人才对创新创业制度环境的满意度研究

表5.3　海归高层次人才创业制度环境满意度描述性统计分析结果

变量	题项	平均值	标准偏差	方差	总和
规制性	1. 政府帮助科技人才创立新的企业	3.94	0.92	0.837	276
	2. 政府为新的小企业留出政府采购合同	3.49	1.05	1.094	244
	3. 政府对于愿意创办企业的个人有特殊的鼓励政策	3.89	1.00	1.001	272
	4. 政府一直资助帮助科技人才创办新企业的中介组织	4.06	0.88	0.779	284
认知性	1. 科技人才知道如何运用法律保护新创办的企业	3.96	0.88	0.766	277
	2. 创办新企业的人知道如何对付风险	3.94	0.88	0.779	276
	3. 创办新企业的人知道如何管理风险	3.93	0.89	0.792	275
	4. 大多数人知道如何搜寻关于产品市场的信息	3.87	0.87	0.751	271
规范性	1. 将一个想法变成一个企业在浙江省是受到羡慕的	4.00	0.88	0.783	280
	2. 在浙江省，创新思维和创造性思维被看作成功的途径	4.07	0.80	0.647	285
	3. 在浙江省，企业家受到羡慕	3.96	0.81	0.650	277
	4. 浙江人非常羡慕倾向于办企业的人	3.89	0.91	0.827	272

资料来源：笔者根据调查问卷数据整理而得。

（2）不同维度海归高层次人才创业满意度偏好

既有研究表明，本书从规制性、认知性、规范性3个维度设计了海归创业者对浙江省创新创业制度环境满意度量表，共12个题项。本书采用统计软件SPSS，分别从年龄、学历、性别等角度对海外高层次人才创新创业满意度问卷数据进行统计分析。海归高层次人才满意度情况，见表5.4。

1）年龄阶段与创新创业制度环境满意度偏好。从制度环境满意度总体来看，年龄在29岁以下的海归高层次人才对创业制度环境满意度为49.88%，30~39岁的海归高层次人才对创业制度环境满意度为46.58%，40~49岁的海归高层次人才对创业制度环境满意度为46.68%，50岁以上的海归高层次人才对创业制度环境满意度为46.50%。可见，年龄阶段在29岁以下的海归高层次创业人才的制度环境满意度最高,相反,年龄在 50 岁以上的海归高层次创业人才的制度环境满意度最低;从制度环境满意度三个维度来看,29 岁以下对规制性海归高层次人才的制度环境满意度最高,为 20.50%;30~39 岁的对规范性海归高层次人才的制度环境满意度最高,为 15.67%;40~49 岁的对规制性海归高层次人才的制度环境满意度最高,为 18.68%;50 岁以上的对规制性海归高层次人才的制度环境满意度最高,为 19.90%。总体来说,不同年龄阶段的海归高层次人才对创业制度规制性环境满意度最高,对规范性环境满意度次之,对认知性环境满意度最低。

2) 学历与创新创业制度环境满意度偏好。通过表 5.4 可以看出,学历是本科、硕士、博士及以上的海归高层次创业人才的制度环境满意度分别为 46.25%、47.63%、46.62%。从制度环境满意度三个维度来看,本科、硕士和博士及以上学历的海归高层次创业人才均对规制性制度环境满意度最高,分别为 19.00%、19.85%、19.00%。认知性制度环境满意度和规范性制度环境满意度有待提高。

3) 性别与创新创业制度环境满意度偏好,如表 5.4 所示,男性海归高层次创业人才的制度环境满意度为 46.18%、女性为 48.44%。女性海归高层次创业人才的总体制度环境满意度高于男性。从制度环境满意度的三个维度来看,男性海归高层次创业人才和女性海归高层次创业人才的规制性制度环境满意度均最高,分别为 18.98% 和 19.96%,规范性制度环境满意度次之,认知性制度环境满意度最低。

表 5.4　　　　　　　海归高层次创业人才满意度情况

变量	分类	规制性制度环境满意度(%)	认知性制度环境满意度(%)	规范性制度环境满意度(%)	制度环境满意度(%)	题项均值	N(样本数)
年龄	29 岁以下	20.50	12.00	17.38	49.88	4.16	8
	30~39 岁	11.46	11.46	15.67	46.58	3.88	24
	40~49 岁	18.68	12.18	15.82	46.68	3.89	28
	50 岁以上	19.90	11.00	15.60	46.50	3.88	10

第5章 海归高层次人才对创新创业制度环境的满意度研究

续表

变量	分类	规制性制度环境满意度（%）	认知性制度环境满意度（%）	规范性制度环境满意度（%）	制度环境满意度（%）	题项均值	N（样本数）
学历	本科	19.00	12.00	15.25	46.25	3.85	4
	硕士	19.85	12.04	15.74	47.63	3.97	27
	博士	19.00	11.51	16.10	46.62	3.88	39
性别	男	18.98	11.56	15.64	46.18	3.85	45
	女	19.96	12.08	16.40	48.44	4.04	25

资料来源：笔者根据调查问卷数据整理而得。

5.3.3 海归高层次人才创新满意度偏好

（1）海归高层次人才创新满意度

海归高层次人才创新满意度描述性统计，见表5.5。从表中可以看出，海归高层次人才创新在"浙江省社会文化对海外高端人才包容性较好"方面最高、"对海归高端人才的职称晋升制度感到满意"方面最低。通过对153份海归高层次人才创新满意度进行问卷调查后发现，海归高层次人才创新满意度最高的三项分别为"浙江省社会文化对海归高端人才包容性较好"（654）、"海归高端人才在浙江省的发展机会较多"（628）、"在浙江省能够获得科研所需的信息资源"（611）；海归高层次人才创新制度环境满意度最低的三项依次为"对海归高端人才的职称晋升制度感到满意"（552）、"对浙江省海归高端人才的住房政策感到满意"（554）、"对浙江省海归高端人才的子女教育政策感觉满意"（556）。总体来说，海归高层次创新人才对浙江省创新环境的包容性感受最为满意，具体到政府给予海归高层次创新人才在职业方面及生活方面的支持度仍然不够。

在"对浙江省海归高端人才的住房政策感到满意"和"对浙江省海归高端人才医疗服务感到满意"两个方面，海归高层次创新人才的满意度差异最大,"在浙江省能够获得科研所需的信息资源"的满意度差异最小。具体来看,海归高层次人才创新满意度差异最大的三方面分别为"对浙江省海归高层次人才的住房政策感到满意"(1.039)、"对浙江省海归高层次人才医疗服务感到满意"(1.039)、"对浙江省海归高层次人才的职称晋升制度感到满意"(1.034);海归高层次人才创新满意度差异最小的三个方面分别为"在浙江省能够获得科研所需的信息资源"(0.691)、"对浙江省科技人才创新创业政策环境满意"(0.798)、"在浙江省能够得到科研所需的实验设备"(0.728)。

表 5.5　　　　　　海归高层次人才创新满意度描述性统计

变量	题项	平均值	标准偏差	方差	总和
创新环境	1. 可以多渠道了解浙江省海归高层次人才引进政策	3.950	0.920	0.847	605
	2. 对浙江省的创新创业氛围感到满意	4.180	0.839	0.703	640
	3. 浙江省社会文化对海归高层次人才包容性较好	4.270	0.780	0.608	654
	4. 海归高层次人才在浙江省的发展机会较多	4.100	0.890	0.792	628
创新资源	1. 在浙江省海归人才可以得到有效的培训学习	3.720	0.990	0.980	569
	2. 浙江省能够提供与国际学术交流的机会	3.970	0.892	0.795	607
	3. 在浙江省能够获得科研所需的经费支持	3.830	0.944	0.892	586
	4. 在浙江省能够获得科研所需的实验设备	3.800	0.853	0.728	581
	5. 在浙江省能够获得科研所需的信息资源	3.990	0.831	0.691	611
	6. 技术成果在浙江省能够得到转化	3.970	0.896	0.802	608
	7. 浙江省的科技中介服务非常好	3.880	0.996	0.991	593
创新政策	1. 对浙江省海归高层次人才的职称晋升制度感到满意	3.610	1.034	1.069	552
	2. 对浙江省海归高层次人才激励政策感到满意	3.930	1.001	1.001	601
	3. 对浙江省海归高层次人才的子女教育政策感觉满意	3.630	0.958	0.918	556

第5章 海归高层次人才对创新创业制度环境的满意度研究

续表

变量	题项	平均值	标准偏差	方差	总和
创新政策	4. 对浙江省海归高层次人才的住房政策感到满意	3.620	1.039	1.079	554
	5. 对浙江省海归高层次人才的医疗服务感到满意	3.700	1.039	1.080	566
	6. 对浙江省海归高层次人才的薪酬福利感到满意	3.640	0.997	0.995	557
	7. 对浙江省科技人才创新创业政策环境感到满意	3.930	0.893	0.798	602

资料来源：笔者根据调查问卷的数据计算整理而得。

（2）不同维度海归高层次人才创新制度的满意度偏好

在已有满意度评价指标的理论基础上，课题组团队结合对海归高层次创新人才的调研和访谈实践，设计了包括创新环境、创新资源及创新政策三个维度共计18个满意度评价题项。海归高层次创新人才满意度统计，见表5.6。

表5.6　　　　　　海归高层次创新人才满意度统计

变量	分类	创新环境（%）	创新资源（%）	创新政策（%）	总体满意度（%）	题项均值	N（样本数）
年龄	29岁以下	19.72	25.83	22.94	68.50	3.81	18
	30~39岁	20.20	27.30	21.69	68.83	3.82	69
	40~49岁	20.76	27.24	22.27	70.27	3.90	45
	50岁以上	21.24	27.62	23.81	75.00	4.04	21
学历	本科	23.00	31.36	26.55	80.91	4.49	11
	硕士	20.71	27.29	23.51	71.51	3.97	35
	博士	20.10	26.68	21.22	68.01	3.78	107
性别	男	20.63	27.16	22.57	70.36	3.91	89
	女	20.20	27.16	21.52	68.88	3.83	64

资料来源：笔者根据调查问卷数据运用SPSS 19.0软件计算整理而得。

年龄越大，海归高层次创新人才对创新制度环境的满意度越高。从年龄上来看，50岁以上总体满意度最高，为75.00%；30~39岁的为

68.83%；40~49岁的为70.27%；29岁以下的海归高层次创新人才总体满意度最低，为68.50%。可见，随着年龄阶段上升，海归高层次创新人才的满意度呈上升趋势。从创新满意度的不同维度来看，不同年龄阶段海归高层次人才对浙江省创新资源的满意度最高；之后，是创新政策；最后，是创新环境。此外，50岁以上年龄阶段的海归高层次创新人才对创新环境、创新资源以及创新政策上的满意度分别为21.24%、27.62%、23.81%，均明显高于其他年龄阶段。相比于其他年龄阶段，29岁以下的海归高层次创新人才对创新环境、创新资源满意度均最低，分别为19.72%、25.83%；30~39岁的海归高层次创新人才对创新政策的满意度最低，为21.69%。

学历与海归高层次创新人才对创新环境满意度呈反向关系。从学历背景来看，学历最低的本科海归高层次创新人才的总体满意度水平最高，为80.91%；之后，为硕士71.51%；最后，为博士68.01%。可见，随着学历提高，海归高层次创新人才对创新制度环境满意度有所下降。从创新满意度三个维度出发，不同学历背景的海归高层次创新人才对浙江省创新资源的满意度最高；之后，是创新政策；最后，是创新环境。其中，本科学历的海归高层次创新人才对创新环境、创新资源以及创新政策的满意度均最高，分别为23.00%、31.36%、26.55%；博士的海外高层次创新人才对创新环境、创新资源以及创新政策三方面的满意度均最低，分别为20.10%、26.68%、21.22%；随着学历提高，海外高层次创新人才对创新环境、创新资源以及创新政策满意度均随之降低。

不同性别的海归高层次创新人才满意度，相差不大。男性海归高层次创新人才创新满意度为70.36%、女性为68.88%。男性海归高层次创新人才总体满意度高于女性，但相差不大。从创新满意度三个维度视角看，海归高层次创新人才对浙江省创新资源的满意度最高，创新政策

第 5 章　海归高层次人才对创新创业制度环境的满意度研究

满意度次之，创新环境满意度最低；男性海归高层次创新人才对创新环境、创新政策满意度均高于女性；在创新资源满意度上，两者一致。

5.4　结论与讨论

本章以浙江省 11 个城市的 223 名海归高层次创新创业人才为研究样本，在区分创新和创业两类海归群体的基础上，分析了不同年龄阶段、学历背景、性别的海归高层次创新创业人才对浙江省创新创业政策环境的满意度差异，有以下两点研究结论。

5.4.1　海外高层次人才创业满意度

年龄阶段在 29 岁以下的海归高层次创业人才的制度满意度最高，而 50 岁以上的海归高层次创业人才的制度满意度最低，这符合浙江省人民政府政策支持的倾向。政府重点鼓励和支持海归高层次人才回国起步阶段的创业者，给予初始资金和资源等支持。对于刚刚回国的创业者而言，当前的市场经验、技术能力以及社会网络等尚处于起步阶段，制度环境能提供的资源较多，因而整体满意度较高。不同年龄阶段的规制性制度环境满意度最高，规范性制度环境满意度次之，认知性制度环境满意度最低。

不同学历背景的海归高层次创业人才的制度环境满意度，差异不明显。不同学历背景的海归高层次创业人才均是对规制性制度环境满意度最高，之后是规范性制度环境满意度，认知性制度环境满意度最低。

女性海归高层次创业人才对制度环境满意度高于男性。女性海归高层次创业人才和男性海归高层次创业人才均是规制性制度环境满意度最高，规范性制度环境满意度次之，认知性制度环境满意度最低。

"在浙江省，创新思维和创造性思维被看作成功的途径"满意度最高，且不同企业满意度差异最小。在浙江省，创新创造思维和创新创造氛围深入人心。

不同年龄阶段、不同学历背景以及不同性别特征的海归高层次创业人才对规制性制度环境满意度最高，规范性制度环境满意度次之，认知性制度环境满意度最低。这说明，当前出台的浙江省海归高层次创业人才的规制性政策非常好，满意度最高。浙江省长期以来的崇商文化是海归高层次人才创业的沃土，在浙江省创业是较令人羡慕的。但海归高层次人才对国内市场不够熟悉，企业运营管理经验缺乏，致使其认知性制度环境满意度较低。

5.4.2 海归高层次人才创新制度环境满意度

年龄阶段与海归高层次创新人才对创新制制度环境的满意度呈同方向变化，年龄阶段越高，海归高层次创新人才的总体满意度越高。50岁以上年龄阶段的海归高层次创新人才对创新环境、创新资源，以及创新政策的满意度均明显高于其他年龄阶段。随着时间的推移，年龄越大取得的成就可能越高，当前满意度相对较高。另外，年龄阶段低的海归创新人才处在创新初始阶段，对政策资源环境的依赖程度、支持程度和需求度更高，因此，对满意度的要求相对较高，满意度评价可能会有所降低。不同年龄阶段的海归高层次人才对浙江省创新资源的满意度最高；之后，是创新政策；最后是创新环境。

学历与海归高层次创新人才对创新制度环境的满意度，呈反方向变化。海归高层次创新人才的学历越高，满意度越低。本科学历的海归高层次创新人才对创新环境、创新资源以及创新政策的满意度均最高。通过对多个海归创新人才的访谈发现，对于学历高的海归高层次人才，相对面临的选择和机会更多，不同城市都有相应的引才政策且各具特色，

第 5 章　海归高层次人才对创新创业制度环境的满意度研究

他们最终选择在我国浙江省创业是综合考虑的结果。别的地区某个相对有特色的引才政策会被他们特别提到，并希望浙江省也能做到。在有多种选择下，产生了比较心理，从而影响了满意度评价。不同学历背景的海归高层次创新人才，对浙江省创新资源的满意度最高；之后，是创新政策；最后，是创新环境。浙江省在国际学术交流机会、政府对科研经费、实验设备、信息资源、科技成果转化、科技中介服务等方面的资源提供非常全面。在创新环境满意度上有所欠缺，需开拓多种渠道了解政策、提高包容性，创造更多发展机会。

男性海归高层次创新人才对创新制度环境的满意度高于女性群体，但相差无几。不同性别特征的海归高层次创新人才对浙江省创新资源的满意度最高，创新政策满意度次之，创新环境满意度最低。男性海归高层次创新人才的创新环境满意度、创新政策满意度均高于女性。

第 6 章　战略导向均衡、双重网络嵌入与海归创业绩效

本章基于浙江省 11 个城市共 156 家海归创业企业的调研问卷数据，通过运用 Mplus、AMOS、SPSS 等软件工具，实证检验了海归创业企业市场导向—技术导向均衡、双重网络嵌入与创业绩效之间的关系及内在机制。研究发现，市场导向—技术导向匹配均衡对海归创业企业绩效有显著的正向影响，市场导向—技术导向联合均衡对海归创业企业绩效有显著的负向影响。市场导向—技术导向匹配均衡，对本地网络嵌入和海外网络嵌入均呈正相关关系；本地网络嵌入与海归创业绩效正相关，海外网络嵌入与海归创业绩效正相关。本地网络嵌入和海外网络嵌入在市场导向—技术导向匹配均衡与海归创业绩效间起中介作用。最后，提出相关建议。

6.1　问题提出与研究目的

6.1.1　问题提出

中国正从投资驱动型战略向创新驱动型战略转变，突破技术"瓶颈"、建设创新型国家是当前中国的重要战略目标。近年来，美联储频频加息引发全球联动，国外资金和高端制造业开始回流到发达国家。加快技术赶超、实现产业升级转型，成为中国当前经济增长的迫切需要。

第6章 战略导向均衡、双重网络嵌入与海归创业绩效

2008年,国家实行海外高层次人才引进计划,旨在围绕顶层设计目标,有重点地支持并有针对性地吸引一批破除技术障碍的海内外尖端人才回国创新创业。2018年,国务院下发有关推动创新创业发展的文件中指出,启动支持一批留学高层次人员创新创业项目,最大力量健全高层次人才的服务机制。①

改革开放以来,中国各类出国留学人员累计达519万余人,其中,313万余人回国发展,2017年约48万人回国。② 越来越多的高层次人才回国谋求发展,积极参与中国高速发展的技术革新领域建设。政府也出台各项优惠政策引才并大力支持海归创新创业活动。但在创新创业实践中,很多海归创业企业在持续发展上仍存在成长性不强、潜力不够、动力不足等问题(何会涛和袁勇志,2012)。

迄今为止,相较于海归创业实践而言,中国海归创业企业的理论研究仍然严重滞后(张枢盛和陈继祥,2014)。既有文献认为,海归创业者留学时的高管工作经验,包括涉及的创新专利技术可以为创新创业企业经营带来显著优势(王舒扬和高旭东,2018);朱晋伟和胡万梅(2015)依据创业机会理论,发现海归创业者的国内外人力关系网络对海归创业绩效具有积极作用;海归创业者具有创新化理念、专业化技术以及全球化视野等特殊资本,这种独特的资本积累带来了社会资源汇集与产品技术领先(杨芳娟等,2018)。同时,海归企业家拥有的国际社会网络对于培养海归企业家的国际网络能力至关重要,而国际网络能力反过来也会对创新创业绩效产生积极影响(Bai et al.,2018);侯佳薇等(2018)对海归创业企业调研发现,海归创业者的国内外创业网络强度通过知识、信息、技术等资源获取,进而提高企业绩效。因

---

①② 数据来源:中华人民共和国教育部2017年出国留学、回国服务规模双增长,https://www.sohu.com/a/227261669_490529。

此，当前对海归创业企业绩效的研究，主要从海归创业者个体出发，集中考察海归企业家的背景和特征、知识和社会资本因素如何影响企业绩效。

尽管个体企业家在跨国创新企业中扮演着重要的角色，但理论表明，当个体企业家的能力达到极限时，对企业的主导作用就会下降（Bai et al., 2018）。海归创业企业是新的、寻求机会的，是由创始企业家推动的，他们在企业经营中奉行积极主动的战略。战略导向作为企业奉行的经营管理哲学，通过对企业内外部资源调动引导企业决策行动（Hakala, 2011）。战略管理理论认为，企业实施不同的战略导向会影响其对组织现有优势和资源的不同理解，从而导致企业开展组织经营活动以及取得绩效收益的差异。随着市场竞争的加剧和不确定性增强，战略导向对于企业如何在竞争中占据持续优势愈加重要。因此，从企业战略管理视角出发，考察海归创业企业实施战略导向对海归创业绩效的影响具有重要意义。

虽然学者们早就关注了实施战略导向对企业管理活动的重要影响，但既有研究仍然有不足的地方：一是既有研究关注了战略导向对企业绩效的不同影响，但在海归创业兴起的背景下，考察海归创业企业战略导向对创业绩效的影响研究相对缺乏；二是既有研究大多割裂地分析不同战略导向与组织绩效的关系，背离了企业的现实状况，忽视了同时实施两种战略导向达到某种均衡对企业经营绩效的作用；三是既有文献多聚焦于考察实施战略导向对绩效提升的直接影响作用，缺少对战略导向与绩效影响机制的探索研究。

在中国情境下，海归创业企业实施的战略导向（包括市场导向和技术导向），有利于形成"市场驱动型发展"优势和"技术驱动型发展"优势，并探索市场导向—技术导向均衡如何提升海归创业绩效。海归创业者在发挥市场引导作用的同时，要形成差异化的技术优势，以最大限

第6章　战略导向均衡、双重网络嵌入与海归创业绩效

度地促进创业企业发展。与当地企业相比，海归创业企业不仅拥有前沿知识或工作技术能力，还有国外的人力资本和资源，归国创业还受到中国政府的政策支持，积极与政府职能部门、业务伙伴以及产学研合作高校保持交流，具有天生的嵌入海外网络和本地网络的双重优势，同时嵌入两种网络对企业绩效提升起积极作用（彭伟等，2017）。企业网络嵌入过程需要一定资源供给，战略导向通过引导企业行为和资源配置，从而对网络嵌入产生影响（张竹等，2016）。因此，本章将市场导向—技术导向均衡、双重网络嵌入和海归创业绩效纳入同一研究框架，旨在揭示战略导向均衡对海归创业绩效影响的内在机制。

6.1.2　研究目的

据全球化智库（CCG）发布的《2018中国海归就业创业调查报告》[①]的数据，海归创业企业规模、经营管理模式及所处高新行业领域的不同影响，导致企业绩效增长周期差异显著，部分2015年注册的公司到2018年仍处于未盈利状态。海归回国创业失败率较高，其中，50%以上的创业者都承受过创业失败。对国内市场不够了解、经验匮乏，是致使海归创业失败的关键因素。在中国"海归回潮"的背景下，如何提升海归创业企业绩效，保证企业持续、健康地生存和成长，最大限度地发挥海归群体对创新创业的带动作用和示范作用已迫在眉睫。

本章围绕海归创新创业现象及提升海归创业企业绩效，展开理论研究。以浙江省海创园、科创园等海归创业企业为研究对象，将组织均衡理论引入战略管理领域，并将战略导向均衡、双重网络嵌入和海归创业绩效纳入同一框架，旨在阐释四个问题：一是市场导向—技术导向联合

---

① 《2018中国海归就业创业调查报告》，https：//www.sohu.com/a/250697891_100170931.

均衡，是否对海归创业企业的绩效有影响？二是市场导向—技术导向匹配均衡，是否对海归创业企业的绩效有影响？三是两种战略导向均衡对海归创业绩效产生影响的内在机理是什么？四是本地网络嵌入与海外网络嵌入在战略导向均衡和海归创业绩效中是否起到中介作用？本章研究旨在丰富战略管理理论、组织均衡理论以及海归创业理论，以期为海归创业企业改善经营管理问题、降低创业失败率提供理论指导和实践指导。

6.2 研究设计

目前，中外文文献有关海归创业的研究尚处于探索阶段，理论基础相较于实践略有滞后，研究成果有待进一步丰富（彭伟和符正平，2015）。国内外学者对海归创业绩效提升及其作用机制的研究较少，尤其是对于在中国情境下，海归创业企业实施的战略导向均衡对绩效提升的内在机制研究更为鲜见。鉴于此，本章深入探讨中国情境下，提升海归创业绩效的内在机理，对丰富海归创业理论并指导海归创业实践具有重要的理论价值和实践价值。

6.2.1 研究假设

（1）战略导向均衡对海归创业绩效的影响

海归创业企业的创业领域多集中在高新技术产业，高新技术产业市场的不确定性和技术创新相比其他产业更明显。面对动态多变的市场和高速更新的技术，海归企业陷入两难困境：一方面，环境呈现出复杂多变和动态性，企业不得不将资源投入市场，采取针对性措施应对市场；另一方面，变革且高速更新的技术环境要求企业加大技术领域投入，了

第6章 战略导向均衡、双重网络嵌入与海归创业绩效

解最前沿的行业动态和创新趋势，以获得比竞争对手在技术能力上的差异化优势。资源约束理论认为，企业资源是有限的，无法做到既以市场导向为中心，又以技术导向为中心（张骁和胡丽娜，2013）。海归创业企业如何协调市场和技术投入的聚焦程度，是提升创业绩效面对的一大难题。既有研究从单一战略导向出发，揭示其对企业绩效的影响，得出的结论无法解决组织面临的现实困境（李巍，2015）。

既往从战略导向的不同维度出发研究其与企业绩效关系的较多，尽管多数研究文献认为，市场导向在了解市场需求和生产基于顾客需求的产品上，帮助企业提升定位优势和差异化优势，从而获得更好的收益（蔡莉等，2010；Zehir et al.，2015；Monferrer et al.，2015），但仍有其他观点认为，单一市场导向存在不可避免的片面性。既有研究表明，实施高市场导向的企业过分关注市场中的信息和顾客需求，忽视了市场中的新需求和技术创新，易患上学习近视眼症（Christensen and Bower，1996）。现有市场中收集、传递和获取的信息质量良莠不齐，仅依靠市场导向做出的战略规划可能会影响组织绩效（Bhuian et al.，2005）。因此，高市场导向的企业过于依赖通过现有市场需求和竞争假设识别外部环境变化并做出应对，被动式反应带来难以实现技术领先的跨越式发展。一些研究表明，实施技术导向通过提供技术领先型产品为创业企业带来超额利润（李颖等，2018；Dobni，2010）。同样地，也有研究表明，技术导向和企业绩效二者是不相关甚至是负相关的（朱秀梅等，2012）。单一技术导向存在片面性，很多追求技术创新的企业过度倾向于持续探索新产品，而并未配置充分资源用于市场开发，也并未利用现有资源能力优势，导致未获得成功（He and Wong，2004；张峰和邱玮，2013）。创业型企业一般涉及新的未知领域，过度追求新兴领域的创新领先和技术领先，一味地加大技术创新，可能会丧失对市场信息、顾客需求以及竞争对手信息的把握（Covin and Lumpkin，2011），忽视现有

市场带来的可能收益。而技术导向高投入存在损耗公司资源的高风险，不一定有助于组织绩效，只有当技术领先转化为市场认可的产品时，技术导向才能发挥其价值（张骁和胡丽娜，2013）。而要想保证产品在市场上表现良好，在技术转化为产品的过程中，实施市场导向就必不可少。因此，与实施某种单一战略导向相比，平衡型的双元战略导向更有助于企业绩效的提高，而战略导向不平衡则对企业绩效产生不利影响（宋晶等，2014）。

　　管理协同理论认为，企业绩效提升不是由单一因素决定的，而是多因素同步提高的结果。企业在实施技术导向的同时重视市场导向，有助于企业同时形成市场优势和技术优势，最终提高组织绩效（张骁和胡丽娜，2013）。孙永磊等（2015）指出，企业实施市场导向在短期内对企业绩效有积极的作用，但不利于企业保持长期竞争优势，而技术导向具有高投入、高风险的特征，在短期内无法达到预期产出目标，但有利于企业取得长期竞争优势，企业应当保持市场导向和技术导向的比例均衡，更益于绩效提升。李巍（2015）通过对科技企业的实证研究表明，市场导向—技术导向的联合均衡与匹配均衡，均对经营绩效有积极作用。作为以高新技术企业为主的海归创业企业，技术导向是企业实施战略的首要选择，在探索、开发新技术产品过程中，必须对市场环境进行了解和评估，并进行组织内部的沟通和交流，根据所获得的市场信息对外部环境变化及时做出反应，采取有效行动，从而有利于创业绩效。对于海归创业企业而言，在合理配置资源、兼顾当前市场状况的同时探索技术，实现市场导向—技术导向均衡，有利于更大限度地提高海归企业创业绩效。基于此，提出以下假设：

　　H6-1a：市场导向—技术导向联合均衡与海归创业绩效呈正相关；

　　H6-1b：市场导向—技术导向匹配均衡与海归创业绩效呈正相关。

第6章 战略导向均衡、双重网络嵌入与海归创业绩效

（2）战略导向均衡对双重网络嵌入的影响

市场—技术导向联合均衡，体现了市场导向与技术导向相互协同作用的强度水平（李巍，2015）。企业市场导向越强，就越积极主动地获取市场需求信息，并通过嵌入本地网络，与本地供应商、研究机构等频繁交流合作，创造新产品和新服务以及提供企业整体解决方案（Gulati, 2012）。海归创业企业采用市场导向战略，会深入了解当前竞争市场，获取市场中的信息，包括顾客信息和竞争对手信息，积极嵌入本地网络以应对不断变化的市场。此时，若过分依赖市场，忽视技术导向的作用，缺乏探索技术领先的思维模式，则难以形成与海外科研机构和客户长期合作交流的关系。当企业同时实施技术导向，加大技术创新和新产品投入，有助于为企业嵌入本地网络占据有利的市场地位积累初始资源（彭伟等，2017a），以及技术上与国际接轨更利于海外网络嵌入；同样地，海归创业企业实施高技术导向，过度依赖海外网络的嵌入获取技术创新知识信息、加大研发力度而忽视市场导向，容易导致不成功的创新（Zhou and Tse，2005）。此外，企业加大研发投入所需的资金和资源，也需要基于市场资源和市场收益作为支撑（彭伟等，2017b）。当企业同时实施市场导向和技术导向，积极寻求市场发展需要，有助于为基于市场潜力的技术创新提供方向并拓展本地市场，加深本地网络嵌入程度。因此，保持市场—技术导向联合均衡，有助于推动企业更好地嵌入本地网络和海外网络。

市场导向—技术导向匹配均衡是指，市场导向与技术导向在执行上保持一致的均衡水平（李巍，2015）。而市场导向—技术导向匹配不均衡的一种情况，是高技术导向和低市场导向。企业实施技术导向高于市场导向，企业通过保持技术领先优势与海外科研院所持续密切交流，海外网络嵌入程度高，但低市场导向使得企业忽略当前所处的国内市场，不利于本地网络嵌入，且高技术导向带来的高风险和高投入会使创业企业短期内难以为继；市场导向—技术导向不匹配的另一种情况，是企业

实施高市场导向和低技术导向，通过当前市场反应和顾客需求定位合作方向致力于和本地供应商及客户合作，低技术导向战略意味着企业缺少探索技术创新的意愿和能力，缺少技术引领，很难与海外供应商、业务伙伴以及科研机构等保持长期学习和合作关系，不利于海外网络嵌入。当企业实现技术与市场的均衡时，企业表现出既对市场信息及时反应，积极利用本地网络获取资源，又进行探索性的创新活动，踊跃参与海外研发机构的技术交流合作。由此可见，市场导向和技术导向的平衡组合，更有利于本地网络和海外网络更大程度的嵌入（彭伟、朱晴雯和符正平，2017）。因此，保持市场导向—技术导向均衡，更有利于本地网络嵌入和海外网络嵌入。基于此，提出以下假设：

H6-2a：市场导向—技术导向联合均衡与本地网络嵌入呈正相关；

H6-2b：市场导向—技术导向匹配均衡与本地网络嵌入呈正相关；

H6-2c：市场导向—技术导向联合均衡与海外网络嵌入呈正相关；

H6-2d：市场导向—技术导向匹配均衡与海外网络嵌入呈正相关。

（3）网络嵌入对海归创业绩效的影响

根据社会资本理论，社会网络中隐藏着潜在的社会资源。当单个企业所拥有的社会资源不足以满足企业长期发展的需要时，就迫使企业寻求外部合作，建立各种社会网络以汇聚发展所需的资源、信息等。中小型企业受到规模和有限资源的限制，往往需通过嵌入社会网络中合作以获取成长优势和竞争优势（陶秋燕和孟猛猛，2017）。从企业所处的社会网络视角来看，创业企业成长和壮大的过程，即为不断构建、维系和拓展网络关系的过程（任胜钢、曾慧和董保宝，2016）。网络嵌入使得各关系主体间的交流行为，从注重短期收益转变为建立长期、互惠互利的信任关系，从而有利于组织绩效的提高。安德森等（2002）也认为，网络嵌入作为企业的一种战略性资源，有助于企业未来竞争力的形成而影响企业绩效。海归创业企业拥有国外的先进经验和先进技术，具有天

第6章　战略导向均衡、双重网络嵌入与海归创业绩效

然的海外网络嵌入优势,又在回国创业的本土化过程中嵌入本地网络。

第一,在中国转型经济情境下,海归创业企业需要嵌入国外网络,以获取领先于本地企业的技术优势。社会资本理论强调关系资本在企业网络外部获取知识中的重要性,为理解海外网络嵌入对创业绩效的积极作用提供了理论基础。企业网络形式是企业家获取资源并改善战略地位的有力工具(Alvarez and Barney, 2001)。嵌入社会关系网络中,为创业者提供了识别信息和开发信息的机会并帮助其获取关键资源,包括知识和技术(McDougall et al., 1994)。海归企业家在国外通过通识教育和科学技术培训的形式获得学术知识,通过在商业环境中工作或创业获得实用的商业技能。这些知识和技能涉及一系列不同程度的知识转移和技术转移,从而有利于创业绩效提高。具体来说,海归创业企业与海外高校科研机构或行业研发机构保持密切交流合作获取技术知识,通过对国际前沿技术的学习和引进,使其在本土独具竞争优势和领先地位。海归人才通过海外学习经历或工作经历,特别是建立的海外人脉关系网络,使其在回国创业后更易于拥有海外的业务合作伙伴和海外供应商,并与其保持密切关系。艾伦等(Alon et al., 2011)实证检验了海归创业企业积极嵌入海外网络,推动创新能力和绩效提升。李杰义等(2018)基于跨国制造业企业研究发现,通过海外网络嵌入性增强了与跨国业务伙伴间的关系和学习,进而对国际化绩效产生了积极作用。

第二,海归创业企业在本地发展过程中,不可避免地在本地网络嵌入和资源获取上存在"外来者劣势"(Li et al., 2012),其融入本土情境方面的不足会影响创业绩效(陈健等,2017)。海归创业企业要融入当地市场,破除外来者劣势阻碍,更应加强本地网络嵌入。根据资源基础理论,海归创业企业在融入本土情境关系中,可以获取知识、信息等资源,有利于企业经营与企业发展。企业财政资源有限,加上信息不对

称性问题，海归创业企业的融资压力较大，缺乏资金是其面临的一大难题。政府支持性的财政政策和融资渠道，如设立专项财政资金，降低了通过其他渠道融资的不确定性风险，缓解了海归创业企业初期的资金压力，助推海归创业企业成功。政府提供与技术和信息直接相关的培训活动和服务平台，避免了企业内部获取信息的成本冗余。海归创业企业与政府保持密切联系，既有利于获得技术、产业、金融等方面的政策信息（Yang，2004），又有利于获得政府在市场、资金上的扶持，从而有利于企业创业绩效的提高。海归创业企业与本地中介服务机构密切联系，有助于创业企业获取与本地市场相关的咨询服务信息和各种资源（Zhang et al.，2010）；企业与当地科研机构建立并保持关系，有利于促进产学研合作，获得技术领先优势；与供应商和客户保持密切联系，可以弥补海归创业企业因缺少对本地市场的了解和未打通端到端渠道所带来的运营经验方面的缺失，从而有利于提高创业绩效。因此，海归创业企业嵌入海外网络，可以学习国际先进技术，嵌入本地网络获得市场、资金、政策扶持等，从而有助于提升创业绩效。鉴于此，提出以下假设：

H6-3a：本地网络嵌入与海归创业绩效呈正相关；

H6-3b：海外网络嵌入与海归创业绩效呈正相关。

（4）双重网络嵌入的中介作用

作为战略导向领域的核心研究内容，市场导向、技术导向与组织绩效关系的理论研究受到学者们的广泛关注。资源约束理论认为，企业资源是有限的，往往难以做到同时以市场和技术为中心，学者们较多从战略导向的单一维度研究其对组织绩效和产品创新的影响较多。但实践中，企业实施的战略导向，并不只是单一的和非此即彼的。那么，不同战略导向是否存在某种平衡，而这种平衡对企业绩效的作用是更好还是不利？之后，有学者将组织均衡理论范式引入战略管理研究，基于科技

第6章 战略导向均衡、双重网络嵌入与海归创业绩效

企业数据,得出市场导向—技术导向均衡通过产品创新对企业经营绩效产生积极的推动作用(李巍,2015)。在既有研究基础上,彭伟等(2017)基于海归创业企业的调查数据,表明了市场导向—技术导向均衡对海归企业海外网络—本地网络嵌入均衡的影响作用。虽然市场导向—技术导向均衡的研究在不断推进和发展,但相对较少。战略导向均衡对企业绩效的影响机制并不清晰,特别是在海归创业背景下,需要进一步探究和揭示其内在机理。

海归具有天然的嵌入本地网络和海外社会关系网络的双重背景,不同学者们探究了其对创业绩效的影响作用。何会涛和袁勇志(2018)通过对跨国创业企业的研究表明,海归人才独有的海外网络嵌入对跨国创业企业的成长绩效更有利,而对中国的当地网络嵌入更有利于初创期的生存绩效。李杰义等(2018)研究长三角地区外向型制造业企业,其通过海外网络嵌入性进行国际化的组织学习,从而有利于国际化绩效。何会涛和袁勇志(2019)从市场导向视角出发,发现反应型市场导向与积极型市场导向作为有效的战略选择,对海归人才在华创业绩效有显著的积极影响,且本地网络的嵌入程度能够增强市场导向对创业绩效的正向影响作用。由此可见,海归创业企业或跨国企业的实证研究,大多肯定了网络嵌入对创业绩效的积极作用。

学者开始探究将不同战略导向进行组合,会对企业绩效产生怎样的影响作用。博索等(Boso et al.,2015)从加纳创业企业收集的原始数据得出,将市场导向和创业导向相结合可以显著地提高企业绩效,尤其是当社会网络和商业网络关系良好时,通过后者的作用,市场导向和创业导向结合的绩效效益最大。张妍和魏江(2016)在对医药企业的多案例研究中指出,企业实施不同的战略导向通过影响企业资源的分配决策决定了企业网络构建行为和企业网络嵌入行为的产生,并且,最终影响企业绩效目标的实现。海归创业企业嵌入良好的本地网络和海外网

络，对来自技术、市场的变化迅速做出反应以提升创业绩效。换而言之，市场导向—技术导向均衡促进创业绩效提升，需要通过企业嵌入本地网络和海外网络来传递，网络嵌入在市场导向—技术导向均衡和海归创业绩效间起到中介作用。鉴于此，提出以下假设：

H6-4a：本地网络嵌入在市场导向—技术导向联合均衡与海归创业绩效间起中介作用；

H6-4b：本地网络嵌入在市场导向—技术导向匹配均衡与海归创业绩效间起中介作用；

H6-4c：海外网络嵌入在市场导向—技术导向联合均衡与海归创业绩效间起中介作用；

H6-4d：海外网络嵌入在市场导向—技术导向匹配均衡与海归创业绩效间起中介作用。

6.2.2 问卷设计

基于文献研究和实地调研访谈，充分借鉴既有文献中的成熟量表，通过科研组相关专家的商讨确定所需调查问卷，然后，借由调查问卷所得的数据，实证分析市场导向—技术导向联合均衡、市场导向—技术导向匹配均衡、本地网络嵌入、海外网络嵌入和创业绩效之间的关系，围绕本书的研究主线"战略导向均衡—双重网络嵌入—创业绩效"之间的逻辑关系展开研究。

（1）问卷对象的选择

研究样本总体选取了浙江省的海归创业企业。在进行问卷调查前，要预先估计发放问卷的对象是否有意愿或者相关知识能力回答研究所需信息（李怀祖，2000）。因此，为了确定填写问卷对象对本企业实施的战略以及本地网络嵌入情况和海外网络嵌入情况有充分了解，并且，具备相应的背景知识，研究所发放问卷的填写对象主要是企业法人或合伙人、企业管理者以及技术骨干。问卷发放的方式,主要通过联系吸引了大批海归企业家的浙江省杭州市、湖州市、宁波市、绍兴市、温州市等地多家海归创业园,进行实地走访发放问卷。另外,通过问卷星网站及 E-mail 方式请团队成员联系身边已知的海归创业者发放填写。

(2)问卷设计过程

研究采用既往文献中被检验过的成熟量表,表征各变量以得出完整的调查问卷。研究参考了辛金(Hinkin,1998)、李怀祖(2004)等的问卷设计流程,按照五个步骤设计问卷:①在明确涉及的所有变量后,通过文献研究法搜集相关中外文文献,对研究成果进行分析和对比,初步选定了信度效度较高且受研究者们普遍认同的成熟量表。②在初步测量量表形成后,研究选定了团队内的专家以及其他与本研究内容相关的专家共4位,在说明了各研究变量的概念、含义、维度等,向专家提供内容评价问卷,对量表内容的合理性、精确度以及逻辑性等内容效度做进一步评价。然后,经过专家的研究和研讨,对部分问卷题项适当地精炼、增删以及修改,形成初始问卷。③在与案例企业人员深入交流和访谈过程中,广泛收集访谈对象结合企业实际对研究所涉及变量概念的理解补充现有资料,增加和修改可能的题项。④由导师团队和专家对题项的语言逻辑、表达措辞、题项设置等进行全面讨论,对问卷题项再次增删、修改后,进行语言润色使之更易被填写者理解。⑤将问卷发给访谈的案例企业开始问卷试填,通过反馈结果对问卷继续完善,形成调查问卷终稿。海归创业企业调查问卷,见附录2。

6.2.3 变量设计与变量测量

(1)创业绩效测量

目前,关于创业绩效的研究相对丰富,但鉴于创业研究存在阶段性、复杂性、创业者的特殊性以及涉及行业的多样性，既有研究并未形成完全统一的测量体系。海归创业企业处于初创阶段，一方面，直接采用客观财务指标，难以完全反映企业发展现状；另一方面，企业财务绩效也不易获得。因此，结合研究对象为海归创业企业的特殊性，参考中外文文献的研究和测量进行题项设计。借鉴吉恩惠曾（Geenhuizen, 2008）、易朝辉（2010）及方曦（2018）的相关研究，采用主观评价方法来衡量创业绩效。本章共选取5个测量题项，用EP1~EP5表示，创业绩效测量题项，见表6.1。量表所有测量题项均采用李克特五级打分机制，1~5为"完全不符合"到"完全符合"以及"很低"到"很高"，下面均相同。

表6.1　　　　　　　　　　创业绩效测量题项

变量名	测量题项
创业绩效	EP1 贵企业新业务（新产品、新技术、新市场）发展很快 EP2 贵企业市场份额增长速度很快 EP3 贵企业利润率保持很高水平 EP4 贵企业员工数量增长很快 EP5 贵企业主营业务保持很高的市场占有率

资料来源：笔者根据相关文献整理而得。

（2）市场导向—技术导向均衡测量

市场导向—技术导向均衡是自变量，需要通过对市场导向的设计题项、技术导向的设计题项进行测量，并分别将两种战略导向评分结果经中心化后通过公式计算得到。对于市场导向的测量，一直以来，基于文化观的市场导向量表（MKTOR）是具备较高信度和广泛认同的经典量表之一。因此，借鉴纳维和斯莱特（Narver and Slater, 1990）以及李魏（2015）等的研究成果，市场导向用顾客导向（MOG1~MOG4四个题项表示）、竞争导向（MOJ1~MOJ4四个题项表示）以及跨职能协调（MOK1~MOK4四个题项表示）三个方面表征，并结合研究需要，设计了12个指标进行测量。市场导向测量题项，见表6.2。

第6章 战略导向均衡、双重网络嵌入与海归创业绩效

表6.2　　　　　　　　　　市场导向测量题项

变量名	维度	测量题项
市场导向	顾客导向	MOG1 本企业努力理解顾客需求，并寻求满足之道
		MOG2 本企业以获取顾客满意为经营目标
		MOG3 本企业系统而周期性地对顾客满意进行评估
		MOG4 本企业十分重视售后顾客服务
	竞争导向	MOJ1 销售人员能够有效分享竞争者信息
		MOJ2 本企业能对竞争者行为做出快速回应
		MOJ3 高层管理人员经常讨论竞争者的战略
		MOJ4 主要竞争者市场行为是企业行动的重要依据
	跨职能协调	MOK1 本企业各部门间能有效分享市场信息
		MOK2 所有职能部门共同致力于顾客价值创造
		MOK3 不同业务部门间能够有效分享各类资源
		MOK4 本企业市场竞争战略由各个部门共同制定

资料来源：笔者根据相关文献整理而得。

技术导向作为衡量自变量市场导向—技术导向均衡的重要变量，其精确测量对研究结果有重要影响。在技术导向的相关研究中，涉及其内涵界定的相对较少，因而学者们开发的测量量表相对有限。基于技术导向的概念界定，本章参照加蒂农和塞雷布（1997）、赫尔特等（Hult et al.，2004）、周凯文等（Zhou et al.，2005）及李巍（2015）的研究成果，将技术导向划分为技术先进性（包括TOJ1~TOJ4四个题项）和产品柔性（包括TOC1~TOC3三个题项）两个维度，共7个测量题项进行量化。技术导向测量题项，见表6.3。

表6.3　　　　　　　　　　技术导向测量题项

变量名	维度	测量题项
技术导向	技术先进性	TOJ1 本企业认为新产品技术领先尤其重要
		TOJ2 本企业努力成为行业内较早应用新技术的产品提供商
		TOJ3 本企业致力于全面掌握产品核心技术
		TOJ4 本企业努力使产品生产工艺在行业中处于领先水平
	产品柔性	TOC1 本企业使产品功能多样化，以满足顾客更多需求
		TOC2 本企业在产品设计中充分运用自动化与工程设计技术
		TOC3 本企业在产品开发中充分利用外部资源，提高研发效率

资料来源：笔者根据相关文献整理而得。

(3) 双重网络嵌入测量

本章的中介变量为双重网络嵌入。虽然从不同视角出发，网络嵌入的维度不尽相同，但在海归创业以及国际化创业研究中，海归创业企业天然具有国内、国外两种社会网络资源。学者们普遍将海归创业或跨国创业研究中的双重网络嵌入，区分为本地网络嵌入和海外网络嵌入两个方面。这一划分更契合海归创业企业同时具有本地社会网络背景和海外社会网络背景的双重性。结合既有研究对双重网络嵌入概念的定义，本书在综合参考格兰诺维特（1983）、伍兹（1999）、彭等（2000）、何会涛和袁勇志（2018）、朱秀梅等（2010），以及魏江和徐蕾（2014）研究成果的基础上，将双重网络嵌入分为本地网络嵌入（NEB1~NEB5 五个测量题项）和海外网络嵌入（NEH1~NEH5 五个测量题项）两个维度，共设计了 10 个指标来测量。双重网络嵌入测量题项，见表6.4。

表6.4　　　　　　　　双重网络嵌入测量题项

变量名	维度	测量题项
双重网络嵌入	本地网络嵌入	NEB1 本企业与本地政府职能部门的交流频繁
		NEB2 本企业与本地风投金融机构的关系密切
		NEB3 本企业与本地中介服务机构的关系密切
		NEB4 本企业与本地研发机构的关系密切
		NEB5 本企业与本行业其他企业的关系密切
	海外网络嵌入	NEH1 本企业与海外业务伙伴的关系密切
		NEH2 本企业与海外供应商的关系密切
		NEH3 本企业与海外市场客户的关系密切
		NEH4 本企业与海外中介服务机构的关系密切
		NEH5 本企业与海外高校/研发机构的关系密切

资料来源：笔者根据相关文献整理而得。

(4) 控制变量测量

本章主要研究市场导向—技术导向均衡对海归创业绩效的影响，需要对可能影响市场导向、技术导向、双重网络嵌入和创业绩效的变量进行控制。虽然企业年龄变量、企业规模变量以及所属行业变量并非本章研究的核心变量，但既有研究表明其对创业绩效的重要影响作用，因此，需要在研究中加以控制。企业年龄用从企业注册成立至今的年限来测量。学者们对企业年龄阶段的划分尚未统一。廖中举和程华（2014）对产学研合作企业的年龄，区分为成立时间 5 年以下、5～10 年以及 10 年以上三个年龄阶段。结合海归创业企业的定义，其从公司注册至今的时间应在 8 年以内。本章研究采用彭伟等（2017）对海归创业企业年龄阶段的划分方法，将企业年龄划分为四个阶段，其中，对 8 年以上的企业予以剔除；海归回国创立企业近年才兴起，于是，将样本限制在中小型企业，即员工少于 300 人（Dai and Liu，2009），用该企业员工数量衡量企业规模。借鉴何会涛和袁勇志（2018）对海归创业企业规模的划分方法，本书将企业规模分为 5 类。海归创业企业多属于高新技术产业，结合中华人民共和国财政部与国家统计局对高新技术产业的划分共 9 类。控制变量测量题项，见表 6.5。

表 6.5　　　　　　　　　　控制变量测量题项

变量名	题项	主要参考文献
企业成立年限	□ 1～3 年　□ 4～6 年　□ 7～8 年　□ 8 年以上	彭伟等（2017）
企业规模	□ 20 人及以下　□ 21～50 人　□ 51～100 人 □ 101～300 人　□ 300 人以上	何会涛和袁勇志（2018）
企业所属行业	□ 电子信息与人工智能　□ 生物与新医药 □ 金融业与管理咨询　□ 新能源与节能技术 □ 新材料技术　□ 先进制造技术　□ 现代农业技术 □ 环保技术　□ 其他	中华人民共和国财政部和国家统计局

资料来源：笔者根据相关文献整理而得。

6.2.4　小结

在对既有研究进行系统梳理和理论分析的基础上，本章构建了市场导向—技术导向均衡、双重网络嵌入和创业绩效的理论框架，并提出了四个主要研究假设。为了检验提出的假设，本节主要通过实地调研访谈浙江省各海归创业园管委会以及海归创业企业 CEO 或高管，采用问卷调查法进行数据收集工作。问卷设计中的变量，如市场导向、技术导向、本地网络嵌入、海外网络嵌入以及创业绩效的测量均采用成熟量表，理论上各题项的信度和效度较高，能够符合研究要求。为确保问卷整体设计科学规范，问卷设计过程参考学者提出的步骤进行。

6.3 实证研究

6.3.1 研究数据获取与共同方法偏差

在研究市场导向—技术导向均衡对海归创业绩效的影响时，调查对象的准确与否会直接影响研究质量高低。因此，保证调查对象——海归创业企业的典型性和准确性尤为重要。鉴于此，研究数据主要通过五个渠道获取：一是参加在杭州梦想小镇举办的"大众创业万众创新活动周"，在和企业参会人员沟通后，对符合要求的浙江省海归创业企业发放调查问卷；二是实地走访调研浙江省海外高层次人才创业园（浙江杭州未来科技城）、绍兴科创园、杭州国际人才创新创业园、浙江省海外留学人员创业园、海外高层次人才创新创业基地等；三是通过联系温州市、金华市、湖州市等浙江省各城市海归创业园管委会，委托发放电子问卷；四是对浙江理工大学往届毕业生、经管学院 MBA 学生所在企业属于海归创业企业的校友们，委托发放电子问卷；五是对科研团队成员认识的海归创业者委托发放问卷。最终，历时一年，获得本章的企业数据和调研资料。

本章借助浙江省软科学重点研究项目，对浙江省引进的海外高层次人才创立的、作为高层管理者的海归企业进行问卷调查。从数据来源可知，调查对象均符合研究要求。问卷发放主要通过网络版电子问卷、走访创业园实地发放纸质问卷两种形式,并要求海归企业按照实际经营管理情况填写,在规定时间内收回。问卷收集持续期从2018年9月7日至2019年9月20日。问卷调查针对262家海归创业企业共发放262份问卷,回收202份问卷。若问卷所有题项得分存在部分选项漏选、空白问卷,或呈明显规律式分布(如得分均一致),则视为无效问卷,予以剔除。从回收后的问卷中剔除46份无效问卷,最终得到有效问卷156份,问卷有效率为77%。

在直接控制共同方法偏差的来源上,问卷设计阶段和问卷收集阶段采用程序控制措施,从不同来源收集问卷、减少评分者对测量目的的猜测,但受条件限制,无法完全消除共同方法偏差。因此,通过运用SPSS 19.0软件工具进行统计控制,采用哈曼(Harman)单因素检验。在SPSS 19.0软件工具中,将量表的所有题项同时放入做探索性因子分析,在未旋转情况下且第一个主因子的方差解释百分比为30.13%(小于40.00%),说明此量表不存在严重的共同方法偏差。

6.3.2 描述性统计分析

(1)样本数据描述性统计分析

1)被调研企业地域分布统计分析

本章的调研对象聚焦于浙江省范围内的海归创业企业,有效样本数总计156个。总体来说,156家企业涉及浙江省的11个城市。海归创业企业70%以上分布于杭州市、绍兴市以及温州市。其中,位于杭州市的企业共76家,占比为49%;位于绍兴市的企业次之,共计23家,占比为15%;位于温州市的企业第三,共11家,占比为7%。综上所述,位于杭州市的海归创业企业占比近一半。一方面,杭州市作为浙江省的省会,地处西子湖畔,负有盛名且经济比其他城市更繁荣,属于全国热门城市之一;另一方面,杭州市的软环境优良。杭州市创新创业氛围浓郁，以阿里巴巴为代表的一批创新创业成功企业作为示范和典型代表，吸引创业者纷至沓来。同时，杭州市的海归创新创业政策支持力度较大。

2) 被调研者情况统计分析

被调研者的受教育程度为博士的86人，占总样本的55%；之后为硕士，61人，占比为39%；本科及以下的9人，占比为6%。被调查者的职位分布90%以上为企业法人/合伙人、技术骨干、高管，分别占比为55%、26%、16%。他们对企业发展战略层面的导向和具体情况最了解，这也符合研究数据的准确性原则。

3) 被调研企业情况统计分析

从被调研企业所属行业来看，94%的海归创业企业属于高新技术企业，仅6%属于非高新技术企业；海归创业企业规模80%以上的为20人及以下、21~50人、51~100人。具体来看，21~50人的企业最多，占比为37%；51~100人次之，占比为28%；20人及以下的企业，占比为19%，海归创业企业总体规模不大，亟待发展。从被调研企业成立时间上，经营了1~3年的有55家，占比为35%；4~6年的共计75家，占比为48%；7~8年的有26家，占比为17%。可见，海归创业企业处于初创期和成长期的较多。自注册之日起计算至调查问卷填写当年，注册超过8年以上的企业不属于海归创业企业。予以剔除，样本描述性统计分析，见表6.6。

表6.6　　　　　　　　　样本描述性统计分析

项目	类别	频数（个）	百分比（%）
受教育程度	本科及以下	9	6
	硕士	61	39
	博士及以上	86	55
所处职位	技术骨干	40	26
	中基层管理者	5	3
	高层管理者	25	16
	企业法人/合伙人	86	55

第6章 战略导向均衡、双重网络嵌入与海归创业绩效

续表

项目	类别	频数（个）	百分比（%）
所属行业	高新技术	146	94
	非高新技术	10	6
企业规模	20人及以下	30	19
	21~50人	57	37
	51~100人	44	28
	101~300人	20	13
	300人以上	5	3
企业年龄	1~3年	55	35
	4~6年	75	48
	7~8年	26	17

资料来源：笔者根据调查问卷数据计算整理而得。

（2）变量各题项评价描述性统计分析

本章主要采用 SPSS 19.0 工具对主要变量各题项均值、标准偏差、偏度、峰度进行描述性统计，变量各题项评价统计结果，如表6.7所示。其中，MOG1~MOK4 为市场导向的测量题项、TOJ1~TOC3 为技术导向的测量题项、NEB1~NEB5 为本地网络嵌入的测量题项、NEH1~NEH5 为海外网络嵌入的测量题项、EP1~EP5 为创业绩效的测量题项。峰度系数主要用于判别样本数据的分布是不是太尖或太平（标准：绝对值小于2）。偏度系数用于判定分布偏左或偏右（标准：绝对值小于10）。由表6.7的统计结果可知，研究变量各题项偏度绝对值均小于2，峰度绝对值均小于10，表明样本数据总体上呈正态分布趋势。

表6.7　变量各题项评价统计结果

题项	均值	标准偏差	偏度		峰度	
	统计	统计	统计	标准错误	统计	标准错误
MOG1	3.92	1.101	-1.008	0.194	0.192	0.386
MOG2	4.14	1.312	-1.427	0.194	0.687	0.386
MOG3	3.90	1.170	-1.070	0.194	0.274	0.386
MOG4	3.92	1.213	-1.136	0.194	0.316	0.386

续表

题项	均值 统计	标准偏差 统计	偏度 统计	偏度 标准错误	峰度 统计	峰度 标准错误
MOJ1	3.81	1.108	-0.996	0.194	0.335	0.386
MOJ2	3.81	1.135	-0.674	0.194	-0.473	0.386
MOJ3	3.82	1.298	-1.043	0.194	0.010	0.386
MOJ4	3.66	1.150	-0.825	0.194	-0.030	0.386
MOK1	3.87	1.033	-1.091	0.194	0.810	0.386
MOK2	4.05	1.284	-1.319	0.194	0.561	0.386
MOK3	4.01	1.207	-1.272	0.194	0.662	0.386
MOK4	3.85	1.140	-1.081	0.194	0.500	0.386
TOJ1	3.87	1.134	-1.007	0.194	0.275	0.386
TOJ2	3.97	1.295	-1.090	0.194	-0.040	0.386
TOJ3	3.86	1.272	-1.026	0.194	-0.004	0.386
TOJ4	3.81	1.213	-0.985	0.194	0.059	0.386
TOC1	3.83	1.120	-0.909	0.194	0.084	0.386
TOC2	3.81	1.249	-0.931	0.194	-0.104	0.386
TOC3	3.88	1.230	-1.091	0.194	0.184	0.386
NEB1	3.85	0.874	-0.459	0.194	-0.109	0.386
NEB2	3.93	0.971	-0.542	0.194	-0.518	0.386
NEB3	3.68	0.943	-0.437	0.194	-0.052	0.386
NEB4	3.83	0.924	-0.393	0.194	-0.665	0.386
NEB5	3.85	0.903	-0.756	0.194	0.209	0.386
NEH1	3.71	0.850	-0.237	0.194	-0.514	0.386
NEH2	3.82	0.974	-0.439	0.194	-0.591	0.386
NEH3	3.60	1.021	-0.522	0.194	-0.050	0.386
NEH4	3.44	0.938	-0.092	0.194	-0.487	0.386
NEH5	3.57	1.023	-0.413	0.194	-0.427	0.386
EP1	3.96	0.712	-0.368	0.194	0.126	0.386
EP2	4.04	0.860	-0.765	0.194	0.407	0.386
EP3	4.02	0.831	-0.515	0.194	-0.323	0.386
EP4	4.01	0.872	-0.675	0.194	-0.126	0.386
EP5	3.92	0.880	-0.585	0.194	0.030	0.386

资料来源：笔者根据问卷调查数据整理而得。

第6章　战略导向均衡、双重网络嵌入与海归创业绩效

6.3.3　信度与效度

（1）信度分析

管理学中的大多数研究都涉及测量问题。判断量表优劣的重要标准之一为信度指标，即这个量表是否稳定可靠。克龙巴赫α系数作为同质信度和被测者重复测量信度的重要评价指标，通常用来表征数个测量指标的内部一致性，近年来得到广泛应用（关守义，2009）。克龙巴赫α系数高于0.700，表明具有较高信度，越接近于1.000，表示被测量者之间没有差异，差异性主要来源于被测者情况的差异。

本章采用SPSS 19.0软件工具对量表进行可靠性测量，量表信度检验结果，见表6.8。首先，量表整体信度检验，总体系数为0.968，大于0.700且接近1.000，表明量表整体具有较高信度；其次，再对每个变量分别进行信度测量，市场导向系数值为0.970、技术导向系数值为0.940、网络嵌入系数值为0.894、创业绩效系数值为0.796，四个主要变量的系数值均大于0.700，指标表明各变量整体较为稳定、可靠；最后，对不同变量分维度测量，在市场导向变量的各维度中，顾客导向系数为0.947、竞争导向系数为0.908、跨职能协调系数为0.927，技术导向变量的各维度，技术先进性系数为0.920、产品柔性系数为0.874，网络嵌入变量的两个维度，本地网络嵌入系数为0.843、海外网络嵌入系数为0.886。可以看出，变量不同维度检验的系数值均大于0.800。无论是量表总体或是分变量测量、分维度测量，信度系数值均大于0.700。因此，根据检验结果，本章采用的变量量表，在统计学意义上信度较高，符合进一步的研究要求。

表6.8　　量表信度检验结果

变量	维度	题项	Cronbach's α	Cronbach's α
市场导向	顾客导向系数	MOG1 MOG2 MOG3 MOG4	0.947	0.970
	竞争导向系数	MOJ1 MOJ2 MOJ3 MOJ4	0.908	
	跨职能协调系数	MOK1 MOK2 MOK3 MOK4	0.927	

续表

变量	维度	题项	Cronbach's α	Cronbach's α
技术导向	技术先进性系数	TOJ1 TOJ2 TOJ3 TOJ4	0.920	0.940
	产品柔性系数	TOC1 TOC2 TOC3	0.874	
网络嵌入	本地网络嵌入系数	NEB1 NEB2 NEB3 NEB4 NEB5	0.843	0.894
	海外网络嵌入系数	NEH1 NEH2 NEH3 NEH4 NEH5	0.886	
创业绩效	创业绩效	EP1 EP2 EP3 EP4 EP5	0.796	0.796
变量总体	ALL	ALL	0.968	0.968

资料来源：笔者根据相关数据整理而得。

（2）效度分析

1）市场导向验证性因子分析

信度主要用于测量量表是否稳定可靠，除了量表稳定可靠外，本章研究还希望量表能够准确地测量目标构念，即用效度指标测量。温忠麟等（2018）指出，对于一项基于问卷数据的研究，被试者和测量环境差异使问卷数据未必符合既定的理论模型，使用结构方程分析模型时，应进行变量验证性因子分析（CFA）检验量表的结构效度。相比于探索性因子分析主要用于变量间维度与题项对应关系不确定时采用的效度验证方法，验证性因子分析在量表变量间维度已知、题项与潜变量间从属关系已知的情况下采用（骆方和张厚粲，2006）。本章中涉及变量均采用现有量表或改编的量表进行测量，各题项与潜变量之间的从属关系明确且多维变量分类维度已知，适用于验证性因子分析（confinatory factor analysis，CFA）检验。

本章采用 AMOS 25.0 软件对市场导向进行 CFA 检验，市场导向模型修正，见图6.1。市场导向验证性因子分析适配度，见表6.9。在表6.9中，修正前：RMSEA 为0.102，大于0.100，拟合度不佳。结合题项设置来看，MOG1 表达企业以不断满足顾客需求为出发点并做出具体行动；MOG3 表达企业持续不断地进行顾客满意度的调研评估。从某种意义上看，企业对顾客满意度进行评估，就是理解并期望在未来改善顾客需求的一种方式和行动。题项内容的呈现，不易被调查者清晰辨识。

第6章 战略导向均衡、双重网络嵌入与海归创业绩效

从模型指数来看，MOG1 和 MOG3 的 MI 为 15.630。对模型进行修正，将 MOG1 对应残差 e1 与 MOG3 对应残差 e3 相连，释放了 15.630 的 MI。修正后的模型拟合结果显示：CMIN/DF 为 2.321（1~3 为良好），GFI 为 0.889、IFI 为 0.968、TLI 为 0.958、CFI 为 0.968，各指数均在 0.900 左右，在适配标准内。RMSEA 为 0.092（小于 0.100 可接受）。

市场导向各题项 MOG1 - MOG4、MOJ1 - MOJ4、MOK1 - MOK4 因素负荷量都高于 0.50，且各题项均在 1% 的水平上显著，说明市场导向各个题项均能很好地反映对应维度的内容。因此，市场导向变量的量表总体结构效度较好、符合标准，可进行下一步模型验证。

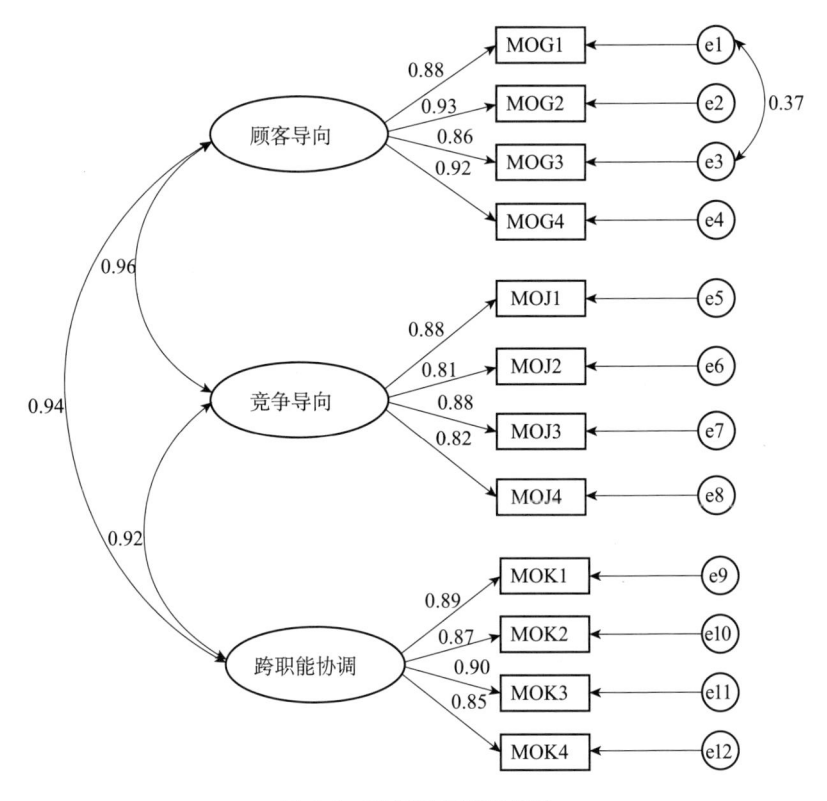

图 6.1 市场导向模型修正

资料来源：笔者根据相关数据整理绘制而得。

表6.9　　　　　　　　市场导向验证性因子分析适配度

题项		因子	标准化 Estimate	Estimate	S. E.	C. R.	P
MOG1	←	顾客导向	0.877	1.000			
MOG2	←	顾客导向	0.929	1.262	0.071	17.903	***
MOG3	←	顾客导向	0.857	1.039	0.055	18.923	***
MOG4	←	顾客导向	0.922	1.158	0.066	17.579	***
MOJ1	←	竞争导向	0.890	1.000			
MOJ2	←	竞争导向	0.828	0.953	0.078	12.226	***
MOJ3	←	竞争导向	0.878	1.156	0.073	15.906	***
MOJ4	←	竞争导向	0.815	0.950	0.070	13.655	***
MOK1	←	跨职能协调	0.861	1.000			
MOK2	←	跨职能协调	0.877	1.265	0.086	14.766	***
MOK3	←	跨职能协调	0.882	1.197	0.065	18.431	***
MOK4	←	跨职能协调	0.854	1.094	0.078	14.061	***
Default model	CMIN/DF	GFI	IFI	TLI	CFI	RMSEA	
修正前	2.616	0.874	0.961	0.949	0.960	0.102	
修正后	2.321	0.889	0.968	0.958	0.968	0.092	

注：***、**、*分别表示在1%、5%和10%的水平上显著。
资料来源：笔者根据调研数据运用 AMOS 25.0 软件计算整理而得。

2）技术导向验证性因子分析

本章将技术导向分为技术先进性和产品柔性两个维度测量，共7个题项，技术导向模型修正，见图6.2。技术导向验证性因子分析适配度，见表6.10。从表6.10可知，卡方自由度比 CMIN/DF 为2.859（1~3为良好）；GFI、IFI、TLI、CFI 分别为0.937、0.974、0.957、0.974，各适配度系数值都大于0.900。RMSEA 为0.110，大于标准0.100。残差 e1 和残差 e3 间的 MI 为7.699，较大，且分别对应 TOJ1 和 TOJ3，是同属于技术先进性维度下的题项内容。从内容来看，掌握新产品核心技术（TOJ1）可以理解为企业重视技术领先（TOJ3）的一种表现形式。两个题项可能会让被试者产生理解上的指向偏差。于是，将残差 e1 和残差 e3 相连进行模型修正。修正后各个指标的拟合系数明显高于修正前，且 RMSEA 的系数为0.090（小于0.100），模型整体拟合效

第6章 战略导向均衡、双重网络嵌入与海归创业绩效

果较好。TOJ1~TOJ4、TOC1~TOC3 各题项的因子负荷量均为 0.500 以上，且在 1% 的水平上显著。这表明，技术导向各题项均能很好地反映各维度内容。

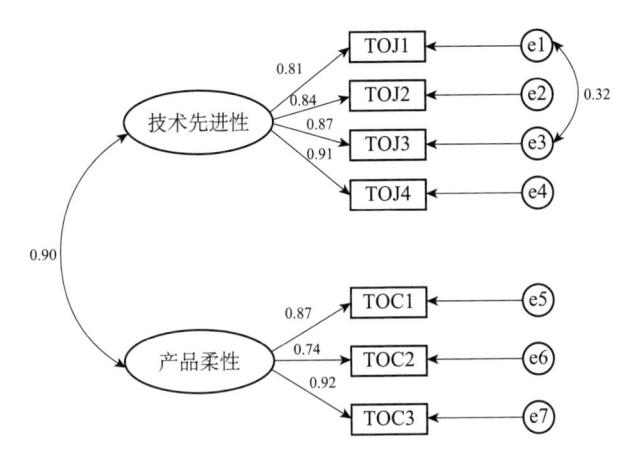

图 6.2 技术导向模型修正

资料来源：笔者根据调研数据采用 AMOS 25.0 软件计算整理绘制而得。

表 6.10 技术导向验证性因子分析适配度

题项		因子	标准化 Estimate	Estimate	S. E.	C. R.	P
TOJ1	←	技术先进性	0.812	1			
TOJ2	←	技术先进性	0.841	1.182	0.097	12.182	***
TOJ3	←	技术先进性	0.867	1.198	0.077	15.522	***
TOJ4	←	技术先进性	0.908	1.196	0.088	13.529	***
TOC1	←	产品柔性	0.872	1			
TOC2	←	产品柔性	0.741	0.947	0.086	11.053	***
TOC3	←	产品柔性	0.920	1.159	0.073	15.808	***
Default model	CMIN/DF	GFI	IFI	TLI	CFI	RMSEA	
修正前	2.859	0.937	0.974	0.957	0.974	0.110	
修正后	2.259	0.959	0.984	0.971	0.984	0.090	

注：***、**、* 分别表示各变量在 1%、5% 和 10% 的水平上显著。
资料来源：笔者根据调研数据采用 AMOS 25.0 软件计算整理而得。

(3) 网络嵌入验证性因子分析

本章对网络嵌入两个维度共 10 个题项做 CFA 检验，网络嵌入模型

修正，如图 6.3 所示。网络嵌入验证性因子分析适配度，如表 6.11 所示。由表 6.11 可见，模型修正前的 CMIN/DF 为 1.689（1~3 为优良），RMSEA 为 0.067（小于 0.080 为良好），GFI 为 0.931、IFI 为 0.970、TLI 为 0.960、CFI 为 0.970，均大于 0.900，拟合的各项指标均通过检验。综合来看，各题项 NEB1~NEB5、NEH1~NEH5 因素负荷量均大于 0.500，且在 1% 的水平上显著。因此，网络嵌入变量的量表设计无需修正，模型适配度符合进一步研究要求。

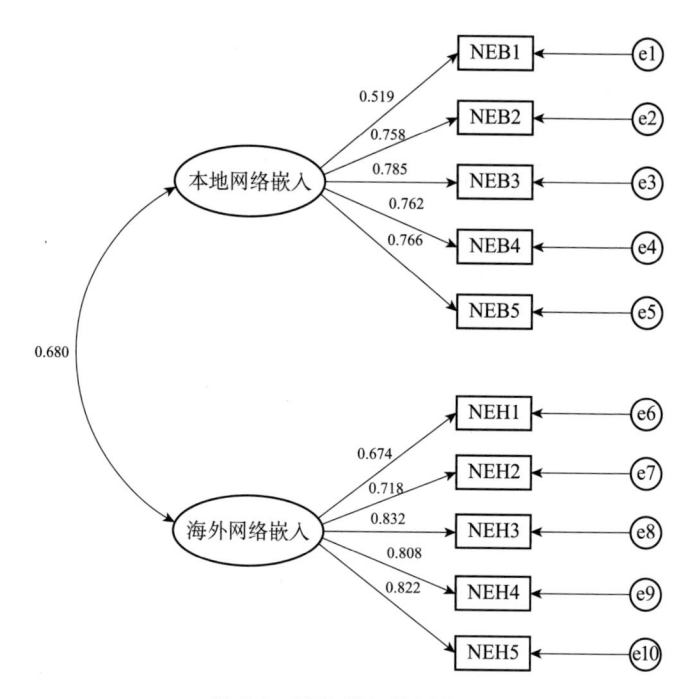

图 6.3　网络嵌入模型修正

资料来源：笔者根据调研数据采用 AMOS 25.0 软件计算整理绘制而得。

表 6.11　　　　　　　网络嵌入验证性因子分析适配度

题项		因子	标准化 Estimate	Estimate	S.E.	C.R.	P
NEB1	←	本地网络嵌入	0.519	1			
NEB2	←	本地网络嵌入	0.758	1.623	0.263	6.165	***
NEB3	←	本地网络嵌入	0.785	1.633	0.261	6.264	***

第6章 战略导向均衡、双重网络嵌入与海归创业绩效

续表

题项	因子	标准化 Estimate	Estimate	S. E.	C. R.	P
NEB4	←	本地网络嵌入	0.762	1.554	0.251	6.183	***
NEB5	←	本地网络嵌入	0.766	1.526	0.246	6.198	***
NEH1	←	海外网络嵌入	0.674	1			
NEH2	←	海外网络嵌入	0.718	1.22	0.130	9.394	***
NEH3	←	海外网络嵌入	0.832	1.482	0.167	8.899	***
NEH4	←	海外网络嵌入	0.808	1.322	0.152	8.701	***
NEH5	←	海外网络嵌入	0.822	1.466	0.166	8.817	***
Default model	CMIN/DF	GFI	IFI	TLI	CFI	RMSEA	
	1.689	0.931	0.970	0.960	0.970	0.067	

注：***、**、*分别表示在1%、5%和10%水平上显著。
资料来源：笔者根据调研数据采用 AMOS 25.0 软件计算整理而得。

(4) 创业绩效验证性因子分析

本章对创业绩效采用单维度量表，共5个题项，创业绩效模型修正，如图6.4所示。创业绩效验证性因子分析适配度，如表6.12所示。从表6.12可以看出，模型适配度各指数，CMIN/DF为1.247（1~3为优良）；GFI、IFI、TLI、CFI分别为0.985、0.994、0.989、0.994，均大于0.900；RMESA为0.040（小于0.080为良好）。结合图6.5和表6.12，各题项对潜变量创业绩效的因子负荷量均大于0.500，且在1%的水平上显著，模型的聚合效度高。综合来看，网络嵌入的模型拟合效果优良，无需修正。

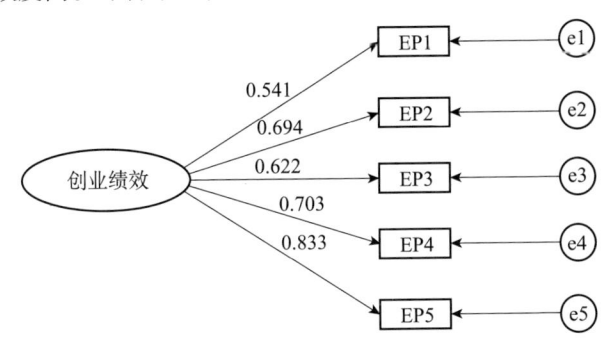

图6.4 创业绩效模型修正

资料来源：笔者根据调研数据采用 AMOS 25.0 软件计算整理绘制而得。

表 6.12　　　　　　　创业绩效验证性因子分析适配度

题项		因子	标准化 Estimate	Estimate	S.E.	C.R.	P
EP1	←	创业绩效	0.541	1			
EP2	←	创业绩效	0.694	1.899	0.388	4.899	***
EP3	←	创业绩效	0.622	1.644	0.351	4.69	***
EP4	←	创业绩效	0.703	1.952	0.396	4.923	***
EP5	←	创业绩效	0.833	2.332	0.454	5.141	***
Default model		CMIN/DF	GFI	IFI	TLI	CFI	RMSEA
		1.247	0.985	0.994	0.989	0.994	0.040

注：***、**、* 分别表示在 1%、5% 和 10% 的水平上显著。
资料来源：笔者根据调研数据采用 AMOS 25.0 软件计算整理而得。

6.4　相关分析与多重共线性

6.4.1　相关分析与多重共线性

普遍用于分析两个变量之间直线关联的统计量，是 Pearson 相关系数。Pearson 相关系数在 -1 和 1 区间，系数为 -1，则表示变量之间完全负相关；系数为 0，则表示变量之间不相关；系数为 1，即为变量之间呈完全正向的相关关系。即越接近 -1 或 1 表示相关性越强。同时，Pearson 相关系数法还可以用来检验变量间可能具有的多重共线性问题。若两变量的相关系数值大于或等于 0.750，一般而言，有多重共线性的可能。

Pearson 相关，必须保证双变量符合正态分布。在描述性统计分析的 6.3.2 节中，已通过峰度指数和偏度指数验证了样本数据呈正态分布。因此，本节通过 SPSS 19.0 软件工具，采用 Pearson 相关系数法检验所有变量间的相关性问题和多重共线性问题。相关性分析结果，见表 6.13。

第6章 战略导向均衡、双重网络嵌入与海归创业绩效

表 6.13　　　　　　　　　　相关性分析结果

变量	1	2	3	4	5	6	7	8
1. 企业年龄	1							
2. 企业规模	0.566**	1						
3. 行业	-0.013	-0.071	1					
4. PJ	0.102	0.064	0.048	1				
5. LJ	-0.095	0.041	0.168*	0.218**	1			
6. NEB	0.079	0.147	0.109	0.234**	-0.282**	1		
7. NEH	0.111	0.162*	0.099	0.225**	-0.222**	0.572**	1	
8. EP	0.078	0.146	-0.052	0.240**	-0.450**	0.536**	0.567**	1
均值	4.746	0.790	3.826	3.628	3.990	1.891	2.455	0.910
标准偏差	0.277	1.232	0.724	0.798	0.618	0.862	1.068	0.308

注：***、**、*分别表示在1%、5%和10%的水平上显著。
资料来源：笔者根据调研数据采用 AMOS 25.0 软件计算整理而得。

根据相关性分析结果可知，本地网络嵌入、海外网络嵌入、匹配均衡与创业绩效在1%的水平上显著；联合均衡与创业绩效负相关，在1%的水平上显著；匹配均衡与本地网络嵌入和海外网络嵌入在1%的水平上显著；联合均衡与本地网络嵌入和海外网络嵌入在1%的水平上显著。本地网络嵌入和海外网络嵌入作为网络嵌入变量的两个维度，也具有一定相关性。实际上，海归创业企业既拥有本地资源又拥有海外网络关系，因此，样本数据中本地网络和海外网络也有相关性。总体来说，各主要变量之间均显著相关，且相关系数均小于0.600，说明并不存在多重共线性问题，符合进一步纳入结构方程模型的要求。

6.4.2 回归分析

前面分析验证了主要变量间的相关性。实际上，相关性只能检验两个变量间的关联程度，并不能推断二者之间具有因果关系。因此，相关性不能做出因果关系的推论。在管理研究中，一般用传统回归分析，通过测量题项的平均值表征变量值以检验因果关系是否显著。根据回归分析得出的结果，通过决定系数 R^2、调整后的决定系数 R^2，

以及 F 值的显著性进行假设验证。若输出的 F 值显著，则表示在显著性水平上已得到解释的方差明显大于未得到解释的方差，从而回归结果良好；调整后的 R^2 越接近 1，表示回归模型的拟合度越好，即回归结果越好。

将自变量市场导向—技术导向均衡与因变量海归创业绩效做回归分析，分析市场导向—技术导向均衡（市场导向—技术导向匹配均衡、市场导向—技术导向联合均衡两个维度）对海归创业绩效的影响，以此验证假设 6-1a 和假设 6-1b。在 SPSS 19.0 软件中进行逐步回归，先将三个控制变量放入，再将自变量放入，自变量与因变量回归结果，如表 6.14 所示。其中，模型 1 包括企业年龄、企业规模及所属行业三个控制变量对因变量海归创业绩效的影响。模型 2 显示在模型 1 的基础上，加入自变量市场导向—技术导向匹配均衡和市场导向—技术导向联合均衡对海归创业绩效的影响。

表 6.14　　　　　　　　自变量与因变量回归结果

变量	海归创业绩效	
	模型 1	模型 2
控制变量		
企业年龄	-0.005	-0.140
企业规模	0.146	0.228
所属行业	-0.042	0.038
自变量		
市场导向—技术导向匹配均衡		0.359***
市场导向—技术导向联合均衡		-0.557***
R^2	0.023	0.357
调整后的 R^2	0.004	0.336
F 值	1.196**	16.661***

注：***、**、* 分别表示在 1%、5% 和 10% 的水平上显著。
资料来源：笔者根据调研数据采用 AMOS 25.0 软件计算整理而得。

由表 6.14 的回归结果可知，模型 2 中整体 F 值为 16.661，在 1%

的水平上显著。从调整后的 R^2 来看，模型能够解释海归创业绩效变异量为33.6%，市场导向—技术导向匹配均衡与海归创业绩效在1%的水平上显著，市场导向—技术导向匹配均衡对海归创业绩效有显著的正向影响，假设6-1a得到验证。市场导向—技术导向联合均衡与海归创业绩效在1%的水平上显著，市场导向—技术导向联合均衡对海归创业绩效有显著的负向影响，假设6-1b不成立。

6.5 结构方程模型验证

虽然回归分析可以表示两种及两种以上变量间互相依赖的定量关系，但传统回归分析忽略了变量的测量误差，这显然不符合本章研究的实际情况，进而导致结果不准确和中介效应的估计偏差（张涵和康飞，2016）。结构方程模型（Structural Equation Model，SEM），不仅能同时检验潜变量之间的因果关系、潜变量与显变量的关系，并在此基础上对模型进行拟合检验，更重要的是，能将变量测量误差纳入模型进行更精确的估计，提高了本章研究的准确性。因此，本节采用AMOS工具构建结构方程模型，验证前面提出的假设。

6.5.1 市场导向—技术导向均衡与海归创业绩效

参考李巍（2015）对均衡的定义和计算方式，先将市场导向MO和技术导向TO进行中心化处理，得到ZMO和ZTO，再计算联合均衡（LJ = ZMO × ZTO）和匹配均衡（PJ = 5 - |ZMO - ZTO|）。经过计算后，联合均衡LJ和匹配均衡PJ直接作为显变量纳入模型。

结构方程验证的具体步骤分为四步：第一步，构建战略导向均衡与创业绩效的理论模型，并在显变量匹配均衡和联合均衡、潜变量创业绩效以及各题项上设置残差项,即 e1~e7。第二步,设置好各参数后,通过计算,结果显示 OK：Default Model,表明根据理论构建的模型与样本数据基本可以匹配,但匹配程度优良与否要看下一步。第三步,在 Model Fit 中查看各项拟合指标。如果拟合指标完全达标,无需修正,直接得出结果。多数研究文献对结构方程模型拟合指标主要采用增量拟合 IFI、拟合优度 GFI、差异除以自由度 CMIN/DF、塔克—刘易斯指数 TLI、比较拟合优化 CFI 以及近视误差均方根 RMSEA 来判别模型拟合情况。第四步,拟合没有达标,表明模型与数据拟合情况不好,需要进行模型修正。根据理论和数据结果修正模型,结果可能达标或者理论无法得到验证。

根据以上操作步骤,得出市场导向—技术导向均衡与创业绩效的路径、拟合结果和模型图,市场导向—技术导向均衡与创业绩效模型拟合结果,如表 6.15 所示。市场导向—技术导向匹配均衡和市场导向—技术导向联合均衡对创业绩效影响关系模型,见图 6.5。从表 6.15 可知,CMIN/DF 为 1.383（1~3 为优良）,GFI、IFI、TLI、CFI 均大于 0.900,RMSEA 为 0.05（小于 0.08 为良好）,模型拟合良好,无需修正；从路径系数可以看出,市场导向—技术导向匹配均衡与创业绩效正相关,标准化 Estimate 值为 0.381,在 1% 的水平上显著,假设 6-1a 成立；市场导向—技术导向联合均衡与创业绩效标准化 Estimate 值是 -0.547,在 1% 的水平上显著,假设 6-1b 不成立。

表 6.15　市场导向—技术导向均衡与创业绩效模型拟合结果

变量	关系	变量	标准化 Estimate	S. E.	C. R.	P
创业绩效	←	PJ 匹配均衡	0.381	0.112	4.111	***
创业绩效	←	LJ 联合均衡	-0.547	0.031	-4.868	***
Default model	CMIN/DF	GFI	IFI	TLI	CFI	RMSEA
系数	1.383	0.964	0.981	0.971	0.981	0.05

注：***、**、* 分别表示在 1%、5% 和 10% 的水平上显著。
资料来源：笔者根据调研数据采用 AMOS 25.0 软件计算整理而得。

第6章 战略导向均衡、双重网络嵌入与海归创业绩效

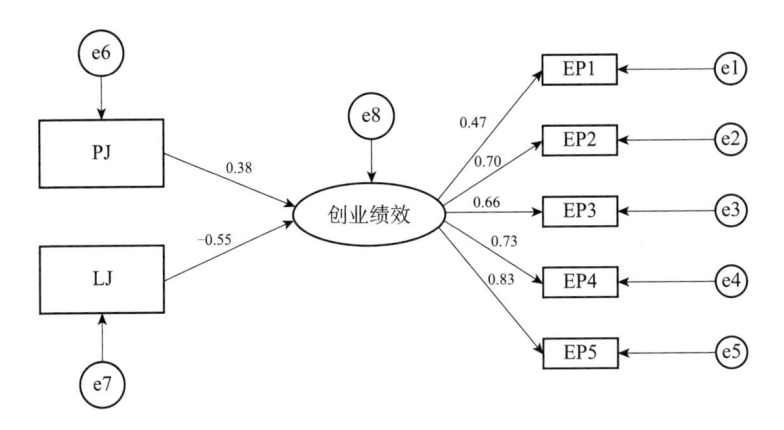

图 6.5 市场导向—技术导向匹配均衡和市场导向—技术导向联合均衡对创业绩效影响关系模型

资料来源：笔者根据调研数据采用 AMOS 25.0 软件计算整理绘制而得。

6.5.2 市场导向—技术导向均衡与双重网络嵌入

根据结构方程验证步骤，建立多重中介模型。将理论假设中的全部变量及题项均纳入结构方程模型中，模型包括本地网络嵌入、海外网络嵌入和创业绩效三个潜变量，PJ 匹配均衡和 LJ 联合均衡两个显变量，以及 15 个观察变量，共计 20 个变量。其中，PJ 匹配均衡和 LJ 联合均衡是自变量，创业绩效是因变量。箭头表示变量间的影响关系。模型中的 NEB1～NEB5 依次对应问卷中本地网络嵌入题项，其他变量依此类推。模型设置了 e1～e20 共计 20 个残差，市场导向—技术导向均衡、双重网络嵌入和创业绩效关系总模型，见图 6.6。

由表 6.16 可见，CMIN/DF 为 2.127，在标准 1～3 区间。GFI 拟合指数为 0.849、IFI 为 0.894、TLI 为 0.870 以及 CFI 为 0.892，各项指数均大于 0.800。RMSEA 拟合指数为 0.085，小于 0.100。模型整体拟合结果在标准要求范围内，通过检验。从路径系数可以看出，PL 匹配均衡对海外网络嵌入标准化 Estimate 为 0.321，在 1% 的水平上正向显著。

可见，海归创业企业市场导向—技术导向匹配均衡对海外网络嵌入有显著正向的影响作用，假设 6-2d 通过验证；LJ 联合均衡与本地网络嵌入的标准化 Estimate 为 -0.341，在 1% 的水平上显著。这说明，海归创业企业的市场导向—技术导向联合均衡对本地网络嵌入呈负向相关关系，假设 6-2a 不成立；LJ 联合均衡与海外网络嵌入的标准化 Estimate 为 -0.292，在 1% 的水平上显著。海归创业企业实施市场导向—技术导向联合均衡对海外网络嵌入呈负向相关关系，假设 6-2c 不成立。PJ 匹配均衡对本地网络嵌入标准化 Estimate 是 0.334，在 1% 的水平上显著。经实证检验，市场导向—技术导向匹配均衡与本地网络嵌入显著正向相关，假设 6-2b 成立。

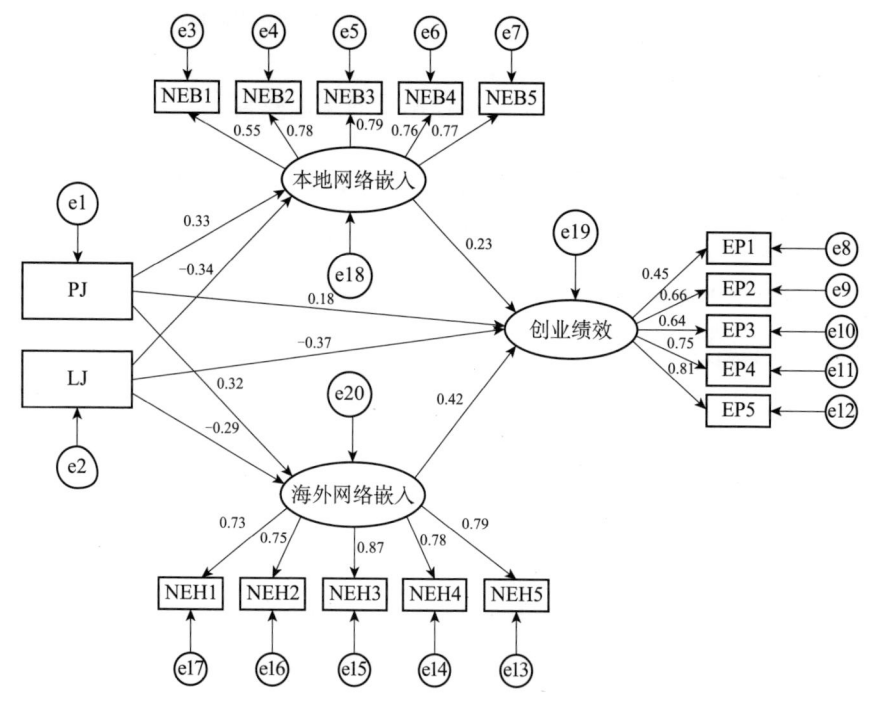

图 6.6　市场导向—技术导向均衡、双重网络嵌入和创业绩效关系总模型

资料来源：笔者根据调研数据采用 AMOS 25.0 软件计算整理绘制而得。

第6章 战略导向均衡、双重网络嵌入与海归创业绩效

表6.16 市场导向—技术导向均衡、双重网络嵌入和创业绩效模型拟合结果

变量	关系	变量	标准化 Estimate	S.E.	C.R.	P
海外网络嵌入	←	LJ联合均衡	-0.292	0.053	-3.552	***
海外网络嵌入	←	PJ匹配均衡	0.321	0.239	4.083	***
本地网络嵌入	←	LJ联合均衡	-0.341	0.035	-3.85	***
本地网络嵌入	←	PJ匹配均衡	0.334	0.155	3.791	***
创业绩效	←	本地网络嵌入	0.234	0.058	2.474	0.013
创业绩效	←	海外网络嵌入	0.424	0.043	4.243	***
创业绩效	←	PJ匹配均衡	0.179	0.088	2.246	0.025
创业绩效	←	LJ联合均衡	-0.367	0.025	-4.119	***
Default model	CMIN/DF	GFI	IFI	TLI	CFI	RMSEA
系数	2.127	0.849	0.894	0.870	0.892	0.085

注：***、**、*分别表示在1%、5%和10%的水平上显著。
资料来源：笔者根据调研数据采用AMOS 25.0软件计算整理而得。

6.5.3 双重网络嵌入与海归创业绩效

在检验本地网络嵌入和海外网络嵌入与海归创业绩效的关系时，本节并未就此三个变量重新构建结构方程模型。本节构建的是双中介模型，独立建立双重网络嵌入对海归绩效影响的结构方程模型，验证两变量之间的关系显然不够精确。在模型框架下，得出的双重网络嵌入与海归创业绩效的关系更为精确。双重网络嵌入对海归创业绩效的影响研究，可在表6.16的数据结果和图6.6中的模型图直接读出。

由表6.16可见，RMSEA拟合指数为0.085（小于0.100），模型整体拟合较好，通过检验可进行下一步验证。本地网络嵌入对创业绩效的标准化 Estimate 为0.234，在5%的水平上显著，说明海归创业企业的本地网络嵌入对创业绩效有显著正向的影响作用，假设6-3a得到验证；海外网络嵌入对创业绩效的标准化 Estimate 为0.424，在1%的水平上显著。可见，海归创业企业积极嵌入海外网络与创业绩效显著正向相关，假设6-3b成立。

6.5.4 基于 Mplus 偏差校正 Bootstrap 法的中介效应检验

本章基于双中介理论模型,与分开检验两个变量的中介作用相比,将两个变量纳入同一个模型效果更好。原因在于:一方面,多重中介模型是将所有中介变量同时对因变量回归,能将另一个中介的影响作用纳入其中,在中介变量间有相关性时,得到的中介效应会比简单中介效应分析模型的结果更准确;另一方面,多重中介模型也能很好地避免因变量缺失而导致的参数估计偏差(张涵和康飞,2016)。在检验中介效应上,结构方程模型是最适用的工具(Cheung and Lau,2008)。因此,本节通过偏差校正 Bootstrap 法检验双重网络嵌入两个变量的中介效应。

Bootstrap 法将样本数据看作一个整体,系统从整体中有放回的重复抽样 N 次(N 一般大于 1000),以得到类似于原样本的总体。这种检验方法的检验力高于 Sobel 检验,更有利于小样本量检验的精确性,同时,也能有效地处理测量误差和多重中介模型(温忠麟等,2012)。其中,偏差校正百分位 Bootstrap 法提供了精确的置信区间估计,相比于传统的点估计而言,统计效力非常高(方杰等,2012)。一般而言,采用偏差校正百分位 Bootstrap 法将 Bias-corrected 区间设置为 95%,并在 Lower 2.5% 与 Upper 2.5% 栏查看结果。若 SEM 拟合度可接受,间接效应系数置信区间包含零值,表明具有中介效应;反之,没有中介效应(方杰,2011)。AMOS 工具使用 Bootstrap 功能所得结果只能显示总中介效应,无法显示每个特定中介效应的具体值。通过结构方程工具 Mplus 软件编程方式可以实现多重中介效应分析和效应值大小比较,Output 中通过 95% 置信度即 Upper 和 Lower 的上下限值的区间估计方法来判别显著性水平(张涵和康飞,2016)。对照图 6.7 的多重中介模型,自变量 PJ 与自变量 LJ 分别表示市场导向—技术导向匹配均衡与市场导向—技术导向联合均衡,中介变量 M1 表示本地网络嵌入,M2 表示海外网络嵌

第6章 战略导向均衡、双重网络嵌入与海归创业绩效

入,因变量 Y 表示海归创业绩效。偏差校正 Bootstrap 法中介效应检验结果,见表 6.17,Mplus 程序见附录 3。

通过模型拟合检验,CMIN/DF 为 2.172、RMSEA 为 0.084、CFI 为 0.897、TLI 为 0.875,四项指标皆符合检验标准。表 6.17 中的模型 a1×b1 的本地网络嵌入中介效应 Estimate 为 0.082,BC95% 置信区间在 (0.002,0.273),不包括零值,表明在控制海外网络嵌入的情况下,本地网络嵌入对市场导向—技术导向匹配均衡和创业绩效的中介效应显著,假设 6-4b 成立;模型 a2×b2 的海外网络嵌入的中介效应 Estimate 是 0.143,BC95% 的置信区间在 (0.057,0.330),不包括零值,表明在控制本地网络嵌入的情况下,海外网络嵌入对市场导向—技术导向匹配均衡和创业绩效的中介效应显著,假设 6-4d 成立;模型 a3×b1 的本地网络嵌入的中介效应估计值为 -0.084,BC95% 的置信区间是 (-0.072,0.000),包含零值,表明在控制海外网络嵌入的情况下,本地网络嵌入对市场导向—技术导向联合均衡和创业绩效的中介效应不显著,假设 6-4a 不成立;模型 a4×b2 的海外网络嵌入的中介效应值为 -0.130,BC95% 置信区间为 (-0.079,-0.008),不包含零值,说明在控制本地网络嵌入的情况下,海外网络嵌入对市场导向—技术导向联合均衡和创业绩效的中介效应显著,假设 6-4c 成立。在表 6.16 中,未加入中介变量前,市场导向—技术导向匹配均衡和市场导向—技术导向联合均衡对海归创业绩效总效应值分别为 0.381、-0.547,在 1% 的水平上显著。在表 6.17 中,加入本地网络嵌入和海外网络嵌入中介变量后,市场导向—技术导向匹配均衡对创业绩效的直接效应值 C1 为 0.188,BC95% 的置信区间为 (0.035,0.423),不包含零值,表明直接效应显著。市场导向—技术导向联合均衡对创业绩效直接效应值 C2 为 -0.386,BC95% 的置信区间是 (-0.174,-0.041),不包含零值,表明直接效应显著。因此,中介均为部分中介。

表 6.17　　　　偏差校正 Bootstrap 法中介效应检验结果

效果	Estimate	S.E.	Est./S.E.	BC95% 的置信区间 下限	上限
PJ->EP（C1）	0.188	0.079	2.389	0.035	0.423
LJ->EP（C2）	-0.386	0.097	-3.971	-0.174	-0.041
PJ->M1（a1）	0.343	0.077	4.477	0.193	0.462
PJ->M2（a2）	0.328	0.076	4.292	0.172	0.328
LJ->M1（a3）	-0.350	0.122	-2.858	-0.546	-0.350
LJ->M2（a4）	-0.298	0.106	-2.807	-0.546	-0.298
M1->EP（b1）	0.240	0.147	1.638	-0.021	0.542
M2->EP（b2）	0.437	0.127	3.438	0.176	0.662
PJ->M1->EP（a1×b1）	0.082	0.066	1.397	0.002	0.273
PJ->M2->EP（a2×b2）	0.143	0.067	2.378	0.057	0.330
LJ->M1->EP（a3×b1）	-0.084	0.017	-1.274	-0.072	0.000
LJ->M2->EP（a4×b2）	-0.130	0.017	-1.925	-0.079	-0.008
TOTALIND1（a1×b1+a2×b2）	0.225	0.078	3.214	0.123	0.431
TOTALIND2（a3×b1+a4×b2）	-0.214	0.024	-2.273	-0.109	-0.014
拟合度检验	CMIN/DF=2.172				
	RMSEA=0.084				
	CFI=0.897				
	TLI=0.875				

注：***、**、*分别表示在1%、5%和10%的水平上显著。
资料来源：笔者根据调研数据采用 AMOS 25.0 软件计算整理而得。

本节为实证研究部分，主要通过海归创业企业的数据来检验本章提出的假设。第一部分，阐明了获取海归创业企业问卷数据的五个来源，以保证研究的准确性；第二部分，对样本数据进行描述性统计分析，包括被调研企业的地域分布、企业基本情况、被调查者个人基本情况，以及变量各题项评价，检验样本数据呈正态分布趋势；第三部分，通过 SPSS 19.0 软件和 AMOS 25.0 软件，分维度、分变量进行信度检验、效度检验，结果表明问卷数据信度良好、效度良好；第四部分，用 Pearson 系数检验变量间两两相关以及是否有多重共线性的可能，研究主要变量均显著相关且无多重共线性的问题；第五部分，采用结构方程工具

AMOS 软件验证了本章提出的假设中变量间的影响关系；运用 Mplus 软件编程，通过 Bootstrap 法检验部分变量存在中介效应。前述假设大部分均得到有效验证，假设验证结果汇总，见表 6.18。

表 6.18　　　　　　　　　假设验证结果汇总

假设内容	验证结果
H6-1a：市场导向—技术导向联合均衡与海归创业绩效呈正相关	支持
H6-1b：市场导向—技术导向匹配均衡与海归创业绩效呈正相关	不支持
H6-2a：市场导向—技术导向联合均衡与本地网络嵌入呈正相关	不支持
H6-2b：市场导向—技术导向匹配均衡与本地网络嵌入呈正相关	支持
H6-2c：市场导向—技术导向联合均衡与海外网络嵌入呈正相关	不支持
H6-2d：市场导向—技术导向匹配均衡与海外网络嵌入呈正相关	支持
H6-3a：本地网络嵌入与海归创业绩效呈正相关	支持
H6-3b：海外网络嵌入与海归创业绩效呈正相关	支持
H6-4a：本地网络嵌入在市场导向—技术导向联合均衡与海归创业绩效间起中介作用	不支持
H6-4b：本地网络嵌入在市场导向—技术导向匹配均衡与海归创业绩效间起中介作用	部分中介
H6-4c：海外网络嵌入在市场导向—技术导向联合均衡与海归创业绩效间起中介作用	部分中介
H6-4d：海外网络嵌入在市场导向—技术导向匹配均衡与海归创业绩效间起中介作用	部分中介

资料来源：笔者根据调研数据采用 AMOS 25.0 软件整理而得。

6.6　研究结论与研究展望

6.6.1　结论与讨论

本章收集了浙江省 11 个城市共 156 家海归创业企业的调研问卷数据，通过运用 Mplus 24.0、AMOS 25.0、SPSS 19.0 等软件实证检验了海归创业企业市场导向—技术导向均衡、双重网络嵌入和创业绩效之间的关系和内在机制，得出以下六个结论。

（1）市场导向—技术导向匹配均衡对海归创业企业绩效有显著的正向影响

传统研究认为，资源稀缺性决定了企业经营成功依赖于集中资源，企业实施的市场导向战略与技术导向战略二者难以兼顾。通过具体企业访谈发现，在企业实际的运营管理过程中并不存在单一的战略导向，市场导向战略和技术导向战略不是非此即彼的选择（宋晶等，2014）。研究发现，企业实施市场导向战略与技术导向战略在现有资源条件下可以达到均衡状态。市场导向战略作为一种积极获取、反映顾客需求信息和市场信息的企业战略，为了持续满足客户需求、向市场输出新产品，势必进行技术革新，从而确保其技术领先型产品和服务在市场中处于垄断地位。海归创业企业在经营活动中，市场导向战略和技术导向战略保持相近水平，能够增强企业竞争优势，对企业创业绩效有显著的促进作用。

（2）市场导向—技术导向联合均衡对海归创业企业绩效有显著的负向影响

市场导向—技术导向联合均衡不利于本地网络嵌入和海外网络嵌入。海归创业企业要想保持持续竞争力，必须积极、合理地把握市场和技术等主要因素。强市场导向和强技术导向，对维持良好的社会网络可能有反向作用。海归创业企业为向市场和顾客提供优于同行业竞争对手的卓越产品或卓越服务，势必要强化市场导向，充分了解顾客、市场诉求。与此同时，海归创业企业多以高新技术企业为主，强技术导向的企业以技术为中心，通过技术革新创造新产品服务市场来保持企业在同行业中的市场占有率。强市场导向要求以顾客和市场为中心，以满足当前市场大众需求为重心创造新产品。强技术导向又以开发技术领先型产品为重心，不断投入资源和资金，研发市场上的领先产品。对于创业企业来说，资源是有限的，强市场导向和强技术导向会对资源产生强竞争作

第6章　战略导向均衡、双重网络嵌入与海归创业绩效

用，对企业发展并非最有效的战略选择。海归创业企业处于初创期，不同于发展成熟的企业有丰富的资源供给，因此，实施战略导向不能一味追求市场和技术同时强投入，要考虑与现有资源的匹配。

(3) 市场导向—技术导向匹配均衡对本地网络嵌入和海外网络嵌入均呈负向相关关系

市场导向—技术导向联合均衡与本地网络嵌入和海外网络嵌入显著负向相关。市场导向和技术导向之间的差距越小，说明两种导向匹配越好。海归创业企业面对新技术、新产品和新服务以及持续关注顾客需求、竞争对手战略等市场信息，必须具备嵌入本地网络和海外网络的能力。为及时满足市场客户需求，企业与本地供应商有效沟通，及时发货和补货以缩短产品的上市周期。技术导向推动企业不断追寻新兴技术、产品研发，促使企业积极嵌入海外网络，获取海外领先的技术资源。追求市场导向—技术导向匹配均衡的海归创业企业因能较好地重视两个导向的协同作用，从而促使海归创业企业更好地嵌入本地网络和海外网络。市场导向—技术导向联合均衡与本地网络嵌入和海外网络嵌入显著负向相关。企业实施高技术导向与高市场导向时表现过于强势，可能使同行业其他企业感到危机，甚至视其为竞争对手，反而削弱和其他企业的合作关系与互动关系，不利于本地网络和海外网络的嵌入。

(4) 本地网络嵌入与海归创业绩效正相关

海归创业企业的新创性，决定了新创阶段资源的稀缺性（袁勇志和肖方鑫，2013）。此时，积极地嵌入本地网络，对海归创业企业迅速获取信息、集聚资源以快速成长有重要的影响作用。中国政府大力提倡创新创业，并出台了海外高层次人才创新创业政策助推海归创业成功。海归创业企业多为技术创新型企业，享有带着创新项目申请政府资金支持、入驻创业园等政策扶持，此为创业初期融资困难问题的重要解决之道。政府专项资金支持，有利于企业在资金不充足的情况下开拓市场，

提高企业绩效、不断发展壮大。同时，海归创业企业积极融入本地商业网络，与供应商、业务合作伙伴等行业的其他企业保持密切联系，有助于促进商业合作和订单成交，对企业绩效提升有重要的推动作用。

（5）海外网络嵌入与海归创业绩效正相关

海归创业企业为了保持技术领先优势，需要利用海外社会网络资源。与海外研发机构、海外高校保持学术前沿、技术前沿的交流合作，在技术革新中掌握主动权，从而在国内市场发挥差异化的竞争优势。同时，在海归创业企业不断发展的过程中与海外的业务合作伙伴、海外供应商保持合作交流，有利于在国内市场的人口红利优势逐渐消退和价格战竞争日趋激烈的现状下，寻找海外市场机会，开拓国际市场，提高企业绩效。

（6）本地网络嵌入和海外网络嵌入在市场导向—技术导向匹配均衡与海归创业绩效间起中介作用

海外网络嵌入在市场导向—技术导向联合均衡与海归创业绩效间起中介作用。在政府大力扶持、鼓励"双创"的背景下，海归创业企业一方面，迎来了创新创业的大好时机；另一方面，仍然面临着创业盈利难、创业失败率居高不下的问题。解决这一现实矛盾的症结在于，海归创业企业要发挥海外社会网络优势并积极嵌入本地社会网络。海归创业企业在面临行业的普遍竞争，双重网络嵌入成为海归创业企业谋求发展、获得市场领域、技术领域话语权的突破口。海归创业企业将引进的先进技术和及时、有效的市场信息迅速转化为现实经营绩效的过程，是企业不断嵌入本地网络和海外网络，与海外高校/研发机构、合作伙伴及国内地方政府、风投机构等保持密切联系的过程。

6.6.2 启示与建议

本章将战略导向均衡、双重网络嵌入和海归创业绩效纳入同一研究

第6章　战略导向均衡、双重网络嵌入与海归创业绩效

框架，分析各变量间的相关关系，具有一定的理论贡献。将组织均衡理论引入战略管理领域，研究结论有利于探索不同类型战略导向均衡对绩效的影响，丰富了战略管理理论研究。本章通过海归创业企业这一特定群体，探索性地引入双重网络嵌入作为中介变量，揭示了战略均衡对海归创业绩效影响的内在机制，丰富了海归创业理论。尤其是，市场导向—技术导向联合均衡对海归创业绩效的负向相关关系，得出了与既有研究中普遍认为战略导向对企业绩效的积极影响作用不同的结论，为进一步研究战略导向对海归创业绩效的影响作用提供了新的思考。

海归创业企业作为创新创业的重要力量，对推动中国建设创新型国家和实施创新驱动战略，实现经济转型升级具有重要意义。本章研究结论对欣欣向荣的海归创新创业实践具有一定的管理启示。

第一，海归创业企业发展过程中不能顾此失彼，把握市场导向与技术导向的匹配均衡，能够有效地配置现有资源。市场导向和技术导向对于企业实现创新产出和更好的创业绩效发挥着不同作用。企业选择不同的战略导向，使得企业对现有优势的理解、企业制定战略计划以及企业绩效结果产生差异化影响。研究发现，市场导向—技术导向匹配均衡能促进海归创业绩效提升。高新技术企业的竞争力在于保持技术领先。同时，迎合市场需求也是企业生存、发展之道。企业实施市场导向—技术导向匹配均衡，能够很好地兼顾技术要素和市场要素（李巍，2015）。海归创业企业匹配均衡战略，应做到在通过实施技术导向提升新产品开发效率的同时，将技术创新产品推向市场，提升市场潜力。此外，应通过实施市场导向，在了解市场需求的基础上提供顾客满意的创新技术产品和服务，推动技术不断发展。因此，战略层面要融合市场导向和技术导向，在挖掘市场潜力的同时，探索新技术、新产品，协调市场利用性活动和技术探索性活动之间的关系，获得可持续的竞争优势，形成企业绩效提升的良性通路。

第二,海归创业企业要积极嵌入本地社会网络关系,构建地方政府、中介机构、融资机构、高校、科研机构以及行业内其他企业的良好生态圈。海归回国创新创业,要适应本土情境下的"关系型"商业文化。本地中介机构、入驻创业园的第三方管理公司,熟知浙江省不同城市海归创新创业政策的最新资讯。与本地中介机构等保持密切联系,对于掌握最新政策信息、申请政策资金支持、税收优惠,帮助创业期企业发展成长、更好地实现"再本土化"大有裨益。与本地同行业的其他企业保持合作和交流,获取本地市场信息、竞争对手信息,拓宽市场渠道,端到端打通本地区行业内全产业供应链,有利于海归创业企业迅速打开市场、快速成长并提升经营绩效。与地方政府和融资机构密切联系,参与政府组织的创新创业活动,利用政府的平台优势,争取政府端和企业端的投资基金,解决前期资金难的问题,助推海外创业企业加速成长。2019年,杭州市政府组织的"梦想小镇创新创业活动周",即搭建了为各创新创业企业和各大投资机构商业合作的桥梁。

第三,海归创业企业要维系与海外高校、科研机构的关系,不断实现技术突破型创新,形成技术领跑全国的优势。海归创业企业集中在高新技术企业,技术创业导致企业的成长、壮大离不开核心前沿科技支撑。海归创业者应与在国外留学时的科研团队或者在国外工作的企业交流合作,紧跟国际最新技术前沿,保持技术领先,弥补行业市场上的高技术产品稀缺,在很大程度上提升企业经营绩效。当前,在国内行业技术产品同类型竞争加剧、诸多领域处于价格战的红海市场上,和国际专家交流合作,有利于突破技术瓶颈。海归创业企业应紧跟国际突破型创新技术步伐,为形成国内蓝海市场与经营绩效的突破奠定基础。

第四,海归创业企业要维系海外合作伙伴网络,打开国际市场,为企业发展赢得新的机会。在国内竞争加剧、人口红利逐渐失去优势和当前受贸易战影响的经济形势下,海归创业企业应与国外上下游供应商、

第6章 战略导向均衡、双重网络嵌入与海归创业绩效

国外其他业务伙伴合作,在国外整体打通产业供应链,进行渠道运营和业务运营,开拓国外市场。在国外成立研发中心、办事处或分公司,以此为支点,放眼海外,撬动国外市场,从而获得发展和新生、带动企业的整体绩效。

第五,从政府视角出发,应优化政策、做好服务、发挥创业园区的集聚效应,更好地助推海归企业的绩效提升。政府通过制定科技贷款专项政策、打造融资平台帮助融资、与银行合作成立基金会、针对创新创业周期制定阶段性税收优惠政策等,帮助海归创业企业克服创业初期资金难的问题。园区管委会要从服务角度而不是管理角度出发,做好政策的践行者,让企业能够更好地了解、享受政策,更易嵌入本地网络。

本章探究了在中国情境下,海归创业企业实施战略导向策略对企业发展的影响作用及其内在影响路径。本章研究选择的海归创业企业仅来自浙江省各海归创业园。未来可以扩大研究样本的区域范围,可以拓展到其他地区乃至全国,以期得到更具普适性和准确性的结论。另外,本章的研究在提升海归企业创业绩效时,主要考察了市场导向和技术导向两类战略导向。未来还可以进一步探索创新导向战略、顾客导向战略等其他战略导向。不仅从组织均衡视角出发,还可以研究两种及以上战略导向的组合或者两类战略导向的匹配("高—高""高—低""低—高""低—低")对海归企业绩效的影响。本章主要探索性地就市场导向—技术导向均衡对海归创业绩效的影响机理展开研究。政府的政策支持对海归创业企业有强有力的支撑作用,未来可以进一步研究验证海归创业企业当地所处的政策环境是否调节企业实施的战略导向与海归创业绩效之间的关系。而且,未来可以进一步研究聚焦于海归创业企业实施的战略导向与其创业成长速度之间的关系,探索何种战略导向组合或战略导向均衡可以推动海归企业加速成长。

第 7 章　国内外吸引海归高层次人才创新创业政策环境比较

美国、新加坡和澳大利亚等发达国家为了吸引世界各地高层次科技人才，出台了一系列政策。本章梳理和比较了美国、新加坡和澳大利亚的海外高层次人才政策，总结了典型国家海外高层次创新创业人才的引进经验。中国各地方政府也相继推出一系列促进海外高层次人才引进的相关政策。如上海市实施的"出入境聚英计划（2017~2021）"，深圳市实施的高层次人才计划（孔雀计划）。本章总结、比较了上海市、深圳市海外高层次人才引进的政策与经验，最后，总结国内外海归高层次人才的经验，为完善中国的相关政策制定提供借鉴。

7.1　国外政策环境比较——以美国、新加坡和澳大利亚为例

美国、新加坡和澳大利亚等发达国家为了吸引全世界高层次人才，出台了一系列政策。如为了吸引全世界高层次科研人才留在欧洲工作，在《欧盟第七研发框架计划》（*7th Framework Programme*，*FP7*）中专门制订了人才计划，吸引全球高层次科技人才集聚欧盟创新创业（石秀华，2011）。2014 年正式启动的欧盟"地平线 2020"计划（*Horizon 2020*，也称为欧盟第八个科研框架计划）中提出，通过人才重组、联

动、ERA 计划等，吸引全球高科技人才。新加坡在《研究、创新与创业 2020 规划》(Research, Innovation and Enterprise 2020 Plan, RIE 2020) 中提出实施科学家回归计划，支持海外的新加坡高层次科研人才回归创新创业。为了吸引高层次科技人才回归，以色列专门成立移民吸收部，发布"科学家的资助项目"等政策措施，鼓励海外高层次科研人员尤其是犹太人回归以色列创新创业（邱丹逸等，2018）。

本节将以美国、新加坡和澳大利亚为例，分析、比较典型国家海外高层次创新创业人才引进经验，为中国政府完善相关政策提供决策依据。

7.1.1 美国海外高层次人才政策

美国是一个开放的、以移民为主的联邦制国家。引进海外高层次人才，一直是美国的优良传统。美国始终能够居于世界经济科技发展前沿，在很大程度上得益于其积极引进全球高层次优秀人才（李其荣和倪志荣，2016）。美国通过制定一系列系统的高层次人才政策吸引各国顶级人才，其成功经验对完善中国海归高层次人才政策有一定借鉴作用。

（1）技术移民政策

技术移民又称职业移民，主要是指，具有一定科技创新能力或者其他某种特殊能力的海外居民，通过在美国工作申请移民。技术移民政策是美国政府吸引海外高层次人才的主要政策。该政策起源于 1921 年美国政府颁布的《移民配额法》。随后，美国政府不断完善移民政策，以吸引全球杰出人才。1990 年美国新移民法规定："第一优先者为具有特优、特殊或特异技能的外国人、著名教授或杰出研究人员、跨国企业经理或管理级人员；第二优先者为具有高学位、特殊专长且其专长能为美国带来实质利益的专业人士，或在科技、艺术、商业等领域有出众的特殊能力的人；第三优先者为具有两年以上职业训练或两年工作经验的技术劳工、初级专业人员、非技术劳工"（毛黎，2009）。美国政府通过职业移民政策吸引全世界高端科技人才，为美国持续提升的科技与经济竞争力提供人才支撑。

但自2017年后，美国开始取消自由主义的移民政策，更多地转化为积分制，即将移民对象的年龄、学历、工作经验、薪资、已获奖惩等因子进行指标考核，以求取更多高技能的移民比例（吴瑞君和陈程，2020）。

（2）临时工作类签证政策

为了满足国内的科技人才需求，美国政府颁布了一系列临时工作类签证政策。主要有：H-1B签证、H-2A签证、L1签证、O1签证和TN签证。

H-1B签证：特殊专业人员/临时工作签证（specialty occupations/temporary worker visas）。H-1B签证是美国最主要的工作签证类别，该签证发放给美国公司雇用的外国籍的具有特殊专业技能的员工，属于非移民签证的一种。持有H-1B签证者可以在美国工作3年，然后，申请延长3年，有效期为6年，允许雇主给持有H-1B签证的海外人才申请办理永久居留权（绿卡）。主要对象是，建筑师、工程师、程序设计员、会计师、医生和大学教授（姬虹，2013）。

H-2A签证：在农忙季节时，美国劳动力会相对稀缺，因此，美国的农业雇主可以申请海外劳动力在美国进行临时性农业劳作。申请H-2A类签证，需要雇主提交I-129表（非移民劳动申请表）。

L1签证：L1签证是美国移民局对外国商人和外国专家到美国长期工作的入境许可之一。L1签证分为L-1A签证和L-1B签证两种。L-1A签证主要针对在美国分支机构的经理或主管，其在美国的居留期限最长可达7年；L-1B签证主要针对专业人员，其在美国的居留期限最长可达5年。L1签证持有人的家属可以在美国工作，子女享受美国免费教育福利。

第7章 国内外吸引海归高层次人才创新创业政策环境比较

O1 签证：O1 签证（individuals with extraordinary ability or achievement），发给有特殊能力或特殊成就的个人，称为"杰出人才签证"，是签发给在科学、艺术、教育、商业和体育领域具有非常的研究能力、突出贡献或受到国家、国际认可的杰出成就的海外人士，没有配额限制。申请人必须具备杰出才能，其美国雇主也必须能为其提供与其才能相符的工作。

TN 签证：TN 签证是专供北美自由贸易协定区内的各国公民使用的一类非移民工作签证，受益国公民为加拿大公民和墨西哥公民。TN 签证是美国、加拿大和墨西哥签订的北美自由贸易协定（NAFTA）的产物。美国政府为加拿大公民和墨西哥公民来美国工作给予适当便利。

（3）资助留学生政策

美国是全球高等教育事业最发达的国家之一。美国共有各类高等学校 3000 多所，近 2000 万名学生，据美国国际教育研究所统计，美国是全世界外国留学生最多的国家，全球有 1/3 的留学生在美国受教育，其中，中国留学生的比例超过 13%。[1] 数量庞大的留学生群体，是美国引入海外高层次人才的一个重要来源。美国能吸引并留住如此众多的海外留学生，除了其领先的高等教育、发达的经济水平和先进的科研水平外，与政府制定的完善的留学生资助政策是分不开的。

1946 年，美国政府推出了"富布莱特计划"，设立奖学金支持海外学生到美国学习、交流。美国政府多方面支持美国大学给留学生提供奖学金和助学金。例如，美国联邦政府、教育部、国家科学教育基金等国家政府部门设立的奖学金项目和助学金项目，吸引留学生来美国学习。政府鼓励各类基金会、社会团体、个人、双边机构和国际组织等设立奖学金项目，资助各国青年赴美留学。2007 年，美国专门建立了面向理

---

[1] 美国是全世界外国留学生最多的国家，https://www.sohu.com/a/129260674_554438.

工科博士的奖学金制度，以挽留优秀科技人才。

（4）通过优待政策吸引优秀人才

在国际高层次人才竞争白热化的情形下，经济实力雄厚的美国常常不惜重金吸引全球高层次优秀人才。美国很多高技术公司除了给予高薪外，还根据高科技人才工作的重要程度额外配给股票期权及配股。美国公司纷纷采用股票期权及配股等方式，对高科技人才每年额外配给股份，并规定一定时间内不准转卖。这既用股票留住了人才，又用股价激励了人才工作的积极性。高科技产品附加值看涨，许多公司的股票成倍甚至成几十倍地上涨，每天都有专家、工程师成为百万富翁。在硅谷企业工作的外籍高级工程师，占 1/3 以上。

另外，美国通过优良的科研环境和各种学术科研奖励吸引人才。例如，设立各种高额奖励、提供充足的科研经费、为科研人员营造良好的科研环境、配备一流的实验室等。

（5）充分利用中介机构挖掘海外人才

通过猎头引进人才，是当今世界争夺高层次人才的重要手段。据不完全统计，世界上 70% 的高层次人才通过猎头公司流动（鄢圣文，2012）。全球性的人才争夺战，为猎头业的大发展提供了良机。美国政府通过各种政策措施积极鼓励猎头产业发展，猎头产业成为美国政府介入全球人才战的有力手段（简淑蕾，2015）。美国政府将挖掘重点人才的任务委托给猎头企业，猎头企业积极建立海外高级人才库，并在全世界建立区域经营总部及办事机构，积极参与国际人才争夺（邱丹逸等，2018）。

（6）利用优质平台汇聚各方人才

美国建立了世界一流的职业社交平台，并将这些平台渗透于各个国家。如领英（LinkedIn）的会员数已超过 5 亿人。各国的优质人才可以在此平台上越过国际猎头，直接将个人信息数据化对接海外企业。平台经过长期扩张，已经形成一个具有市场秩序、可以直接进行交易和集聚的公共平台，甚至超过猎头公司的规模（高子平，2019）。随着全球人才争夺的白热化，美国还通过国际学术交流和科技合作吸引和利用国外人才，同时，也建立科研平台，吸引海外人才。如美国的国际空间站计划，已吸引83个国家超过2400位科学家参与（张波，2019）。

7.1.2 新加坡海外人才引进政策

在海外人才引进方面，新加坡也非常成功。新加坡是一个自然资源十分匮乏的小国，但其在建国后便迅速步入发达国家行列，连续多年被评为亚洲地区最有竞争力的国家之一。究其原因不难发现，"人才是立国之本"的政策贯穿始终，是新加坡经济社会发展的重要推动力之一。据统计，新加坡经济增长中有1/3是海外人才贡献的。[①]

新加坡引进高层次人才政策的理念是，以顶级薪酬吸引顶尖人才，千方百计吸引全球顶尖人才。新加坡政府不仅重视本国人才的培养和开发，而且，以丰厚的薪酬、待遇吸引海外高层次人才。[②]

（1）系统引进海外人才政策

新加坡制定了一系列完善的人才引进政策，形成了专业技术人员和技术移民计划、国外人才居住计划、减少就业障碍计划、外籍人士居留权计划、特殊移民计划，还有全球商业投资者计划（李政毅和何晓斌，2019）。

（2）放宽移民政策

为了吸引海外高层次技术人才，新加坡政府每年给予外国人约3万个名额申请成为新加坡永久居民，并允许部分海外人才加入新加坡籍，

---

① 新加坡怎样引进高端人才，https://www.sohu.com/a/322157043_100114158.
② 吴兆丽，王艳红．新加坡和印度延揽人才的做法及启示［J］．中国国情国力，2016（5）：65-68．

成为新加坡公民（孔娜，2012）。

吸引留学生来新加坡读书并留在新加坡工作，是新加坡政府吸引海外人才的一大重要举措。新加坡留学生毕业后，只要在新加坡找到工作就可以拿到就业准证。就业准证政策是全球本科及以上学历、有一定工作经历，在新加坡找到工作的海外人士的移居政策。海外人才拿到就业准证一年后，可以申请获得新加坡永久居住权。

为了进一步吸引海外高层次人才，2003年11月，新加坡政府实施商业入境证。有意向在新加坡创新创业的海外人才，可以凭借商业计划申请到新加坡留居。商业入境证持有者可以居留两年，并多次出入国境（邱丹逸等，2018）。

（3）减税免税优待政策

为了更好地吸引海外人才，新加坡制定了补助、减免税收等优惠政策（林宇等，2016）。新加坡明确规定：海外人才的各类支出，如交通、餐饮、住房等福利性支出可以享受减免税，公司招聘和培训海外人才等产生的费用，也可以享受一定的减免税收政策。新加坡实施非常低的税率。个人所得税率为3.5%~20%。企业所得税率为6%~17%（张波，2019）。政府规定范围内的企业研发活动开支，可享受400%的税额扣除。有关开支还可享受40%的政府现金补贴（袁永等，2017）。

（4）引进海外名校、名企政策

新加坡实施跨国公司和地区总部计划，实施《环球校园计划》，积极邀请国际知名大学来新加坡设立分校，如欧洲工商管理学院、美国耶鲁大学、芝加哥大学商学院等都在新加坡设有分校，吸引美国麻省理工学院、宾州大学建立人才培养中心，为培养当地人才和引进海外人才起到积极的作用。

实施跨国公司和地区总部计划，采用税收优惠政策，促进跨国公司

第 7 章　国内外吸引海归高层次人才创新创业政策环境比较

在新加坡设立地区总部（张波，2019），也为新加坡引进大量投资资金和优秀人才。

为吸引海外人才，对于新加坡公立院校的留学生，如果和新加坡政府签订毕业留新加坡工作3年协议，可以获得减免学费80%的优惠。

（5）通过创新网络平台汇聚海外高层次人才

为了宣传新加坡的人才政策，更好地招揽全球高层次人才，新加坡在全球各地设立9个"联系新加坡"联络处，负责海外宣传和招聘联络工作。国家猎头联络处搜集了全球高层次人才数据库，为新加坡有目的、按需引进海外高层次人才提供支持。在硅谷等海外著名创新集聚区，设立海外学院（娜琳和边文璐，2019）。

新加坡还定期举办"新加坡职业博览会"，在全球大城市巡回展出并现场招聘。新加坡建立了新加坡国际基金，资助海外高层次人才来新加坡访问。政府还与社会组织联合，共同参与人才引进，注重培养技术型人才和可塑型人才（吴兆丽和王艳红，2016）。

（6）设立专门的人才引进计划

新加坡培养的人才有1/3流向国外，为吸引国内人才和国外人才，新加坡政府制定了一系列人才计划，如"长期回国计划""临时国际化""外国学者访问计划"等。新加坡政府还去美国麻省理工学院、哈佛大学、英国牛津大学等海外优秀大学招募人才，在必要时也会利用股票期权等方式防止人才外流（熊汉宗，2013）。另外，新加坡将部分资金集中用于与企业合作，将科技成果转移，并联合国内外的研究机构、大学，拓宽人才渠道，降低进入门槛，以更好地吸收国内外科技人才（袁旭东，2009）。

7.1.3　澳大利亚海外人才引进政策

澳大利亚地广人稀，各地区间发展不平衡，为实现国家整体高质量发展，澳大利亚需要引入大量海外高层次人才。第二次世界大战后，澳大利亚政府颁布了《澳大利亚移民法》，对技术移民予以经济资助与扶持，引进众多海外高层次技术人才。据欧洲工商管理学院（INSEAD）等机构发布的2014年"全球人才竞争力指数"报告显示，澳大利亚的人才竞争力居于世界第9位，保留人才能力位居全球第4位。[①]

（1）技术移民政策

澳大利亚是最早实行技术移民政策的国家之一。每年由移民和边防管理局公布的最新《职业技术列表》和《统一担保职业列表》，以及相对应的积分评价体系和签证体系是澳大利亚技术移民政策的主要依据。申请人对照列表信息和技能评估情况填写相关个人信息。澳大利亚联邦用人单位根据需要在人才库中检索，发现匹配的人才后，可以邀请人才递交签证申请，经过担保、满足其他规定条件、获得足够积分后可正式递交签证申请，经移民和边防管理局审核通过后发放签证。

澳大利亚的技术移民采用打分制，对申请人按照一定标准进行综合评估，主要为品德、教育程度、家庭情况、技术水平、经济能力、语言能力等。澳大利亚技术移民倾向于信息技术（information technology，IT）行业的科技型人才（袁旭东，2009）。

（2）海外高层次人才引进政策

澳大利亚政府通过技术移民政策，促进澳大利亚创新计划。2018年3月，澳大利亚政府宣布设立新的全球人才计划（global talent stream，GTS）和南澳大利亚创新计划，旨在吸引高科技人才到澳大利亚创新创业（仪周杰，2018），每年发放5000名技术人才签证。[②] 政府设立了

---

① 程如烟.2014全球人才竞争力一览［J］.中国人才，2015，481（13）：58-59.
② 澳大利亚推出移民新政招揽海外高端人才，https://wenku.baidu.com/view/067e1dd274eeaeaad1f34693daef5ef7ba0d12d4.html.

第7章 国内外吸引海归高层次人才创新创业政策环境比较

"全球人才雇主担保计划（GTES）"，成为永久移民项目。根据政策，营业额达400万澳元的公司每年可获20个外国员工签证申请名额，科技领域、工程领域和数学领域的初创企业，每年的海外人才签证担保名额为5个。实施"全球人才独立计划（GTIP）"的项目，计划主要目标行业有农业技术、金融科技和量子计算等，旨在吸引高技能移民到澳大利亚工作。

（3）吸引留学生政策

澳大利亚教育系统仅次于美国、英国，排名世界第三，是全球公认的拥有世界上最先进、最创新的教育体系和培训体系的国家之一。目前，有来自全球200多个国家（地区）共50多万留学生在澳大利亚求学。澳大利亚提供给留学生的签证主要有三类：职业教育及培训签证、高等教育学生签证、研究类硕士及博士签证。吸引海外留学生，是澳大利亚引进海外高层次人才的重要手段。为吸引海外人才在澳大利亚就业，澳大利亚政府制定了毕业生临时签证，鼓励留学生毕业后留在澳大利亚居住、学习和工作；鼓励毕业生到偏远地区工作，出台地区技术担保签证，向偏远地区倾斜，持此签证居住两年、全职工作一年后可申请永久居留签证（仪周杰，2018）。

（4）加大海外人才支持力度

通过互联网发布海外高层次人才需求，鼓励国际猎头或各种关系介绍引进海外人才（仪周杰，2018）。政府加大对海外高层次人才的资助，提供科研人员人性化的福利机制、竞争性的工资机制、形式多样的奖励机制等。设立"卓越研究补助金"计划，吸引世界级研究人员和首席科学家到澳大利亚就业。政府鼓励政府职员、科研人员和商业人员之间开展多层次合作，成立合作研究中心计划（cooperative research centers program，CRC）（谭云，2008），鼓励合作研发，吸引各国优秀科研人才（刘小婧等，2016）。

7.2 国内政策环境比较研究——以上海市、广东省深圳市为例

为了吸引海归高层次人才回国创新创业,我国中央政府和地方政府相继出台了一系列政策。如中国人力资源和社会保障部颁布了"高层次留学人才回国资助计划""留学人员回国创业支持计划"等。各省(区、市)也相继颁布了一系列促进海外高层次人才引进的相关政策。如,北京市实施了"海聚工程"、上海市实施了"出入境聚英计划(2017~2021)"、广东省深圳市实施了"海外人才孔雀计划"。不同地区的海外高层次人才引进政策存在一定差异。如北京、上海两地在海归创新创业政策方面各有侧重。北京市注重创业氛围的积极营造,有关海归创业的政策在创业舆论环境与创业资源网络方面比较突出,而上海市比较务实,表现为上海市政府比较注重细分政策的具体制定。上海市有关海归创业的政策在简化创业流程、贷款担保优惠、鼓励风险投资、住房保障,以及税收优惠等多个方面比较具体,易于操作落实(陆成艺,2015)。本节重点关注上海市、广东省深圳市的海外高层次人才引进政策。

7.2.1 上海市海外高层次人才引进政策

据上海市人才服务中心数据,截至 2017 年,在上海市工作的外国人数量为 21.5 万人,占全国的 23.7%,居全国首位。常住上海市的外国专家达 9.3 万人,在上海市创业和工作的留学人员达 15 万余人(曹飞,2018),留学人员在上海市创办的企业达 5000 余家,注册资金共计

7.8亿美元（于淇，2019）。[①] 上海市引进海外高层次人才主要有以下六方面的经验。

(1) 成立海外高层次人才引进机构

上海市专门成立了海外高层次人才引进工作小组，并在市委组织部内设立上海市引进海外高层次人才工作专项办公室作为工作小组的日常办事机构，具体负责海外高层次人才引进工作。

2012年，上海市杨浦区启动了杨浦"3310"计划，旨在依托杨浦国家级海外高层次人才创新创业基地，通过实施三大工程、实现三大目标助力海外人才引进工作。实施"百千万"工程，实现标志性人才集聚的目标。至2020年，引进在专业领域拥有自主知识产权和科技成果的海内外高层次人才100名；引进电子信息、环保节能、现代设计、新材料、新能源、生物医药、金融服务等产业领域的海内外优秀人才1000名；引进各级、各类国际化人才10000名。[②]

另外，上海市推出与之相配套的十项政策：降低创业启动成本，提供资金担保与贴息，设立项目风投基金，建立风险补偿机制，实施财政扶持补助，加快落实引进人才的安居工程，优先安排医疗及子女教育，营造良好的学术环境，发挥政府采购导向作用，建立便捷、高效的服务平台。

(2) 制订海外高层次人才引进计划

2005年，上海市制定了《鼓励留学人员来上海工作和创业的若干规定》，2016年重新修订颁布，加大引进海外人才力度。

实施雏鹰归巢计划（2008），促进上海市汇聚海外各国知名学校归国博士、硕士以及各行业技术能人，覆盖经济、管理、电子、互联网、

[①] 上海市政府. 上海人才总量已超476万 本市慰问高层次人才和外国专家 [EB/OL]. http://www.shanghai.gov.cn/nw2/nw2314/nw2315/nw4411/u21aw1188825.html, 2017-1-6.

[②] 上海·杨浦国家级海外高层次人才创新创业基地"3310"计划, http://liuxue.haedu.cn.

数学、医疗等领域,快速地扩充了雏鹰归巢的数据库。

上海市不断完善海外高层次人才创新创业政策。2015年7月,上海市出台《关于深化人才工作体制机制改革促进人才创新创业的实施意见》,简称人才新政"20条"。上海市人力资源和社会保障局会同上海市外国专家局、上海市公安局共同颁布《关于服务具有全球影响力的科技创新中心建设、实施更加开放的海外人才引进政策的实施办法(试行)》[①],明确引进外籍高层次人才认定标准,简化外籍高层次人才办理永久居留证程序,试点为外籍高层次人才办理人才签证(R字签证)对长期在沪工作的外籍高层次人才等优先办理2~5年有效期的《外国专家证》、完善《上海市海外人才居住证》(B证)政策等。

浦江人才计划(2015)。浦江人才计划资助项目分为四类:科研开发(A类)、科技创业(B类)、社会科学(C类)以及特殊急需人才(D类)。申请者需满足一定条件,在经过组织专家评审后立项,双方签定合同,承担一定责任与义务。

高峰人才计划(2018)。上海市根据《上海加快实施人才高峰工程行动方案》提出"量身定制、一人一策"和"高峰人才全权负责制"等政策。该计划主要集中于生命医药、科学航天技术、计算机集成、智能制造等13个领域的人才,尤其针对在全国排名前5或世界排名前20的优质人才的招募。上海市将通过创新的机构、适宜的工作制度和完善的科学研究基地等条件来吸引各地人才。

(3)建立海外人才联络处

为了更好地引进海外高层次人才,及时沟通需求信息,上海市在美国、欧洲等20多个国家和地区设立了30余家海外人才联络站。同时,

---

① 关于服务具有全球影响力的科技创新中心建设 实施更加开放的海外人才引进政策的实施办法[EB/OL]. http://stcsm.sh.gov.cn/xwzx/zt/jsjyqqyxldkjcxzxpzc/rczc/20151109/0016-3446.html.

第 7 章　国内外吸引海归高层次人才创新创业政策环境比较

运用数据科学和云计算技术,建设全球高层次人才信息库,从全球 269 个领域近 3000 万高端人才中筛选出 10 万名高层次科技人才,建成高层次海外科技人才信息库,为精准引进海外高层次人才提供信息支撑(陈建新等,2018)。

(4) 利用互联网提升服务效率

2019 年 4 月,上海市开通浦东国际人才港和上海浦东自由贸易实验区外国人来华工作"一网通办"服务平台,实现外国人来华工作居留许可"一网通办""一表申请""一窗受理"和"一站服务"(上海市科学技术委员会,2019)。浦东国际人才港入驻了一批国内外知名的人力资源服务公司。服务领域涵盖人才招聘、猎头、薪酬、测评、培训等人力资源服务链的各个环节。一批人才配套服务公司已入驻,提供心理测评、就业、培训等服务(李阳,2019)。

将信息技术与人才引进相融合,提高了办事效率,成为吸引人才的特色。实行了留学回国人员落户受理业务网络和微信服务号在线预约。2018 年以来,上海市人才服务中心(含金融分中心)已通过网络办理海外人才落户业务 6300 余人。[①] 上海市人才服务中心金融分中心还开设了"店小二"专窗,采用"一机双屏"方式,为人才提供"精准、精细、精品"的专业化服务。

(5) 便利的出入境管理制度

上海市公安局出台《"上海出入境聚英计划"相关政策实施办法》。2018 年,中华人民共和国公安部和上海市政府共同推出了"上海出入境聚英计划(2017~2021)"。根据该计划,每年出台一批出入境政策在上海市先行先试,为顶尖科研团队外籍核心成员申请永久居留提供便利,允许外籍人才在"双自""双创"单位兼职创新创业,为外籍优秀

---

① 海归申请落户告别"现场排队抢号"市人才服务中心实行全网预约 [N]. 上海市人民政府官方网站,2018-05-13.

毕业生在沪创新创业提供长期居留、永久居留便利（钟雷，2018）。

上海市不断简化海外人员办理永久居住的程序，放宽了海外人员在上海留职的基础条件，如学历、工作经验等（邱丹逸等，2018）。

（6）自主的海外人才引进评估制度

上海在企业的人才引进方面主张高度自主权的用人机制，适当下放管理权限，提升用人单位的主体地位，如薪酬管理、评估体系、考核标准等，使用人标准和评估标准更适合海外人员，提高其多元性和融合性。在经过内部海外人员变动后，企业可自主更改其评判要素及评判标准，更侧重于技术、保障甚至个人品质，使改革与创新同步发生（朱莉和袁丹，2020）。

7.2.2 广东省深圳市海外人才引进政策

广东省深圳市是中国改革开放的窗口，市场机制比较发达、创新创业方兴未艾、新兴产业快速成长，是吸引海外高层次人才创新创业的宝地。每年有超过1.5万名外籍高层次人才在深圳市工作。截至2018年6月底，深圳市持有外国人工作证件（含《外国人工作许可证》《外国专家证》《外国人就业证》）的约1.6万人；深圳市累计引进留学生超过11万人，居全国第三；经评审纳入深圳市海外高层次人才"孔雀计划"的人数达到3638人（金朝阳，2018）。

（1）出台引进高层次人才政策法规

广东省深圳市提出对标国内、国际最高的人才标准，构建具有全球竞争力的人才体系。2017年，深圳市在全国率先颁布《深圳经济特区人才工作条例》，首次将人才工作实践上升到法律层面（陈建新等，2018）。以立法形式将每年的11月1日确立为人才日。具体包括"68条"人才新政，在人才培养、人才引进与人才流动、人才评价、人才激励、人才服务与人才保障等方面进行了规范。2018年，深圳市对标世界

第7章 国内外吸引海归高层次人才创新创业政策环境比较

一流,出台了《关于实施"鹏城英才计划"的意见》《关于实施"鹏城孔雀计划"的意见》,优化了人才政策服务体系(朱莉和袁丹,2020)。

(2)高层次人才税收优惠政策

在粤港澳大湾区工作的国内外短缺人才,将享受15%的个人所得税减免优惠。高端科技人才个人所得税15%,差额将由深圳市政府补齐(宋清辉,2019)。该政策将有效地缓解深圳市在人工智能、科技金融等尖端领域内的领军人才缺乏问题,解决产业应用核心技术和解决方案的研发团队严重不足的困境。

(3)高层次人才引进计划

①领航计划。深圳市南山区发布"领航计划",并设立了全国首个高端人力资源服务产业园。"领航计划"是南山区的区委、区政府着眼于"十三五"规划,布局深圳市"双中心"建设实施的一项重要的人才战略计划,包括支持人才创新创业、解决人才安居、优化服务环境三方面。人力资源服务产业园将引进一批国际猎头、高端人力资源服务机构,提供人力资源全链条服务,为产业领军企业精准猎取高端人才,为新创企业提供教育、培训、测评、咨询、认证、流程外包等服务。①

②"孔雀计划"(2010)重点围绕深圳市经济特区发展的战略目标,以推动高新技术、金融、物流、文化等支柱产业,培育新能源、互联网、生物、新材料等战略性新兴产业为重点,聚集一大批海外高层次创新创业人才和团队。纳入"孔雀计划"的海外高层次人才,可享受80万~150万元的奖励补贴,并享受留居和出入境、落户、子女入学、配偶就业、医疗保险等方面的优惠政策。世界一流团队给予最高8000万元的专项资助,并在创业启动、项目研发、政策配套、成果转化等方面给予支持。② 2020年,根据《深圳市高层次专业人才认定办法(试

---

① 深圳市南山区启动"领航计划"[N].光明日报,http://news.gmw.cn/2.
② 升级核心竞争力 深圳力胜"人才争夺战"[N].中国新闻网,http://www.gd.china.

行)》,深圳市进一步优化"孔雀计划",将海外归国人才分为A类(国家级领军人才)、B类(地方级领军人才)、C类(后备级人才)三类,并给予160万~300万不等的奖励资助。

③十大人才工程(2017)。即在基础设施、研究机构、科技专项、海外创新中心等十个方面展开行动,人才工程也是其中的重点行动对象。政府联合高校,借助师资力量创建高质量的人才队伍,同时,实施"院士引进工程""创新领军人才集聚工程"以及"优秀大学毕业生引进计划"等方案。

(4) 海外留学归国人员协会助力人才回归

深圳市海外留学归国人员协会成立于2013年,现有理事会成员200余人,正式会员人数超过1000人。据统计,目前在深圳市海外留学归国人员协会的会员,遍及美国、加拿大、澳大利亚、新西兰、英国、法国、德国、丹麦、西班牙、意大利、俄罗斯、日本、韩国、新加坡等国家。协会为深圳市引进高层次人才做出了积极贡献。

(5) 系列政策保障高层次海外人才

①科研配套资助。深圳市提供高层次人才学术研修津贴。根据会议级别和会议类型,给予不同补贴资助。认定的国内外高层次人才,每年可享受体检、疗养等待遇。

②发挥深圳市政府投资引导基金的引导作用,依托市属国有金融机构参股,并吸引社会资本和社会力量参与,设立规模约为80亿元的人才创新创业基金。

③生活待遇。在配偶就业方面,经认定的国内外高层次人才,按认定层次,其配偶就业分别以统筹安排、协调推荐等方式解决。

④子女入学。经认定的国内外高层次人才,按认定层次,其子女申请就读深圳市义务教育阶段学校和高中转学的,分别予以直接安排、就近入读公办学校(邱丹逸等,2018)。

(6) 通过驻海外高层次人才机构吸引人才

深圳市定期发布人才需求目录，招募海外高质量技术人才，如研究员、特聘教授等。在美国、日本、澳大利亚、欧洲均设立驻海外高层次人才联络处，通过交流对接，引进了一批海外高层次人才和项目。通过举办推介会和人才交流活动，成功引进"孔雀计划"团队。另外，深圳市还会通过本地的研究机构与国外的研究所合作研发、在海外建立分支机构和新的研发中心，海外机构入驻深圳市等，实现人才共享（张国，2019）。

7.3 主要经验与启示

7.3.1 制定海外人才引进政策

美国、新加坡、澳大利亚等发达国家是全球性的人才高地，汇集了世界各地的高层次创新人才。美国、新加坡和澳大利亚从20世纪开始便注重海外人才引进工作，美国的政策颁布最早可追溯到1921年。新加坡引进人才政策始于其建国之初，澳大利亚也紧随国际上的引才趋势，吸引了众多高层次海外人才的目光。率先实行海外人才引进政策，吸引高技能的全球人才到当地创新创业，对本国的经济发展都起到了积极的推动作用。

在国家宏观人才引进政策法规的基础上，注重地方政策建设与制度建设，根据国内外形势及时更新相关政策，尽可能地为海归高层次人才提供良好的创新创业环境，同时，为海归高层次人才提供工作、生活等便利与保障。一流的居住环境、高效的政府服务以及良好的国民素质，是引进高层次人才的关键因素。

7.3.2 建立海外人才信息库

建立海外高层次人才信息库。各国都非常重视国际高层次人才信息动态，建立国际人才信息库。如新加坡按需引进人才，通过国际猎头"联络点"，与所需海外高层次人才展开积极主动的互动，根据经济发展需要，有目标地引进海外高层次人才。加强国际间交流与合作，包括联合开展科研项目、跨国公司在海外设立分支机构等，都为引进高层次人才和先进技术打下扎实的基础。新加坡国家猎头联络处搜集了全球高端人才库并及时更新，为新加坡有目标地引进海外高层次技术人才提供支撑。

7.3.3 构建高端平台汇聚人才

各国都通过构建高端平台，吸引高层次海外人才；通过海外人才优惠政策，留住高层次人才。如美国国际空间站计划吸引了 83 个国家超过 2400 位科学家参与。美国通过优良的科研环境和各种学术科研奖励吸引人才，例如，设立各种高额奖励、提供充足的科研经费、为科研人员营造良好的科研环境、配备一流的实验室等。

吸引国外名校、名企入驻政策。制定优惠政策吸引世界范围内知名的高校、企业入驻本省（区、市），不仅可以通过知名高校和知名企业提升知名度，吸引海外人才，而且，通过知名高校和知名企业雄厚的科研能力和先进管理能力为当地培养人才。如新加坡积极邀请国际知名大学来当地设立分校，为新加坡培养了众多优秀的高科技人才。实施跨国公司和地区总部计划，利用特别税收优惠，吸引和鼓励跨国公司在新加坡设立地区总部。

7.3.4 充分发挥中介猎头机构作用

在人才竞争白热化的当代，各国都非常重视发展猎头产业，美国政府大力支持猎头产业发展,将猎头产业发展与国家人才战略结合,成为美国介入全球人才争夺战的有力手段。美国政府为淡化"国家猎头"身份,将挖掘重点人才的任务委托给猎头企业,猎头企业积极建立海外高级人才库,并在全世界建立区域经营总部及办事机构,积极参与国际人才争夺。新加坡在世界各地设立多处海外国家猎头"联络点",旨在宣传新加坡人才优惠政策与发展环境,以最大限度地招揽人才。新加坡还设立了专项补助资金资助国外人才来新加坡访问;在各国定期举办"职业博览会"进行现场招聘。

7.3.5 税收减免优惠政策

各国纷纷对海外高层次人才提供资助和税收优惠政策。新加坡为吸引海外人才,对于海外人才纳税方面有明确规定:海外人才的支出,包括薪酬、交通、餐饮、住房等福利待遇的支出均可以享受减免税。新加坡个人所得税率为3.5%~20%,企业所得税率为6%~17%。

7.3.6 构建海外人才交流网络

构建创新人才网络,是吸引全球高层次人才的有效渠道。新加坡经济发展局与人力资源部共同建立了"联系新加坡"网络,在全球多个国家(地区)设立分支机构,定期举办新加坡职业博览会、"体验新加坡"等活动,为新加坡在全世界引进高端人才提供支撑。

中国的上海市、广东省、深圳市分别在美国、日本、澳大利亚、欧洲设立驻海外高层次人才联络处,通过拓展网络、内外对接,成功引进一批海外高层次人才和项目。

第 8 章　结论与启示

8.1　研究结论

8.1.1　海归高层次人才发展演变

本书对中国海归高层次人才政策的发展演变进行了研究,以重大政策颁布的时间点作为分界点,将中国海归高层次人才的发展分为三个阶段,即初创发展阶段、快速发展阶段和转型发展阶段。

通过构建政策工具—创新创业过程二维框架,以浙江省海归人才政策为研究对象,研究发现:浙江省海归高层次人才政策数量增长迅速,从"十五"时期至"十三五"时期开局之年,政策数量呈明显上升趋势;政策发文主体较多,但协调性较弱,浙江省财政厅是重要的联合发文主体;从政策工具维度而言,供给类政策工具和环境类政策工具过溢、需求类政策工具偏少;在创新创业准备阶段,缺乏环境型政策工具;在创新创业起步阶段,缺乏供给型政策工具;在创新创业发展阶段,缺乏需求型政策工具。

8.1.2　长三角地区创新创业环境显著提升

本书基于全球创业观察模型,构建创新创业环境评价模型,采用来源于相关统计年鉴的数据(2007~2016年),运用熵权法对长三角地区的浙江省、江苏省和上海市的创新创业环境进行综合评价,研究表明:江浙沪三地创新创业环境综合指数呈现上升态势,江苏省位列第一、浙江省第二、上海市第三;分省(区、市)比较,江苏省和上海市商业环境和基础设施位列第一,浙江省研究开发与转移位列第一。

8.1.3 海归高层次人才满意度存在个体差异

本书以浙江省 11 个城市的 223 名海归高层次创新创业人才为研究样本,在区分创新、创业两类海归群体的基础上,分析了不同性别、年龄阶段、学历背景的海归高层次创新创业人才对浙江省创新创业政策制度的满意度差异。研究发现,年轻的海归高层次创业人才感知制度环境满意度最高,而年长的海归高层次创业人才感知制度环境满意度偏低。不同学历背景的海归高层次创业人才,对制度环境满意度差异不明显。海归高层次创业人才对规制性政策工具满意度最高,之后是规范性政策工具满意度,认知性政策工具满意度最低。女性海归高层次创业人才的制度满意度高于男性。

8.1.4 市场导向—技术导向不同均衡对海归创业企业绩效作用存在差异

本书基于浙江省 11 个城市共 156 家海归创业企业的调研问卷数据,通过运用 Mplus、AMOS、SPSS 等软件工具实证检验了海归创业企业市场导向—技术导向均衡、双重网络嵌入和创业绩效之间的关系和内在机制。研究发现,市场导向—技术导向匹配均衡,对海归创业企业绩效有显著的正向影响。市场导向—技术导向联合均衡,对海归创业企业绩效有显著的负向影响。市场导向—技术导向匹配均衡,对本地网络嵌入和海外网络嵌入均呈正相关关系。本地网络嵌入与海归创业绩效正相关。海外网络嵌入与海归创业绩效正相关。本地网络嵌入和海外网络嵌入在市场导向—技术导向匹配均衡与海归创业绩效间起中介作用。

8.2 完善海归高层次人才政策建议

通过对海归高层次人才创新创业政策的演变研究、海归高层次人才创新创业环境评估及对现行政策和人才满意度的调研分析，进一步比较国内外海归高层次人才政策，为激励海归高层次人才创新创业，基于政策工具视角，应该采取四项措施：（1）优化供给型政策工具结构，加大海外人才培养力度、资金投入力度和人才信息支持；（2）优化环境型政策工具内部组合，侧重于税收优惠工具和人才目标规划工具使用；（3）加大需求导向型政策工具的运用力度，充分发挥其直接拉动作用；（4）有针对性地制定符合创新创业阶段性特征的海外人才政策。

8.2.1 优化引进人才政策工具结构

1. 提高海归人才创新创业资金支持力度

政府加大对海归高层次人才创新创业前期资金扶持，设立专项财政资金，鼓励创新创业。税收优惠能最大限度地激发企业技术创新能动性，是促进技术创新发展、优化资源配置及加快产业结构转型升级的重要政策工具。政府要加大财税政策支持力度，聚焦减税降费，增加海归创业企业的内生活力，将减税方式从增加抵扣等间接减税向直接降低名义税率转变，特别是着力于降低企业所得税和增值税税率。同时，引导社会资本对创新创业投资的支持，鼓励银行等金融机构加大对新创企业的信贷支持。加大人才资助力度，推动创新创业。

2. 加大政府采购等需求政策力度

加大需求导向型政策工具的运用力度，充分发挥其直接拉动作用。

需求导向型政策工具着力于市场，对于完善市场机制、降低市场的不确定性以及激发中小企业创新活力的影响更为直接。海归人才涉及国内外知识、技术、人力资源的互动，海归人才机构等政策工具更加偏向于政府在海外设立或协助企业设立各分支机构，与海外人才政策目标非常吻合。政府应加大需求型政策工具的实施力度，推进人才事业从自服务阶段向与国际接轨的多元化阶段发展，拓宽引进高层次人才的渠道。

在"一带一路"倡议、"双一流"建设以及实施科技高端引领背景下，应通过积分体系建设、促进人才合理有序流动、完善人才搜索机制、创新人才招募和使用模式以及实现从"引"向"育"和"聚"并举的战略转型，构建一个与教育、科技和对外开放战略新格局精准匹配、具有国际竞争力的高端人才政策体系。

8.2.2 发挥创新创业平台的集聚作用

创新平台包括重点实验室、工程中心、公共实验室等，是优化和集成科技资源开展科技创新活动、推广科技成果的重要载体，也是创新人才集聚的关键平台。如美国有800多个国家实验室，汇集了约20万名科学家和工程师，承担了美国约1/6的科研任务。其中，美国的贝尔实验室汇集了11位诺贝尔奖科学家、4位图灵奖得主、16位美国最高科技奖得主，拥有3万多项专利，成为杰出创新人才的集聚地。

创业平台包括孵化器、产业园区、众包平台等载体，是集聚创业人才的重要平台载体。各国均高度重视科技孵化器的培育。据统计，美国高新技术企业经过孵化存活率可达75%，是未经孵化企业成功率的3倍，芬兰科技工业园区的孵化器使企业成活率提升至80%。

要注重创新创业孵化基地和平台建设。通过探索创新创业服务升级，吸引、培养一批具有国际影响力的创业孵化服务机构，强化创新创业投融资和创新创业展示两大核心功能。

加大人才硬件平台的建设力度，增强对海外人才创新创业的服务能力。加大对中小科技企业孵化器、海外留学人员创业园等平台建设投入，提供完善的基于创新链的创业孵化服务体系，吸引世界知名高校和企业投资产业、建立分支机构和研发中心。

同时，要团队式引进人才。突破引进单个人才的模式，加强对团队的引进，凭借技术、管理、市场等多方面经验的集成形成规模优势。

8.2.3 从政策优惠向制度创新引才战略转变

海归高层次人才政策，偏重关注创业者的福利性政策，缺乏对发展性政策的制定。

1. 营造良好的创新创业环境

建立健全市场机制，为创新创业主体提供法律法规保障，还应提供配套的公共服务政策。为了确保对引进人才用得好、留得住，需要从政策上加强创新创业环境建设。

鼓励科研机构聘请国际知名专家和学者担任负责人，促进科研机构与国际学术界接轨。

促进海归高层次人才流动。机关→事业单位→国有企业→非公有制企业的流动渠道相对较为宽松，但是，反向流动困难。深圳市调研发现，50%的海归高层次人才由事业单位引进。建立浙江省科技创新发展院，有利于高层次人才来浙江省创新创业，畅通其在事业单位之间的流动渠道。

为了重点吸引、支持高水平国际学术会议（学术组织）、专业论坛在深圳市举办或永久性落地，深圳市政府可给予最高300万元的资助。借鉴深圳市经验，地方政府可以出台相应政策，鼓励和支持国际高端学术会议在本地召开。

应建立信息研究机构，整合和优化配置国内外信息资源，发布技术

第 8 章　结论与启示

市场信息和国内外创新成果，为创新创业提供技术信息与市场信息。

制订海归人才融入计划。很多海外人才、留学归国人才在适应中国的语言、礼节文化、政治环境等方面都存在问题。应借鉴新加坡、印度的经验，专门制订海外人才融入计划，用政府购买服务方式委托专业机构开展语言培训、文化讲解，定期组织交流活动等。

2. 加强海归高层次人才培养

1）建议加大政府支持力度，加大对教育和培训的投入，加大研发投入，制定系列政策促进成果转移与转化，扩大开放程度。研究显示，人才培养政策工具采用较少，而海归高层次人才知识经验主要来自海外，急需中国背景下的创新创业相关知识，因此，对于海归高层次人才的培养显得非常必要。

2）推出学术交流补贴制度。为了给海归高层次人才提供良好的学术环境，新加坡提供由国家直接资助的出国交流深造的机会。2014 年，中国广东省深圳市颁布《关于印发深圳市高层次专业人才学术研修津贴制度实施办法的通知》，建议政府推出学术交流补贴制度，通过财政拨款，保证高层次人才一年能有几次国内外的学术交流机会，及时掌握尖端学术前沿理论。

应该进一步拓展多种渠道，并对引进的海归人才创业企业开展相适应的培训辅导，提高海归创业人员的综合能力和整体素质，促进创业企业可持续发展。提高创新人才软实力，使其在本土化竞争中占据核心优势，注重针对不同类型人才制定差异化的培养政策。

8.2.4　创新人才服务战略

1. 建立海归高层次人才信息库

（1）建立海归高层次人才信息库。建立健全人才引进信息平台，发布人才需求和人才引进规范要求，实现人才引进信息共享。建立海外人才工作站等联系网络，构建集信息存储、发布、联络于一体的海外人才数据库，掌握海外人才求学、工作和回国的意愿。绘制全球高层次人才分布地图。

（2）制定海归高层次人才需求清单，明确引进人才的需求结构，按需引才。应结合经济发展规划和需求，规划引进海归人才的需求结构。加大宣传推广力度，让海归高层次人才了解国内经济发展需要。与企业、高校、科研院所精准对接，深入调查企业人才需求，特别是在高端人才需求方面发布人才需求清单。

（3）优化海外人才引进结构。要通过调整人才引进结构，按需引进、逐步优化人才结构。目前，海归人才引进基本上集中在战略型高新技术产业，在经贸、金融、管理、中介服务等领域创业极少，应注重金融、管理、教育培训及商务信息等领域海外人才的引进，优化人才结构。

成立海归高层次人才研究院，定期发布紧缺人才清单，并制定相应的人才优惠政策。围绕经济社会发展需求，定期编制发布《高层次创新人才引进目录》，精准引才。

2. 在人才引进和人才评价中引入市场机制

（1）在人才评价主体多元化方面，深圳市发挥政府、市场、专业组织、用人单位等多元评价主体作用，建立多维度人才评价标准，建立高层次人才积分制认定办法，对人才进行综合量化评价。在人才评价主体社会化方面，上海市推进人才由体制内评价为主向市场主体评价为主转变，坚持在使用中评价，让市场主体评价，把人才评价权、使用权真正下放到市场，促进企业更好、更有效地使用创新人才资源。

（2）完善海归人才管理机制和评价机制。国际性人才的引进，应该遵循国际人才竞争规律。要避免政府引进渠道单一、行政主导过度，导致引才效率低的情况。

第 8 章 结论与启示

（3）建立合理的人才引进评估体系和绩效评估体系。借鉴新加坡等先进的经验，注重全面考察海外人才综合素质及其个人发展目标是否和区域发展目标一致。在海外人才筛选过程中，全面推动与国际人力资本相适应的市场化人才培养选拔机制，不仅针对申请者的个人经历和海外留学研究经历等科研工作能力进行选拔，还要注重综合能力与经验。在人才引进过程中，应该引入第三方评价机构，引入国外市场化程度高、公信力强的知名评估机构参与目标人选能力和潜力的评估，帮助政府和用人单位做好引进项目和人才的鉴别。

（4）同时，要加强对引进人才的考核和评估。借鉴广东省深圳市经验，制定《高层次专业人才任期评估办法（试行）》，由深圳市人力资源和社会保障部门负责高层次专业人才任期评估的组织管理工作。探索建立第三方专业机构和用人单位等市场主体，评价及考核引进人才。同时，加强对人才政策执行情况的跟踪，对人才政策落实情况和执行效果开展绩效评估，提高财政资金使用绩效。

8.2.5 重视人才服务中介机构建设

加大高端猎头机构引进培育力度。借鉴新加坡和日本均设有专门的吸引人才机构的经验，在全世界为国家寻找人才。鼓励国际知名猎头机构来国内设立分支机构。鼓励有条件的人力资源服务机构在国外建立分支机构，加强与国外人力资源服务机构合作。注意政府指导与市场作用相结合，要建立一批运作成熟的中介机构，改善海归人才引进中介服务，健全海归人才中介服务体系。

对于重点发展产业和紧缺人才，采取发达国家通用的"猎头公司"模式进行专业化追踪攻关。

建立海归人才联络机构体系。在美国、日本、欧洲等地设立海归高层次人才联络处，在美国硅谷设立海外创新创业人才引进中心。充分利用中国国际人才交流大会平台,促成众多海外高层次人才归国、引智项目落地。

通过跨国企业并购、在海外设立研发中心以及举办各类国际科技合作与学术交流活动等途径,推动引进海外高层次人才。

8.2.6 完善海归人才的后勤保障体系

完善海归科技人才的住房落户、子女教育、医疗保障等保障体系,让他们有一个理想的生活环境,安心科研,免去后顾之忧。

提高政府办事效率,为高层次人才办理人才确认、补贴申领、子女就学等提供免费的"一站式"服务。

大力支持企业积极引进高端人才,给予引进企业一定的政府补助。企业引进高端人才而产生的有关住房货币补贴、安家费、科研启动经费等费用,可依法列入成本核算。

在税收优惠方面。新加坡政府在创业当地招聘海外人才工作,实行减免税政策。中国四川省成都市颁布《成都市鼓励企业引进急需高层次人才暂行办法》,前3年按本人年度上缴个人所得税,市和区(市)县级收入部分全额给予奖励,后3年按本人年度上缴个人所得税,市和区(市)县级收入部分的70%给予奖励。中国浙江省规定,中科院院士等高端人才的政府津贴,浙江省政府颁发的奖金,海外高层次人才的住房补贴、探亲费、子女教育费和科技成果获奖人取得股份等免纳个人所得税。建议可以借鉴相关经验,制定对海外高层次人才实行个人所得税返还的优惠政策。

全球高端人才环流和共享态势已初步形成。中国应充分把握全球人才流动规律,进一步制定有针对性的人才引进、培育、使用措施,通过人才短期入境和合作研究等快捷灵活、成本与风险较低的人才流动新方式,吸收全球人才资源。借鉴印度"海外印度人卡"永久居留权计划,针对华裔人才开通更加便捷的引才渠道，集聚海外华裔高层次创新人才。

8.2.7 研究不足与研究展望

本书存在一些不足：第一，收集、遴选以及测量有关海归人才政策，笔者试图全方位、多渠道搜集政策，测量时与相关专家多次交流探讨，但仍可能存在有关人才政策的遗漏以及政策关键词不够全面等问题；第二，研究比较关注浙江以及长三角地区的海归人才政策，有一定区域局限性，研究结论能否推广到全国，尚有待进一步研究；第三，对海归高层次人才创新创业环境评价指标体系，尚有待进一步完善与修正；第四，海归高层次人才创新创业调查问卷尚有完善空间，调查样本数据偏少。

未来的研究可以扩展到对全国海归高层次人才政策以及各省（区、市）海归高层次人才政策的比较研究，使得研究样本更加全面，更能科学反映中国海归高层次人才政策的全貌。本书基于政策工具与创新创业过程的二维框架，未来还可以探索纳入其他维度，构建三维框架，对海归人才政策进行更深入的研究，为完善海归人才政策提供决策依据。

附录1　海归创新创业企业满意度调查问卷

您好！本问卷是浙江省科技厅软科学计划重点项目《浙江省海外高层次人才创新创业政策环境及其优化研究》的研究内容，旨在了解海归人才创新创业的满意度，为完善政策提高决策依据。调查仅做学术研究之用，请放心填写。感谢您的支持！

浙江理工大学经济管理学院

第一部分　满意度调查

序号	创新制度环境满意度	完全不同意	基本不同意	不确定	基本同意	非常同意
1	可以多渠道了解浙江省海归高层次人才引进政策	1	2	3	4	5
2	对浙江省的创新创业氛围感到满意	1	2	3	4	5
3	浙江省社会文化对海归高层次人才包容性较好	1	2	3	4	5
4	海归高层次人才在浙江的发展机会较多	1	2	3	4	5
5	在浙江省海归人才可以得到有效的培训学习	1	2	3	4	5
6	浙江能够提供与国际学术交流的机会	1	2	3	4	5
7	在浙江能够获得科研所需的经费支持	1	2	3	4	5
8	在浙江能够获得科研所需的实验设备	1	2	3	4	5
9	在浙江能够获得科研所需的信息资源	1	2	3	4	5
10	技术成果在浙江能够得到转化	1	2	3	4	5
11	浙江省的科技中介服务非常好	1	2	3	4	5
12	对海归高层次人才的职称晋升制度感到满意	1	2	3	4	5
13	对浙江省海归高层次人才激励政策感到满意	1	2	3	4	5
14	对浙江省海归高层次人才的子女教育政策感到满意	1	2	3	4	5
15	对浙江省海归高层次人才的住房政策感到满意	1	2	3	4	5
16	对浙江省海归高层次人才医疗服务感到满意	1	2	3	4	5
17	浙江省海归高层次人才的薪酬福利感到满意	1	2	3	4	5
18	对浙江省科技人才创新创业政策环境感到满意	1	2	3	4	5

续表

序号	创业制度环境满意度	完全不符合	基本不符合	不确定	基本符合	完全符合
A1	政府帮助科技人才创立新的企业（规制性维度）	1	2	3	4	5
A2	政府为新的小企业留出政府采购合同	1	2	3	4	5
A3	政府对于愿意创办企业的个人有特殊的鼓励政策	1	2	3	4	5
A4	政府一直资助帮助科技人才创办新企业的中介组织	1	2	3	4	5
A5	科技人才知道如何运用法律保护创办的企业	1	2	3	4	5
B1	创办新企业的人知道如何对付风险（认知性维度）	1	2	3	4	5
B2	创办新企业的人知道如何管理风险	1	2	3	4	5
B3	大多数人知道如何搜寻关于产品市场的信息	1	2	3	4	5
C1	将一个想法变成一个企业在浙江省是受到羡慕的（规范性维度）	1	2	3	4	5
C2	在浙江省，创新思维和创造性思维被看作成功的途径	1	2	3	4	5
C3	在浙江省，企业家受到羡慕	1	2	3	4	5
C4	浙江省人非常羡慕办企业的人	1	2	3	4	5

第二部分　基本信息填写（请在对应的□上打√）

1. 性别：□ 男　□ 女
2. 年龄：□ 29 岁及以下　□ 30~39 岁　□ 40~49 岁
　　　　□ 50 岁及以上
3. 文化程度：□ 专科及以下　□ 本科　□ 硕士　□ 博士
4. 工作单位：□ 高等院校　□ 科研院所　□ 国有企业
　　　　　　□ 民营企业　□ 政府部门　□ 其他
5. 职位：□ 办事员　□ 技术骨干　□ 中层管理者　□ 高层管理者
　　　　□ 企业法人/合伙人
6. 海外学习或工作时间：□ 1~3 年　□ 4~6 年　□ 7~9 年
　　　　　　　　　　　□ 10 年及以上

本次问卷到此结束，感谢您的合作与支持！

如您对本次调查感兴趣，请留下邮箱地址。

附录2 海归创新创业企业调查问卷

本问卷是浙江省科技厅软科学计划重点项目《浙江省海外高层次人才创新创业政策环境及其优化研究》的研究内容，旨在了解海归人才创新创业的满意度及创业绩效影响机制，为完善政策提高决策依据。调查仅做学术研究之用，请放心填写。再次感谢您的支持！

浙江理工大学经济管理学院

第一部分 战略导向、网络嵌入和创业绩效

序号	题项描述	完全不符合	基本不符合	不确定	基本符合	完全符合
MOG1	本企业努力理解顾客需求，并寻求满足之道	1	2	3	4	5
MOG2	本企业以获取顾客满意为经营目标	1	2	3	4	5
MOG3	本企业系统而周期性地对顾客满意进行评估	1	2	3	4	5
MOG4	本企业十分重视售后顾客服务	1	2	3	4	5
MOJ1	销售人员能够有效分享竞争者信息	1	2	3	4	5
MOJ2	本企业能对竞争者行为做出快速回应	1	2	3	4	5
MOJ3	高层管理人员经常讨论竞争者的战略	1	2	3	4	5
MOJ4	主要竞争者市场行为是企业行动的重要依据	1	2	3	4	5
MOK1	本企业各部门间能有效分享市场信息	1	2	3	4	5
MOK2	所有职能部门共同致力于顾客价值创造	1	2	3	4	5
MOK3	不同业务部门间能够有效分享各类资源	1	2	3	4	5
MOK4	本企业市场竞争战略由各个部门共同制定	1	2	3	4	5
TOJ1	本企业认为新产品技术领先尤其重要	1	2	3	4	5
TOJ2	本企业努力成为行业内较早应用新技术的产品提供商	1	2	3	4	5
TOJ3	本企业致力于全面掌握产品核心技术	1	2	3	4	5

续表

序号	题项描述	完全不符合	基本不符合	不确定	基本符合	完全符合
TOJ4	本企业努力使产品生产工艺在行业中处于领先水平	1	2	3	4	5
TOC1	本企业使产品功能多样化,以满足顾客更多需求	1	2	3	4	5
TOC2	本企业在产品设计中充分运用自动化与工程设计技术	1	2	3	4	5
TOC3	本企业在产品开发中充分利用外部资源,提高研发效率	1	2	3	4	5
NEB1	本企业与本地政府职能部门的交流频繁	1	2	3	4	5
NEB2	本企业与本地风投金融机构的关系密切	1	2	3	4	5
NEB3	本企业与本地中介服务机构的关系密切	1	2	3	4	5
NEB4	本企业与本地研发机构的关系密切	1	2	3	4	5
NEB5	本企业与行业其他企业的关系密切	1	2	3	4	5
NEH1	本企业与海外业务伙伴的关系密切	1	2	3	4	5
NEH2	本企业与海外供应商的关系密切	1	2	3	4	5
NEH3	本企业与海外市场客户的关系密切	1	2	3	4	5
NEH4	本企业与海外中介服务机构的关系密切	1	2	3	4	5
NEH5	本企业与海外高校/研发机构的关系密切	1	2	3	4	5
	贵公司创业绩效三年来……	很低	低	一般	高	很高
EP1	贵企业新业务(新产品、新技术、新市场)发展很快	1	2	3	4	5
EP2	贵企业市场份额增长速度很快	1	2	3	4	5
EP3	贵企业利润率保持很高水平	1	2	3	4	5
EP4	贵企业员工数量增长很快	1	2	3	4	5
EP5	贵企业主营业务保持很高的市场占有率	1	2	3	4	5

第二部分 企业基本信息(请在对应的□上打√)

1. 本企业名称:_____

2. 本企业成立时间: □1~3年 □4~6年 □7~8年
   □8年以上

3. 本企业员工人数: □20人以下 □20~50人 □51~100人
   □101~300人 □300人以上

4. 本企业所属行业：☐ 高新技术行业　☐ 其他

5. 资产规模：☐ 200 万元以下　☐ 200 万~500 万元

　　　　　　☐ 501 万~1000 万元　☐ 1001 万~3000 万元

　　　　　　☐ 3000 万元以上

第三部分　本人基本信息填写（请在对应的☐上打√）

1. 您的性别：☐ 男　☐ 女

2. 您的文化程度：☐ 本科及以下　☐ 硕士　☐ 博士

3. 您的职位：☐ 技术骨干　☐ 基层管理者　☐ 中、高层管理者

　　　　　　☐ 企业法人/合伙人

4. 您所在公司是否有海归（海归是指，在海外工作或学习至少一年的归国人员）：☐ 是　☐ 否

──────────── 分割线 ────────────

本次问卷到此结束，感谢您的合作与支持！

如您对本次调查感兴趣，请留下邮箱地址。

附录3　偏差校正Bootstrap法中介效应检验的Mplus程序

TITLE：11111
DATA：FILE IS" C：\ Users \ Desktop \\ Mplus 数据库 \ Mplus 数据库.csv"；

VARIABLE：NAMES ARE PJ LJ NEB1 – NEB5 NEH1 – NEH5 EP1 – EP5；
USEVARIABLES ARE PJ LJ NEB1 – NEB5 NEH1 – NEH5 EP1 – EP5；

ANALYSIS：
TYPE IS GENERAL；
ESTIMATOR IS ML；
BOOTSTRAP = 1000；

MODEL：M1 BY NEB1 – NEB5；
　　　M2 BY NEH1 – NEH5；
　　　EP BY EP1 – EP5；
　　　EP ON PJ（c1）；
　　　EP ON LJ（c2）；
　　　EP ON M1（b1）；
　　　EP ON M2（b2）；
　　　M1 ON PJ（a1）；

M2 ON PJ (a2);
M1 ON LJ (a3);
M2 ON LJ (a4);

MODEL CONSTRAINT: NEW (a1b1 a2b2 a3b1 a4b2 totalind1 totalind2 total1 total2);

a1b1 = a1 × b1;
a2b2 = a2 × b2;
a3b1 = a3 × b1;
a4b2 = a4 × b2;
totalind1 = a1 × b1 + a2 × b2;
totalind2 = a3 × b1 + a4 × b2;
total1 = a1 × b1 + a2 × b2 + c1;
total2 = a3 × b1 + a4 × b2 + c2;

OUTPUT: STAND CINT (bcbootstrap)

参考文献

[1] 白彬，张再生．基于政策工具视角的以创业拉动就业政策分析——基于政策本的内容分析和定量分析［J］．科学学与科学技术管理，2016，37（12）：92-100．

[2] 鲍明飞．海外人才政策变迁的逻辑及内在价值研究［D］．上海：上海交通大学，2019．

[3] 蔡莉，崔启国，史琳．创业环境研究框架［J］．吉林大学社会科学学报，2007（1）：50-56．

[4] 蔡莉，单标安，周立媛．新创企业市场导向对绩效的影响——资源整合的中介作用［J］．中国工业经济，2010（11）：77-86．

[5] 曹飞．上海注重人才引进 成海外人才眼中的"东方明珠"［N］．中共中央统一战线工作部官方网站，2018-03-12．

[6] 曹明．基于GEM模型的中日创业环境比较研究［J］．厦门理工学院学报，2007，15（2）：67-72．

[7] 曹霞，王洋洋，程逸飞．高层次创造性人才队伍建设政策机制效果评价的指标体系［J］．科技与经济，2010（1）：71-74．

[8] 曹钰华，袁勇志．我国区域创新人才政策对比研究——基于政策工具和"系统失灵"视角的内容分析［J］．科技管理研究，2019，39（10）：55-65．

[9] 曾萍，邬绮虹，蓝海林．政府的创新支持政策有效吗？——基于珠三角企业的实证研究［J］．科学学与科学技术管理，2014，35

(4): 10-20.

[10] 陈建新, 陈杰, 刘佐菁. 国内外创新人才最新政策分析及对广东的启示 [J]. 科技管理研究, 2018, 38 (15): 59-67.

[11] 陈健, 柳卸林, 邱姝敏等. 海归创业的外来者劣势和知识资本的调节作用 [J]. 科学学研究, 2017, 35 (9): 1348-1358.

[12] 陈玲, 王晓丹, 赵静. 发展型政府: 地方政府转型的过渡态——基于沪、苏、锡的海归创业政策案例调研 [J]. 公共管理学报, 2010, 7 (3): 47-51.

[13] 陈松. 关于人才引进工作的实践与思考——以杭州市余杭区为例 [J]. 经营与管理, 2019 (8): 45-52.

[14] 陈天, 赵旭. 市场、技术导向与产品开发实证关系研究——基于中小制造企业吸收能力的观察 [J]. 社会科学论坛, 2017 (8): 219-232.

[15] 陈巍. 创业者个体因素对创业倾向的影响: 感知环境宽松性的中介作用 [D]. 长春: 吉林大学, 2010.

[16] 陈晓萍, 徐淑英, 樊景立. 组织与管理研究的实证方法 [M]. 北京: 北京大学出版社, 2012.

[17] 陈怡安. 我国人才创新创业环境测算与评价——基于31个省份的实证 [J]. 经济体制改革, 2015 (5): 29-35.

[18] 程华, 钱芬芬. 政策力度、政策稳定性、政策工具与创新绩效——基于2000—2009年产业面板数据的实证分析 [J]. 科研管理, 2013, 10: 103-108.

[19] 程华, 王婉君. 我国创新政策的演变——基于政策工具的视角 [J]. 未来与发展, 2011, 34 (9): 16-19.

[20] 初军威. 我国科技人才队伍结构性问题分析与政策建议 [J]. 科学学研究, 2007, 24 (A02): 399-407.

参考文献

[21] 程华，娄夕然. 海外高层次人才创新创业政策研究：政策工具与创新创业过程视角[J]. 科技进步与对策, 2019, 36（21）：141-147.

[22] 褚睿刚. 环境创新税收政策解构与重构：由单一工具转向组合工具[J]. 科技进步与对策, 2018, 35（10）：107-114.

[23] 崔巍. 浙江省海外高层次人才引进存在的问题及对策研究[D]. 西安：西北大学, 2019.

[24] 崔源. 我国海外人才回流现状、问题及对策研究[D]. 济南：山东大学, 2010.

[25] 戴郁静."海归"回国创业中的地方政府支持研究[D]. 长沙：湖南大学, 2013.

[26] 邓新明，熊会兵，李剑峰等. 政治关联、国际化战略与企业价值——来自中国民营上市公司面板数据的分析[J]. 南开管理评论, 2014, 17（1）：26-43.

[27] 杜红亮，任昱仰. 新中国成立以来中国海外科技人才政策演变历史探析[J]. 中国科技论坛, 2012, 3：18-23.

[28] 段利民，杜跃平. 创业环境对大学生创业意愿的影响：兼对GEM模型的再检验[J]. 技术经济, 2012, 31（10）：64-70, 97.

[29] 方杰，张敏强，李晓鹏. 中介效应的三类区间估计方法[J]. 心理科学进展, 2011, 19（5）：765-774.

[30] 方杰，张敏强，邱皓政. 中介效应的检验方法和效果量测量：回顾与展望[J]. 心理发展与教育, 2012, 28（1）：105-111.

[31] 方曦. 创业导向、创业行动学习与创业绩效的关系研究[D]. 西安：西北大学, 2018.

[32] 菲利普. 科特勒，梅清豪（译）. 营销管理[M]. 上海：上海人民出版社, 2003.

[33] 封铁英. 科技人才评价现状与评价方法的选择和创新[J].

科研管理, 2008 (zl): 30-34.

[34] 冯江涛. 供需平衡视角下的大学生创新创业政策满意度评估研究 [D]. 天津: 天津工业大学, 2018.

[35] 高金浩, 白敏植. 国外高层次创新型人才开发政策综述 [J]. 河北学刊, 2001, 21 (6): 121-125.

[36] 高子平. 中美竞争新格局下的我国海外人才战略转型研究 [J]. 华东师范大学学报 (哲学社会科学版), 2019, 51 (3): 125-132, 176.

[37] 顾承卫. 新时期我国地方引进海外科技人才政策分析 [J]. 科研管理, 2015 (sl): 272-278.

[38] 顾瑀佶. 大学生创业影响因素及促进对策的研究 [D]. 南京: 南京理工大学, 2017.

[39] 顾勇, 何会涛, 柳卸林. 海外高层次人才在华创业成长障碍分析及对策研究——以苏州国际精英创业周为例 [J]. 工业技术经济, 2013 (10): 23-31.

[40] 关孔春. 基于政策工具视角下的国家中心城市发展政策分析 [J]. 智富时代, 2019 (9).

[41] 关守义. 克龙巴赫 α 系数研究述评 [J]. 心理科学, 2009 (3): 685-687.

[42] 桂润楠. 我国归国海外高层次人才现状调查与对策研究 [D]. 合肥: 中国科学技术大学, 2014.

[43] 郭元源, 陈瑶瑶, 池仁勇. 城市创业环境评价方法研究及实证 [J]. 科技进步与对策, 2006 (2): 141-145.

[44] 海归申请落户告别"现场排队抢号"市人才服务中心实行全网预约 [N]. 上海市人民政府官方网站, 2018-05-13.

[45] 何会涛, 袁勇志. 海外人才创业双重网络嵌入及其交互对创

业绩效的影响研究［J］．管理学报，2018（1）：66-73.

［46］何会涛，袁勇志．海外人才跨国创业研究现状探析与未来展望——基于双重网络嵌入视角［J］．外国经济与管理，2012，34（6）：1-8.

［47］何会涛，袁勇志．双维市场导向、本地网络嵌入与海外人才在华创业绩效研究［J］．科技进步与对策，2019，36（1）：105-114.

［48］贺翔．基于主成分分析的宁波"海归"高层次人才创业环境评价［J］．宁波大学学报：人文科学版，2015，28（6）：90-95.

［49］贺翔．地方政府助力"海归"高层次人才的企业突破创业期瓶颈之对策研究——以宁波市为例［J］．科研管理，2018，39（6）：30-36.

［50］侯佳薇，柳卸林，陈健．海归创业网络、资源获取与企业绩效的关系研究［J］．科学学与科学技术管理，2018（1）：168-180.

［51］胡洪浩．海归创业研究前沿与展望［J］．科技进步与对策，2014（17）．

［52］胡威，刘松博．我国科技人才人力资源管理体系研究［J］．科技进步与对策，2014（7）：142-147.

［53］黄萃，任弢，李江，赵培强，苏竣．责任与利益：基于政策文献量化分析的中国科技创新政策府际合作关系演进研究［J］．管理世界，2014（12）：68-81.

［54］黄海刚，曲越．中国高端人才政策的生成逻辑与战略转型：1978—2017［J］．教育科学文摘，2018（3）：5-6.

［55］黄海刚，曲越．中国高端人才政策的生成逻辑与战略转型：1978-2017［J］．华中师范大学学报（人文社会科学版），2018（57）4：181-192

［56］黄颖．上海市引进海归人才政策调查与评价［J］．人才开

发，2009（12）：50-54.

［57］ISO 9000：2000 质量管理体系——基础和术语，2002.

［58］姬虹. 美国技术移民与人才引进机制研究［J］. 美国研究，2013（3）：89-109.

［59］简淑蕾. 从成功到成功：解读现代猎头思维新视角［J］. 改革与开放，2015（5）：63-64.

［60］简兆权，黄如意，王晨. 市场导向、组织学习与服务创新绩效关系的实证研究［J］. 科技管理研究，2018，38（5）：142-152.

［61］姜舒雅. 基于网络内容分析法的杭州旅游目的地感知形象及其提升策略研究［D］. 杭州：浙江工商大学，2015.

［62］蒋来. 长三角地区海外高层次人才引进政策比较及建议［J］. 今日科技，2015（4）：55-56.

［63］解学梅，左蕾蕾. 企业协同创新网络特征与创新绩效：基于知识吸收能力的中介效应研究［J］. 南开管理评论，2013，16（3）.

［64］金朝阳. 我国引进海外人才工作存在的问题及对策建议［J］. 决策探索，2018，10（下）：17-18.

［65］柯桥：积极推动产业转型升级 培育打造国际纺织之都［J］. 今日科技，2019（2）：36-37.

［66］科技文献出版社编. 国家中长期科技人才发展规划（2010-2020 年）［M］. 北京：科学技术文献出版社，2011.

［67］"孔雀计划"让深圳再塑海外人才引进新优势［J］. 领导决策信息，2013（1）：18-19.

［68］孔娜，韩国. 新加坡引进高层次人才战略现状分析及对我国的启示［J］. 科技信息，2012（14）：83-84.

［69］拉里·法雷尔. 创业新时代：个人、企业与国家的企业家精神［M］. 北京：机械工业出版社，2014.

[70] 李北柿，朱丽娜．国外中小企业技术创新社会化服务体系及启示［J］．通化师范学院学报，2010（3）：44-52．

[71] 李恩平，杨丽．发达国家引进高科技人才政策的比较及启示［J］．经济论坛，2010（6）：50-52．

[72] 李怀祖．管理研究方法论（第2版）［M］．西安：西安交通大学出版社，2004．

[73] 李杰义，曹金霞，刘裕琴．双重网络嵌入性、吸收能力对创新绩效的影响研究——基于258家跨国制造企业的面板数据［J］．华东经济管理，2018，32（3）：134-140．

[74] 李杰义，刘裕琴，曹金霞．海外网络嵌入性、国际学习对国际化绩效的影响——东道国制度环境的调节效应［J］．科技进步与对策，2018，35（5）：106-112．

[75] 李丽莉．改革开放以来我国科技人才政策演进研究［D］．长春：东北师范大学，2014．

[76] 李玲，党兴华，贾卫峰．网络嵌入性对知识有效获取的影响研究［J］．科学学与科学技术管理，2008，29（12）：97-100．

[77] 李其荣，倪志荣．当今世界人才争夺战的最大赢家——美国人才引进战略及对我国的启示［J］．人民论坛·学术前沿，2012（8）：46-53．

[78] 李乾文，蔡慧慧．海归创业研究现状与未来研究方向探析［J］．南京审计大学学报，2016，13（5）：30-36．

[79] 李巍．战略导向均衡对产品创新与经营绩效影响研究［J］．科研管理，2015，36（1）：143-151．

[80] 李霞，戴胜利，肖泽磊．基于"政策—规范—认知"模型的大学生创新创业制度研究［J］．教育发展研究，2016（3）：72-78．

[81] 李旭红，胡伟伟，刘耀东，孙然．引进高层次人才来苏的财政

政策环境与策略探讨［J］. 江苏科技信息，2019，36（20）：19-21，25.

［82］李雪灵，马文杰，任月峰，姚一玮. 转型经济下我国创业制度环境变迁的实证研究［J］. 管理工程学报，2011，25（4）：186-190.

［83］李阳."上海式"服务引五湖四海人才［N］. 新华网，2019-4-23.

［84］李颖，赵文红，周密. 政府支持、创业导向对创业企业创新绩效的影响研究［J］. 管理学报，2018，15（6）：847-855.

［85］李永刚. 高校海外高层次人才文化适应的挑战与路径探讨［J］. 高校教育管理，2016，10（2）：40-46.

［86］李永周，高楠鑫，易倩等. 创新网络嵌入与高技术企业研发人员创新绩效关系研究［J］. 管理科学，2018，31（2）：3-19.

［87］李政毅，何晓斌. 新加坡面向创新驱动型经济的人才政策经验与启示［J］. 社会政策研究，2019（3）：130-138.

［88］廖中举，吴道友，程华. 人口背景特征、制度性因素与科技人才收入满意度——基于高校、科研院所与企业的对比研究［J］. 科学学研究，2013，31（6）：27-28.

［89］廖中举，黄超，程华. 基于共词分析法的中国大学生创业政策研究［J］. 教育发展研究，2017，37（1）：79-84.

［90］廖中举等. 区域科技人才创新环境评价及其影响因素研究——以浙江省为例［J］. 统计科学与实践，2013（2）：19-21.

［91］林嵩，刘震. 战略导向文献综述与研究展望［J］. 科技管理研究，2015，35（5）：240-244.

［92］林宇，何舜辉，王倩倩等. 新加坡创新型城市的发展及其对上海的启示［J］. 世界地理研究，2016，25（3）：40-48.

［93］刘凤朝，马荣康. 公共科技政策对创新产出的影响——基于印度的模型构建与实证分析［J］. 科学学与科学技术管理，2012，33

(5): 5-14.

[94] 刘凤朝, 孙玉涛. 我国科技政策向创新政策演变的过程, 趋势与建议——基于我国 289 项创新政策的实证分析 [J]. 中国软科学, 2007 (5): 34-42.

[95] 刘茂才. 人才学辞典 [M]. 成都: 四川省社会科学院出版社, 1987.

[96] 刘炜. 海南省侨资企业创业制度环境满意度评价研究 [D]. 海口: 海南大学, 2017.

[97] 刘霞玲. 激励中小企业技术创新的税收政策研究 [J]. 学术论坛, 2009, 32 (11): 71-74.

[98] 刘小婧, 林继扬, 吴华刚. 福建省科技创新创业人才队伍建设的对策研究 [J]. 甘肃科技纵横, 2016, 12 (2): 35-38.

[99] 刘新燕, 刘雁妮, 杨智, 万后芬. 构建新型顾客满意度指数模型——基于 SCSB、ACSI、ECSI 的分析 [J]. 南开管理评论, 2003 (6): 52-56.

[100] 刘宇. 企业家导向、市场导向、产品创新与企业绩效的关系研究 [D]. 长春: 吉林大学, 2009.

[101] 刘忠艳, 赵永乐, 王斌. 1978—2017 年中国科技人才政策变迁研究 [J]. 中国科技论坛, 2018 (2): 136-144.

[102] 刘资媛. 顾客满意度影响因素的理论分析及实证研究 [D]. 长沙: 湖南大学, 2005.

[103] 刘佐菁, 江湧, 陈敏. 广东近 10 年人才政策研究——基于政策文本视角 [J]. 科技管理研究, 2017, 37 (5): 38-42.

[104] 娄伟. 我国高层次科技人才激励政策分析 [J]. 中国科技论坛, 2005 (6): 139-143.

[105] 娄伟. 中国科技人才培养政策体系分析 [J]. 科学学与科

学技术管理，2004（12）：109-113.

［106］卢文娟．人才政策与人才集聚相关问题研究分析［J］．现代商业，2019（8）：167-168.

［107］陆成艺．京沪海归创业政策的比较［D］．上海：华东师范大学，2015.

［108］罗瑾琏，李思宏．科技人才价值观认同及结构研究［J］．科学学研究，2008，26（1）：73-77.

［109］骆方，张厚粲．使用验证性因素分析检验测验的多维性的实验研究［J］．统计研究，2006，23（4）：76-79.

［110］马费成，夏义堃．我国政府信息服务的现状与创新［J］．图书情报工作，2003（12）：19-23.

［111］毛黎．美国：成功的人才引进政策［J］．国际人才交流，2009（3）：11-12.

［112］缪晓越，孙艺文．基于GEM模型的东北地区创业环境分析［J］．管理观察，2018（17）：96-98.

［113］倪自宏．杭州国际人才交流大会的特点及启示［J］．江南论坛，2019（2）：15-16.

［114］宁甜甜，张再生．基于政策工具视角的我国人才政策分析［J］．中国行政管理，2014（4）：82-86.

［115］彭华涛．市场导向、政策导向对传统产业中企业二次创业路径选择的作用机理研究［J］．科研管理，2018（5）：56-66.

［116］彭纪生，仲为国，孙文祥．政策测量，政策协同演变与经济绩效：基于创新政策的实证研究［J］．管理世界，2008（9）：25-36.

［117］彭伟a，唐康丹，符正平．组织双元性视角下海归创业企业战略导向与双重网络嵌入关系研究［J］．管理学报，2017，14（11）：1662-1671.

[118] 彭伟 b，朱晴雯，符正平．双重网络嵌入均衡对海归创业企业绩效的影响［J］．科学学研究，2017，35（9）：1359-1369．

[119] 邱丹逸，袁永，胡海鹏，王子丹．国内外建设创新人才高地的经验与启示［J］．科技与创新，2018（8）：1-5．

[120] 任胜钢，曾慧，董保宝．网络跨度与信任的交互效应对创业绩效影响的纵向案例研究［J］．管理学报，2016，13（4）：473-482．

[121] 上海市科学技术委员会（上海市外国专家局）．上海浦东国际人才港开港［J］．国际人才交流，2019（6）．

[122] 上海市政府．上海人才总量已超476万本市慰问高层次人才和外国专家［EB/OL］．http：//www.shanghai.gov.cn/nw2/nw2314/nw2315/nw4411/u21aw1188825.html，2017-1-6．

[123] 尚航标，田国双，黄培伦．海外网络嵌入、合作能力、知识获取与企业创新绩效的关系研究［J］．科技管理研究，2015，35（8）：130-137．

[124] 申峥峥，张玉娟，于怡鑫．上海科技人才政策文本分析［J］．情报工程，2018，4（1）：89-100．

[125] 盛亚，朱柯杰．创新失灵与政策干预理论研究综述［J］．科技进步与对策，2013，30（12）：157-160．

[126] 石秀华．美欧科技人才队伍建设经验及对湖北的启示［J］．科技进步与对策，2011，28（24）：187-189．

[127] 宋晶，陈菊红，孙永磊．双元战略导向对合作创新绩效的影响研究——网络嵌入性的调节作用［J］．科学学与科学技术管理，2014（6）：102-109．

[128] 宋清辉．深圳应把抢人才和基础教育发展并列看待［J］．中国商界，2019（8）．

[129] 孙常辉．区域创新创业生态环境研究［J］．合作经济与科

技，2018（20）：91-95.

[130] 孙骞，欧光军.双重网络嵌入与企业创新绩效——基于吸收能力的机制研究［J］.科研管理，2018，39（5）：69-78.

[131] 孙琪.大连市海外归国学子创业环境研究［D］.大连：东北财经大学，2011.

[132] 孙永磊，宋晶，谢永平.企业战略导向对创新活动的影响——来自苹果公司的案例分析［J］.科学学与科学技术管理，2015（2）：101-110.

[133] 孙瑜.海外人才回流上海的模型构建和政策分析［D］.大连：大连理工大学，2007.

[134] 谭慈.重庆市S区高层次创新创业人才政策执行的满意度研究［D］.重庆：重庆大学，2017.

[135] 谭云.澳大利亚的国际人才战略［J］.国际人才交流，2008（10）：48-49.

[136] 陶秋燕，孟猛猛.网络嵌入性、技术创新和中小企业成长研究［J］.科研管理，2017（S1）：523-532.

[137] 田永坡，蔡学军，周姣.高科技人才引进：国际经验和对策选择［J］.中国人力资源开发，2012（11）：73-76.

[138] 万玺.海归科技人才创业政策吸引度、满意度与忠诚度［J］.科学学与科学技术管理，2013，2（34）：165-172.

[139] 王斌.我国企业科技人才创新行为研究［D］.南京：河海大学，2007.

[140] 王大开.企业生命周期对创业导向与创业绩效关系的影响研究［D］.成都：西南交通大学，2008.

[141] 王海南.地方高校高层次人才引进现状评析［J］.考试周刊，2009（23）：146-147.

［142］王辉耀，路江涌．中国海归创业发展报告（2012）［M］．北京：社会科学文献出版社，2012．

［143］王慧文．江苏海外高端人才集聚理论与政策研究［D］．南京：南京信息工程大学，2018．

［144］王金丽．创业环境对回国留学人员满意度的影响研究［D］．海口：海南大学，2017．

［145］王静．河北沿海地区区域形象研究［D］．秦皇岛：燕山大学，2013．

［146］王雷，姚洪心．全球价值链嵌入对集群企业创新绩效的影响［J］．科研管理，2014，35（6）：41-46．

［147］王舒扬．何种人力资本对海归创业者更有效：管理还是技术？［J］．科研管理，2018，V39（2）：1-9．

［148］王通讯，叶忠海，于文远．人才学基本名词注释（第二部分）［J］．中国人才，1990（7）：38-40．

［149］王校培．福建省留学生创业的制度环境满意度评价研究［D］．厦门：厦门大学，2009．

［150］王一夫．试论技术导向发展战略［J］．国际贸易问题，1995（10）：24-29．

［151］王男，任慧．北京市海外高层次人才创业政策环境实证分析［C］．Proceedings of 2014 4th International Conference on Applied Social Science（ICASS），2014（53）：311-316．

［152］王云龙．山西省海外人才引进的实践与思考［J］．理论探索，2012（4）：99-102．

［153］王志章．美国人才引进的政策机制［J］．中国培训，2007（7）：64．

［154］韦诸霞，赵国安．基于"全球创业观察"模型的广西创业

环境分析［J］．广西社会科学，2015（3）：16-23．

［155］魏江，徐蕾．知识网络双重嵌入、知识整合与集群企业创新能力［J］．管理科学学报，2014，17（2）：34-47．

［156］魏江，郑小勇．关系嵌入强度对企业技术创新绩效的影响机制研究——基于组织学习能力的中介性调节效应分析［J］．浙江大学学报（人文社会科学版），2010，40（6）：168-180．

［157］温忠麟，黄彬彬，汤丹丹．问卷数据建模前传［J］．心理科学，2018（1）：204-210．

［158］温忠麟，刘红云，侯杰泰．调节效应和中介效应分析［M］．北京：教育科学出版社，2012．

［159］文亮．商业模式与创业绩效及其影响因素关系研究［D］．长沙：中南大学，2011．

［160］吴瑞君，陈程．我国海外科技人才回流趋势及引才政策创新研究［J］．北京教育学院学报，2020，34（4）：47-54．

［161］吴帅．人才政策的区域比较与创新方向［N］．中国组织人事报，2013，11，20（6）．

［162］吴晓波，马如飞，毛茜敏．基于二次创新动态过程的组织学习模式演进——杭氧1996—2008纵向案例研究［J］．管理世界，2009，25（2）：152-164．

［163］吴兆丽，王艳红．新加坡和印度延揽人才的做法及启示［J］．中国国情国力，2016（5）：65-68．

［164］伍晶．网络嵌入性对联合风险投资信息优势的影响［J］．科研管理，2016，37（4）：143-151．

［165］肖斌．中国城市创业制度环境条件研究［D］．北京：清华大学，2005．

［166］谢洪明，刘常勇，陈春辉．市场导向与组织绩效的关系：组

织学习与创新的影响——珠三角地区企业的实证研究［J］. 管理世界，2006（2）：80-94.

［167］谢小青，黄晶晶. 基于 PSR 模型的城市创业环境评价分析——以武汉市为例［J］. 中国软科学，2017（2）：172-182.

［168］熊汉宗. 英国、新加坡人才资源开发与管理政策及对我国的启示［D］. 太原：山西师范大学，2013.

［169］徐京. 常州市海归人才创业环境评价研究［D］. 南京：南京理工大学，2013.

［170］徐军玲，陈俊衣，杨娥. 基于苏浙鄂三省的区域自主创新政策比较［J］. 科研管理，2018（sl）：271-277.

［171］徐丽梅. 我国引进海外创业人才的实践与思考——基于台湾、深圳、无锡的案例研究［J］. 科学管理研究，2010，28（3）：92-96.

［172］许冠男，王秀芹，潘美娟，周源. 战略性新兴产业国外经典政策工具分析——政府采购与补贴政策［J］. 中国工程科学，2016，18（4）：113-120.

［173］薛琴，申俊喜. 工业化中后期海归人才回国创业的制度支持［J］. 当代经济管理，2015，37（9）：77-80.

［174］鄢圣文. 国外人才引进政策的主要做法与经验借鉴［J］. 中国证券期货，2012（9）：246-247.

［175］闫培华. 成都市创业环境与政策研究［D］. 北京：清华大学，2004.

［176］严利，叶鹏飞. 长三角城市群发展过程中创新创业人才发展［J］. 哈尔滨工业大学学报（社会科学版），2017，19（3）：75-80.

［177］杨芳娟，刘云，梁正. 高端科技人才归国创业的特征和影响分析［J］. 科学学研究，2018，36（8）：1421-1431.

［178］杨隽萍，唐鲁滨. 浙江省创业者社会网络对创业绩效影响研

究——基于知识获取和转化的视角［J］．情报科学，2011（12）：1876－1881．

［179］杨荔发．地方政府海外高层次人才创业服务体系研究［D］．苏州：苏州大学，2012．

［180］杨浦海外高层次人才创新创业基地建设工作领导小组办公室．杨浦区关于加快引进海外高层次创新创业人才的意见［Z］．2009－11－10．

［181］杨晔，俞艳．上海创业环境的 GEM 模型分析和政策建议［J］．上海财经大学学报，2007（2）：82－89．

［182］杨月坤．海归人才创新创业现状及对策研究——以常州市为例［J］．科技进步与对策，2013（1）：146－149．

［183］姚慧丽．浙江省海外高层次人才引进政策研究［D］．杭州：浙江大学，2012．

［184］姚梅芳，郑雪冬，金玉石．基于 Kaplan－Norton BSC 法的高科技网络及软件创业企业绩效评价体系研究［J］．工业技术经济，2004，23（6）：103－105．

［185］姚艳玲．借鉴国际经验创新我国企业孵化器发展模式［J］．中小企业管理与科技，2010（8）：64－65．

［186］叶琴，曾刚，王丰龙，等．上海浦东新区、北京海淀区、深圳市创新创业环境比较研究［J］．上海经济研究，2016（4）：117－124．

［187］佚名．欧盟"地平线 2020"（Horizon2020）［J］．中国材料进展，2015（7）：616－617．

［188］易朝辉．资源整合能力、创业导向与创业绩效的关系研究［J］．科学学研究，2010，28（5）：757－762．

［189］余绍忠．创业绩效研究述评［J］．外国经济与管理，2013，35（2）：34－42．

[190] 俞素春. 杭州海外人才引进: 现状问题、做法成效及对策建议 [J]. 质量与市场, 2020 (9): 53-55.

[191] 袁旭东. 中国引进海外人才的理论分析与实证研究 [D]. 长春: 吉林大学, 2009.

[192] 袁永, 廖晓东, 胡海鹏. 新加坡近期科技创新战略与政策研究 [J]. 科学管理研究, 2017, 35 (2): 104-107.

[193] 袁勇志, 肖方鑫. 双重网络嵌入对海外人才跨国创业的影响研究——基于创业阶段视角 [J]. 工业技术经济, 2013, 32 (11): 45-53.

[194] 张鑫晨, 罗坤, 程华. 基于 GEM 模型的长三角创新创业环境评价分析——以浙江, 江苏和上海为例 [J]. 统计科学与实践, 2019 (11): 13-16.

[195] 张波. 世界发达国家或地区高端人才集聚的主要做法及其借鉴 [J]. 上海党史与党建, 2019, 380 (1): 62-65.

[196] 张春雨, 郭韬, 刘洪德. 网络嵌入对技术创业企业商业模式创新的影响 [J]. 科学学研究, 2018, 36 (1): 167-175.

[197] 张峰, 邱玮. 探索式和开发式市场创新的作用机理及其平衡 [J]. 管理科学, 2013 (1): 1-13.

[198] 张国. 国内外促进高端人才汇聚的政策研究综述 [J]. 市场论坛, 2019 (10): 14-17.

[199] 张涵, 康飞. 基于 Bootstrap 的多重中介效应分析方法 [J]. 统计与决策, 2016 (5): 75-78.

[200] 张婧, 段艳玲. 市场导向均衡对制造型企业产品创新绩效影响的实证研究 [J]. 管理世界, 2010 (12): 119-130.

[201] 张婧, 赵紫锟. 反应型和先动型市场导向对产品创新和经营绩效的影响研究 [J]. 管理学报, 2011, 8 (9): 1378.

[202] 张琳. 创新政策干预合理性的演进及其对政策干预的影响

[J]. 中国科技论坛, 2010 (11): 24-29.

[203] 张倩. 高层次创造性人才的界定与识别 [J]. 科技进步与对策, 2010 (11): 149-151.

[204] 张枢盛, 陈继祥. 中国海归企业基于二元网络的组织学习与技术创新———一个跨案例研究 [J]. 科学学与科学技术管理, 2014 (1): 117-125.

[205] 张骁, 胡丽娜. 市场导向和创业导向的混合绩效效应研究前沿探析与未来展望 [J]. 外国经济与管理, 2012 (3): 49-56.

[206] 张骁, 杨忠, 徐彪. 技术导向、市场导向对组织绩效的混合影响: 环境不确定性的调节作用 [J]. 江苏社会科学, 2013 (4): 84-91.

[207] 张晓丽. 顾客满意度测评方法及其应用 [D]. 郑州: 郑州大学, 2004.

[208] 张秀娥, 孟乔. 中国创业制度环境分析———基于与创新驱动经济体的比较 [J]. 华东经济管理, 2018, 32 (6): 5-11.

[209] 张雅娴, 苏竣. 技术创新政策工具及其在我国软件产业中的应用 [J]. 科研管理, 2001, 22 (4): 65-72.

[210] 张妍, 魏江. 战略导向国内外研究述评与未来展望 [J]. 中国科技论坛, 2014 (11): 139-143.

[211] 张奕涵. 地方政府引进海外高层次人才对策研究 [D]. 上海: 上海交通大学, 2010.

[212] 张韵君. 政策工具视角的中小企业技术创新政策分析 [J]. 中国行政管理, 2012 (4): 43-47.

[213] 张再生, 杨庆. 海外高端人才政策评估及优化对策研究 [J]. 天津大学学报 (社会科学版), 2016, 18 (2): 123-128.

[214] 张竹, 谢绚丽, 武常岐等. 本土化还是一体化: 中国跨国企业海外子公司网络嵌入的多阶段模型 [J]. 南开管理评论, 2016, 19

(1)：16-29.

［215］赵斌，陈玮，李新建，等．基于计划行为理论的科技人员创新意愿影响因素模型构建［J］．预测，2013，32（4）：58-63.

［216］赵文，王娜．二元网络背景下中国海归企业绩效提升路径研究——基于模糊集的定性比较分析［J］．科学学与科学技术管理，2017（5）：130-141.

［217］赵筱媛，苏竣．基于政策工具的公共科技政策分析框架研究［J］．科学学研究，2007，25（1）：52-56.

［218］赵炎．企业合作网络中嵌入性及联盟类型对创新绩效影响的实证研究——以中国半导体战略联盟网络为例［J］．研究与发展管理，2013，25（1）：12-23.

［219］甄月桥，聂庆艳，朱茹华．海外高层次人才创业政策对比研究——以浙江省滨江区与上海杨浦区为例［J］．未来与发展，2014（8）：102-105.

［220］郑梅莲，宝贡敏．技术战略影响企业绩效的机理研究——以浙江省制造业企业为例［J］．科学学研究，2007，25（4）：691-696.

［221］中国科学技术战略发展研究院．国家创新指数报告2016—2017［R］．2017-08-18.

［222］钟云华．新生代海归创业难的归因与对策［J］．华东师范大学学报（教育科学版），2016（3）：52-60.

［223］朱桂龙，杨小婉，江志鹏．层面-目标-工具三维框架下我国协同创新政策变迁研究［J］．科技进步与对策，2018，35（13）：110-117.

［224］朱晋伟，胡万梅．国内外资本与海归创业绩效关系研究［J］．科技管理研究，2015（20）：127-132.

［225］朱莉，袁丹．深圳国际人才引进障碍及对策研究［J］．特

区经济, 2020 (1): 14-17.

[226] 朱秀梅, 陈琛, 蔡莉. 网络能力、资源获取与新企业绩效关系实证研究 [J]. 管理科学学报, 2010, 13 (4): 44-56.

[227] 朱秀梅, 韩蓉, 陈海涛. 战略导向的构成及相互作用关系实证研究 [J]. 科学学研究, 2012, 30 (8): 1211-1220.

[228] 朱秀梅, 李明芳. 创业网络特征对资源获取的动态影响——基于中国转型经济的证据 [J]. 管理世界, 2011 (6): 105-115.

[229] 朱镇, 王新. 互联网转型驱动的线下旅行社电子商务能力识别——创业感知的中介效应 [J]. 旅游学刊, 2018, 33 (5): 79-91.

[230] 祝瑞. 地方政府引进海外高层次人才政策比较与建议——以杭、沪、京、穗为例 [J]. 经营与管理, 2013 (3): 103-105.

[231] 孙俊科, 郭新, 陈小浪等. 创新创业理论分析与总量估计 [J]. 山西科技, 2010, 25 (2): 6-9.

[232] 娜琳, 边文璐. 新加坡靠什么吸引海外人才 [J]. 中国人才, 2019 (7): 62-63.

[233] Aldrich H. E., Reese P. R. Does Networking Pay off: A Panel Study of Entrepreneurs in the Research Triangle in Frontiers of Entrepreneurship Research [M]. Massachusetts: Wellesley, 1993: 325-339.

[234] Aldrichhe, Pfeffer J. Environment of organizations [J]. Annual Review of Sociology, 1976 (11): 76-105.

[235] Alon I., Misati E. and Wamecke T., et al. Comparing Domestic and Returnee Female Entrepreneurs in China: Is There an Internationalisation Effect [J]. International Journal of Business and Globalisation, 2011, 6 (3/4): 329.

[236] Amabile T. M., Conti R. and Coon H., et al. Assessing the Work Environment for Creativity [J]. Academy of Management Journal,

1996, 39 (5): 1154 -1184.

[237] Andersson U., Forsgen M. and Hoim U. Subsidiary Embeddedness and Competence Development in MNCs-A Multi-Level Analysis [J]. Organization Studies, 2001, 22 (6): 1013 -1034.

[238] Andersson U., Forsgren M. and Holm U. The Strategic Impact of External Networks: Subsidiary Performance and Competence Development in the Multinational Corporation [J]. Strategic Management Journal, 2002, 23 (11): 979 -996.

[239] Andersson U., Forsgren M. and Pedersen T. Subsidiary Performance in Multinational Corporations: The Importance of Technology Embeddedness [J]. International Business Review, 2001, 10 (1): 3 -23.

[240] Bai W., Holmström Lind and Christine, et al. Leveraging Networks, Capabilities and Opportunities for International Success: A Study on Returnee Entrepreneurial Ventures [J]. Scandinavian Journal of Management, 2018, 34 (1): 51 -62.

[241] Baker W. E. and Sinkula J. M. The Complementary Effects of Market Orientation and Entrepreneurial Orientation on Protability in Small Businesses [J]. Journal of Small Business Management, 2010, 47 (4): 443 -464.

[242] Beattie V. and Smith S. J. Human Capital, Value Creation and Disclosure [J]. Journal of Human Resource Costing & Accounting, 2010, 14 (4): 262 -285.

[243] Belezon S., Schankerman M. University Knowledge Transfer: Private Ownership, Incentives, and Local Development Objectives [J]. Journal of Law and Economics, 2009, 52 (1): 111 -144.

[244] Berthon P. R., Hulbert J. M. and Pitt L. To Serve or Create?

Strategic Orientations Toward Customers and Innovation [J]. California Management Review, 1999, 42 (1): 37 -58.

[245] Bhuian S. N. , Menguc B. and Bell S. J. Just Entrepreneurial Enough: The Moderating Effect of Entrepreneurship on the Relationship between Market Orientation and Performance [J]. Journal of Business Research, 2005, 58 (1): 9 -17.

[246] Borgatti S. P. , Mehra A. and Brass D. J. , et al. Network Analysis in the Social Sciences [J]. Science, 2009, 323 (5916): 892 -895.

[247] Borrás S. , Edquist C. The Choice of Innovation Policy Instruments [J]. Technological Forecasting and Social Change, 2013, 80 (8): 1513 -1522.

[248] Boso N. , Story V. M. and Cadogan J. W. Entrepreneurial Orientation, Market Orientation, Network Ties, and Performance: Study of Entrepreneurial Firms in a Developing Economy [J]. Journal of Business Venturing, 2013, 28 (6): 708 -727.

[249] Brockhoff K. , Chakrabarti A. K. R&D/Marketing Linkage and Innovation Strategy: Some West German Experience [J]. IEEE Transactions on Engineering Management, 1988, 35 (3): 167 -174.

[250] Bruton G. D. and Wan A. J. C. C. Turnaround in East Asian Firms: Evidence from Ethnic Overseas Chinese Communities [J]. Strategic Management Journal, 2003, 24 (6): 519 -540.

[251] Burhop C. , Lübbers T. Incentives and Innovation? R&D Management in Germany's Chemical and Electrical Engineering Industries Around 1900 [J]. Explorations in Economic History, 2010, 47 (1): 100 -111.

[252] Cantarello S. , Martini A. and Nosella A. A Multi-Level Model for Organizational Ambidexterity in the Search Phase of the Innovation Process

[J]. Creativity and Innovation Management, 2012, 21 (1): 28 -48.

[253] Cao Q. , Gedajlovic E. and Zhang H. Unpacking Organizational Ambidexterity: Dimensions, Contingencies, and Synergistic Effects [J]. Organization Science, 2009, 20 (4): 781 -796.

[254] Cheung G. W. , Lau R. S. Testing Mediation and Suppression Effects of Latent Variables Bootstrapping with Structural Equation Models [J]. Organizational Research Methods, 2008, 11 (2): 296 -325.

[255] Child J. Organizational Structure, Environment and Performance: The Role of Strategic Choice [J]. Sociology, 1972 (6): 1 -22.

[256] Christensen C. M. , Bower J. L. Customer Power, Strategic Investenemt, and the Failure of Leading Firms [J]. Strategic Management Journal, 1996, 17 (3): 197 -218.

[257] Ciabuschi F. , Holm U. and Martín, et al. Dual Embeddedness, Influence and Performance of Innovating Subsidiaries in the Multinational Corporation [J]. International Business Review, 2014, 23 (5): 897 -909.

[258] Colhns J. Cultural Diversity an Entrepreneurship: Policy Responses to Immigrant Entrepreneurs in Australia [J]. Entrepreneurship and Regional Development, 2003 (15)

[259] Covin J. G. , Lumpkin G. T. Entrepreneurial Orientation Theory and Research: Reflections on a Needed Construct [J]. Entrepreneurship Theory & Practice, 2011, 35 (5): 855 -872.

[260] Covin J. G. , Slevin D. P. Strategic Management of Small firms in Hostile and Benign Environments [J]. Strategic Management Journal, 2010, 10 (1): 75 -87.

[261] Covin J. G. , Slevin D. P. and Schultz R. L. Implementing Strategic Missions: Effective Strategic, Structural and Tactical Choices [J]. Jour-

nal of Management Studies, 1994, 31 (4): 481 -503.

[262] Cumming D. , Sapienza H. J. and Siegel D. S. , et al. International Entrepreneurship: Managerial and Policy Implications [J]. Strategic Entrepreneurship Journal, 2010, 3 (4): 283 -296.

[263] Daedozo Richard N. An Experimental Study of Consumer Effort, Expectation and Satisfaction [J]. Journal of Marketing Research, 1965 (8): 244 -249.

[264] Dai O. , Liu X. Returnee Entrepreneurs and Firm Performance in Chinese High-technology Industries [J]. International Business Review, 2009, 18 (4): 373 -386.

[265] Degadt J. For a More Effective Entrepreneurship Policy: Perception and Feedback as Precondictions [R]. Reneontres de St. Gall, 2004: 8 -10.

[266] Deshpande R. , Farley J. U. and Webster F. E. J. , et al. Corporate Culture, Customer Orientation, and Innovativeness in Japanese Firms: A Quadrad Analysis [J]. Journal of Marketing, 1993, 57 (1): 23 -37.

[267] Dess G. G. , Picken J. C. Beyond Productivity: How Leading Companies Achieve Superior Performance by Leveraging Their Human Capital [J]. Personnel Psychology, 1999, 53 (2): 481 -484.

[268] Dess G. G. , Lumpkin G. T. Research Edge: The Role of Entrepreneurial Orientation in Stimulating Effective Corporate Entrepreneurship [J]. The Academy of Management Executive, 2005, 19 (1): 147 -156.

[269] Dess G. G. , Ireland R. D. and Zahara S. A. , et al. Emerging Issues in Corporate Entrepreneurship [J]. Journal of Management, 2009, 29 (3): 351 -378.

[270] Dobni C. B. The Relationship between Innovation Orientation and Competitive Strategy [J]. International Journal of Innovation Management, 2010, 14 (2): 275 – 295.

[271] Docquier F., Rapoport H. Globalization, Brain Drain, and Development [J]. Social Science Electronic Publishing, 2011, 50 (3): 681 – 730.

[272] Douglass C. North. Understanding the Process of Economic Change (Princeton Economic History of the Western World) [J]. Investigaciones De Historia Económica, 1981, 3 (8): 169 – 173.

[273] Drori I., Honig B. and Wright M. Transnational Entrepreneurship: An Emergent Field of Study [J]. Entrepreneurship Theory & Practice, 2010, 33 (5): 1001 – 1022.

[274] Duan T., Hou W. The Curse of Returnee CEOs [J]. Social Science Electronic Publishing, 2014.

[275] Feeser H. R., Willard G. E. Founding Strategy and Performance: A Comparison of High and Low Growth High Tech Firms [J]. Strategic Management Journal, 1990, 11 (2): 87 – 98.

[276] Filatotchev I., Liu X. and Buck T., et al. The Export Orientation and Export Performance of High-technology SMEs in Emerging Markets: The Effects of Knowledge Transfer by Returnee Entrepreneurs [J]. Journal of International Business Studies, 2009, 40 (6): 1005 – 1021.

[277] Fornell C. A National Customer Satisfaction Barometer: The Swedish Experience [J]. Journal of Marketing, 1992 (Vol. 56): 6 – 21.

[278] Franklin B., Osborne H. Research Methods: Issues and Insights [M]. Wadsworth Publishing Co, Belmont, New York, 1971.

[279] Gao G. Y., Zhou K. Z. and Yim C. K. On What Should Firms

Focus in Transitional Economies? A Study of the Contingent Value of Strategic Orientations in China [J]. International Journal of Research in Marketing, 2007, 24 (1): 0 -15.

[280] Gartner W. B. A Conceptual Framework for Describing the Phenomenon of New Venture Creation [J]. The Academy of Management Review, 1985, 10 (4): 696 -709.

[281] Gatignon H., Xuereb J. M. Strategic Orientation of the Firm and New Product Performance [J]. Journal of Marketing Research, 1997, 34 (1): 77 -90.

[282] Geenhuizen M. V. Modelling Dynamics of Knowledge Networks and Local Connectedness: A Case Study of Urban High-tech Companies in the Netherlands [J]. Annals of Regional Science, 2007, 41 (4): 813 -833.

[283] Ghoshal T. S. Social Capital and Value Creation: The Role of Intrafirm Networks [J]. The Academy of Management Journal, 1998, 41 (4): 464 -476.

[284] Gibson H. J., Walker M. and Thapa, B., et al. Psychic Income and Social Capital Among Host Nation Residents: A Pre-post Analysis of the 2010 FIFA World Cup in South Africa [J]. Tourism Management, 2014 (44): 113 -122.

[285] Gnyawali D. R., Fogel D. S. Environments for Entrepreneurship Development: Key Dimension and Research Implications [J]. Entrepreneurship Theory and Practice, 1994, 18 (4): 43 -62.

[286] Gonzalez-Brambila C. N., Veloso F. M. and Krackhardt D. The Impact of Network Embeddedness on Research Output [J]. Research Policy, 2013, 42 (9): 1555 -1567.

[287] Granovetter M. Economic Institutions as Social Constructions: A

Framework for Analysis [J]. ActaSociologica, 1992, 35 (1): 3 -11.

[288] Granovetter M. The Strength of Weak Ties: A Network Theory Revisited [J]. Sociological Theory, 1983, 1 (6): 201 -233.

[289] Granovetter M. Economic Action and Social Structure: The Problem of Embeddedness [J]. American Journal of Sociology, 1985, 91 (3): 481 -510.

[290] Grillitsch M., Nilsson M. Innovation in Peripheral Regions: Do Collaborations Compensate for a Lack of Local Knowledge Spillovers [J]. The Annals of Regional Science, 2015, 54 (1): 299 -321.

[291] Grinstein A. The Effect of Market Orientation and Its Components on Innovation Consequences: A Meta-analysis [J]. Journal of the Academy of Marketing Science, 2008, 36 (2): 166 -173.

[292] Gulati R. Alliances and Networks [J]. Strategic Management Journal, 1998, 19 (4): 293 -317.

[293] Gulati R., Gargiulo M. Where Do Inter-organizational Networks Come from [J]. American Journal of Sociology, 1999, 104 (5): 1439 -1438.

[294] Gulati R., Wohlgezogen F. and Zhelyazkov P. The Two Facets of Collaboration: Cooperation and Coordination in Strategic Alliances [J]. The Academy of Management Annals, 2012, 6 (1): 531 -583.

[295] Hakala H. Strategic Orientations in Management Literature: Three Approaches to Understanding the Interaction Between Market, Technology, Entrepreneurial and Learning Orientations [J]. International Journal of Management Reviews, 2011, 13 (2): 199 -217.

[296] Halinen A., Jan-Åke Törnroos, and Elo M. Network Process Analysis: An Event-based Approach to Study Business Network Dynamics [J]. Industrial Marketing Management, 2013, 42 (8): 1213 -1222.

[297] Harhoff D., Hoisl K. Institutionalized Incentives for Ingenuity-Patent Value and the German Employees' Inventions Act [J]. Research Policy, 2007, 36 (8): 1143-1162.

[298] Hart D. The Emergence of Entrepreneurship Policy: Governance, Start-ups, and Growth in the US Knowledge Economy [M]. Cambridge University Press, 2003: 3-16.

[299] He Z. L., Wong P. K. Exploration vs. Exploitation: An Empirical Test of the Ambidexterity Hypothesis [J]. Organization Science, 2004, 15 (4): 481-494.

[300] Hendry C., Brown J. and Defillippi R. Regional Clustering of High Technology-based Firms: Opto-electronics in Three Countries [J]. Regional Studies, 2000, 34 (2): 129-144.

[301] Henri G. Entrepreneurial Intentions and the Entrepreneurial Environment [D]. Helsinki: Helsinki University of Technology, 2004.

[302] Hinkin T. R. A Brief Tutorial on the Development of Measures for Use in Survey Questionnaires [J]. Organizational Research Methods, 1998, 1 (1): 104-121.

[303] Hitt M. A., Dacin M. T. and Tyler B. B., et al. Understanding the Differences in Korean and U. S. Executives' strategic Orientations [J]. Strategic Management Journal, 1997, 18 (2): 159-167.

[304] Holt D. H. Entrepreneurship: New Venture Creation [M]. New Jersey: Prentice Hall, 1992.

[305] Howard John A., Jagdish N. Sheth. The Theory of Buyer Behavior [M]. New York Wiley, 1969: 27-28.

[306] Huiyao Wang, David Zweig, Xiaohua Lin. Returnee Entrepreneurs: Impact on China's Globalization Process [J]. Journal of Contempora-

ry China, 2011, 20 (70): 413 - 431.

[307] Hult G. T. M. , Hurley R. F. and Knight G. A. Innovativeness: Its Antecedents and Impact on Business Performance [J]. Industrial Marketing Management, 2004, 33 (5): 429 - 438.

[308] Hurley R. F. , Hult G. T. Innovation, Market Orientation, and Organizational Learning: An Integration and Empirical Examination [J]. Journal of Marketing, 1998, 62 (3): 42 - 54.

[309] Isenberg D. J. The Entrepreneurship Ecosystem Strategy as a New Paradigm for Economic Policy: Principles for Cultivating Entrepreneurship [J]. The Babson Entrepreneurship Ecosystem Proiect, 2011.

[310] Jack B. , Clarke A. M. The Purpose and Use of Questionnaires in Research [J]. Prof Nurse, 1998, 14 (3): 176 - 179.

[311] John, Hagedoorn. Understanding the Cross-Level Embeddedness of Interfirm Partnership Formation [J]. Academy of Management Review, 2006.

[312] Jonkers K. , Tijssen R. Chinese Researchers Returning Home: Impacts of International Mobility on Research Collaboration and Scientific Productivity [J]. Scientometrics, 2008, 77 (2): 309 - 333.

[313] Kenney M. , Dan B. and Murphree M. Coming Back Home After the Sun Rises: Returnee Entrepreneurs and Growth of High Tech Industries [J]. Research Policy, 2013, 42 (2): 391 - 407.

[314] Kohli A. K. , Jaworski B. J. Market Orientation: The Construct, Research Propositions, and Managerial Implications [J]. Journal of Marketing, 1990, 54 (2): 1 - 18.

[315] Kontinen T. , Ojala A. Network Ties in the International Opportunity Recognition of Family SMEs [J]. International Business Review, 2011, 20 (4): 440 - 453.

[316] Kor Y. Y. , Mahoney J. T. , Michael S. C. Resources, Capabilities and Entrepreneurial Perceptions [J]. Journal of Management Studies, 2007, 44 (7): 1187 – 1212.

[317] Kostova T. Country Institutional Profile: Concept and Measurement [J]. Academy of managenment, Best Paper Proceedings, 1997: 180 – 189 .

[318] Kostova. Country Institutional Profiles: Concept and Measurement [J]. Academy of Management Best Paper-proceedings, 1997: 180 – 189.

[319] Langerak F. An Appraisal of Research on the Predictive Power of Market Orientation [J]. European Management Journal, 2003, 21 (4): 447 – 464.

[320] Laursen K. , Salter A. Open for Innovation: The Role of Openness in Explaining Innovation Performance Among U. K. Manufacturing Firms [J]. Strategic Management Journal, 2006, 27 (2): 20.

[321] Leyden D. P. , Link A. N. and Siegel D. S. A Theoretical Analysis of the Role of Social Networks in Entrepreneurship [J]. Research Policy, 2014, 43 (7): 1157 – 1163.

[322] Li H. , Zhang Y. and Li, Y. , et al. Returnees Versus Locals: Who Perform Better in China's Technology Entrepreneurship [J]. Strategic Entrepreneurship Journal, 2012, 6 (3): 257 – 272.

[323] Li J. J. The Formation of Managerial Networks of Foreign Firms in China: The Effects of Strategic Orientations [J]. Asia Pacific Journal of Management, 2005, 22 (4): 423 – 443.

[324] Li Y. Liu Y. , and Zhao Y. Gulati [J]. Industrial Marketing Management, 2006, 35 (3): 336 – 347.

[325] Libecap G. D. Economic Variables and the Development of the Law : The Case of Western Mineral Rights [J]. The Journal of Economic

History, 1978, 38 (2): 338 -362.

[326] Lin D., Lu J. and Liu X., et al. International Knowledge Brokerage and Returnees' Entrepreneurial Decisions [J]. Journal of International Business Studies, 2016, 47 (3): 295 -318.

[327] Liu X., Lu J. and Choi S. Bridging Knowledge Gaps: Returnees and Reverse Knowledge Spillovers from Chinese Local Firms to Foreign Firms [J]. Management International Review, 2014, 54 (2): 253 -276.

[328] Lowel L. Policy Response to the International Mobility of Skilled Labour [J]. International Migration, 2001 (1): 91 -100.

[329] Lowellw. Busenitz, Carolina Gomez, Jenniferw. Spencer. Country Institutional Profiles: Unlocking Entrepreneurial Phenomena [J]. Academy of Management Journal, 2000 (43): 994 -1003.

[330] Lundstrom A., Stevenson L. Entrepreneurship Policy for the Future [R]. Swedish Foundation for Small Business Researeh, Irwin, 2002: 45.

[331] Luo S., Lovely M. E., Popp D. Intellectual Returnees as Drivers of Indigenous Innovation: Evidence from the Chinese Photovoltaic Industry [J]. The World Economy, 2017.

[332] Mahoney J. T., Michael S. C. A Subjectivist Theory of Entrepreneurship [M]. Handbook of Entrepreneurship. Boston: Kluwer, 2005: 33 -53.

[333] Mcevily B., Marcus A. Embedded Ties and the Acquisition of Competitive Capabilities [J]. Strategic Management Journal, 2005, 26 (11): 23.

[334] Mcfadyen M. A., Cannella A. A. Social Capital and Knowledge Creation: Diminishing Returns of the Number and Strength of Exchange Relationships [J]. Academy of Management Journal, 2004, 47 (5): 735 -746.

[335] Meyer K. E. , Mudambi R. , Narula R . Multinational Enterprises and Local Contexts: The Opportunities and Challenges of Multiple Embeddedness [J]. Journal of Management Studies, 2011, 48 (2): 235 -252.

[336] Monferrer D. , Blesa A. and Ripollés, et al. Born Globals Trough Knowledge-based Dynamic Capabilities and Network Market Orientation [J]. BRQ Business Research Quarterly, 2015, 18 (1): 18 -36.

[337] Nahapiet J. , Ghoshal S. Social Capital, Intellectual Capital, and the Organizational Advantage [J]. The Academy of Management Review, 1998, 23 (2): 242 -266.

[338] Naman J. L. , Slevin D. P. Entrepreneurship and the Concept of Fit: A Model and Empirical Tests [J]. Strategic Management Journal, 1993, 14 (2): 137 -153.

[339] Narver J. C. , Slater, S. F. Additional Thoughts on the Measurement of Market Orientation: A Comment on Deshpande and Farley [J]. Journal of Market-Focused Management, 1998, 2 (3): 233 -236.

[340] Narver J. C. , Slater S. F. The Effect of a Market Orientation on Business Profitability [J]. Journal of Marketing, 1990, 54 (4): 20 -35.

[341] Narver J. C. , Slater S. F. and Maclachlan D. L. Responsive and Proactive Market Orientation and New-Product Success [J]. Journal of Product Innovation Management, 2010, 21 (5): 334 -347.

[342] Ng W. , Rieple A. Special Issue on "The Role of Networks in Entrepreneurial Performance: New Answers to Old Questions?" [J]. International Entrepreneurship & Management Journal, 2014, 10 (3): 447 -455.

[343] Nijssen E. J. , Hillebrand B. and Vermeulen P. A. M. Unraveling Willingness to Cannibalize: A Closer Look at the Barrier to Radical Innovation [J]. Technovation, 2005, 25 (12): 1400 -1409.

[344] Noble C. H., Sinha R. K., Kumar A. Market Orientation and Alternative Strategic Orientations: A Longitudinal Assessment of Performance Implications [J]. Journal of Marketing, 2002, 66 (4): 25–39.

[345] Obukhova E. The Role of Returnee-Entrepreneurs in Cluster Emergence: The Case of Shanghai's Semiconductor-Design Industry [J]. Social Science Electronic Publishing, 2012.

[346] Obukhova E., Wang Y. and Li J. The Power of Local Networks: Returnee Entrepreneurs, School Ties, and Firm Performance [C]. Academy of Management Meeting, 2013.

[347] Patricia Phillips McDougall, Scott Shane and Benjamin M. Oviatt. Explaining the Formation of International New Ventures: The Limits of Theories from International Business Research [J]. Journal of Business Venturing, 1994.

[348] Peng M. W., Luo Y. D. Managerial Ties and Firm Performance in a Transition Economy: The Nature of a Micro-Macro Link [J]. The Academy of Management Journal, 2000, 43 (3): 486–501.

[349] Ritter T. The Impact of a Company's Business Strategy on the Technological Competence, Network Competence and Innovation Success [J]. Journal of Business Research, 2004, 57 (5): 548–556.

[350] Rothwell R, Zegveld W. Reindustrialization and Technology [M]. Longman, M. E. Sharpe, 1985.

[351] Sandberg W. R., Hofer C. W. Improving New Venture Performance: The Role of Strategy, Industry Structure, and the Entrepreneur [J]. Journal of Business Venturing, 1987, 2 (1): 5–28.

[352] Saxenian A. Form Brain Drain Circulation: Transnational Communities and Regional Upgrading in India and China [J]. Studies in Com-

parative International Development, 2005, 40 (2): 35 - 61.

[353] Schindehutte M., Morris M. H. and Kocak A. Understanding Market-Driving Behavior: The Role of Entrepreneurship [J]. Journal of Small Business Management, 2010, 46 (1): 4 - 26.

[354] Scott S. G., Bruce R. A. Determinants of Innovative Behavior: A Path Model of Individual Innovation in the Workplace [J]. Academy of Management Journal, 1994, 37 (3): 580 - 607.

[355] Scott W. R. Organizations and Organizing: Rational, Natural and Open Systems [M]. Prentice Hall, 2003.

[356] Scott A. J. High Technology Industry and Territorial Development: The Rise of the Orange County Complex, 1955 - 1984 [J]. Urban Geography, 1987, 7 (1): 3 - 45.

[357] Sethi V., Carraher S. Developing Measures for Assessing the Organizational Impact of Information Technology: A Comment on Mahmood and Soon's Paper [J]. Decision Sciences, 2010, 24 (4): 867 - 877.

[358] Shachar A. The Race for Talent: Highly Skilled Migrants and Competitive Immigration Regime [J]. Social Science Electronic Publishing, 2006: 148 - 206.

[359] Shane S., Khurana K. Career Experience and Firm Founding [J]. Industrial and Corporate Change, 2003, 12 (2): 519 - 544.

[360] Sharon A. Alvarez Jay B. Barney. How Entrepreneurial Firms Can Benefit from Alliances with Large Partners. [J]. Academy of Management Executive, 2001.

[361] Simon D. F., CAO C. China's Emerging Technological Edge: Assessing the Role of High-End Talent [M]. Cambridge and New York: Cambridge University Press, 2009.

[362] Stam W. , Arzlanian S. and Elfring, T. Social Capital of Entrepreneurs and Small firm Performance: A Meta-analysis of Contextual and Methodological Moderators [J]. Journal of Business Venturing, 2014, 29 (1): 152 – 173.

[363] Stephan P. , Scellato G. and Franzoni C. International Competition for PhDs and Postdoctoral Scholars: What Does Not Matter [J]. Innovation Policy & the Economy, 2015, 1: 73 – 113.

[364] Stuart Anderson. The Global Battle for Talent and People [J]. Immigration Policy Focus, Vo2, issue2, September 2003.

[365] Talke K. , Salomo S. and Kock A. Top Management Team Diversity and Strategic Innovation Orientation: The Relationship and Consequences for Innovativeness and Performance [J]. Journal of Product Innovation Management, 2011, 28 (6): 819 – 832.

[366] Thomas P. Moliterno, Margarethe F. Wiersema. Firm Performance, Rent Appropriation, and the Strategic Resource Divestment Capability [J]. Strategic Management Journal, 2007.

[367] Uzzi B. Embeddedness in the Making of Financial Capital: How Social Relations and Networks Benefit Firms Seeking Financing [J]. American Sociological Review, 1999, 64 (4): 481 – 505.

[368] Uzzi B. Social Structure and Competition in Interfirm Networks: The Paradox of Embeddedness [J]. Administrative Science Quarterly, 1997, 42 (1): 35 – 67.

[369] Venkatraman N . Strategic Orientation of Business Enterprises: The Construct, Dimensionality, and Measurement [J]. Management Ence, 1989, 35 (8): 942 – 962.

[370] Venkatraman N. Strategic Orientation of Business Enterprises:

The Construct, Dimensionality, and Measurement [J]. Management Science, 1989, 35 (8): 942-962.

[371] Venkatraman N., Ramanujam V. Measurement of Business Performance in Strategy Research: A Comparison of Approaches [J]. Academy of Management Review, 1986, 11 (4): 801-814.

[372] Wicker A. W. The Social Psychology of Organizing, 2d ed. [M]. New York: McGraw-Hill, 1979.

[373] Wiklund J., Shepherd D. Entrepreneurial Orientation and Small Business Performance: A Configurational Approach [J]. Journal of Business Venturing, 2005, 20 (1): 0-91.

[374] Woolley R., Turpin T., Marceau J., et al. Mobility Matters: Research Training and Network Building in Science [J]. Comparative Technology Transfer & Society, 2008, 6 (3): 159-184.

[375] Wright M. Entrepreneurial Mobility [J]. Social Science Electronic Publishing, 2011 (6): 137-159.

[376] Zahra S. A. Environment, Corporate Entrepreneurship, and Financial Performance: A Taxonomic Approach [J]. Journal of Business Venturing, 1995, 8 (4): 319-340.

[377] Zehir C., KöLe M. and Yıiız H. The Mediating Role of Innovation Capability on Market Orientation and Export Performance: An Implementation on SMEs in Turkey [J]. Procedia-Social and Behavioral Sciences, 2015 (207): 700-708.

[378] Zhang Y., Li H. Innovation Search of New Ventures in a Technology Cluster: The Role of Ties with Service Intermediaries [J]. Strategic Management Journal, 2010, 31 (1): 88-109.

[379] Zhou K. Z., Li C. B. How Strategic Orientations Influence the

Building of Dynamic Capability in Emerging Economies [J]. Journal of Business Research, 2010, 63 (3): 0 -231.

[380] Zhou K. Z., Li C. B. How Does Strategic Orientation Matter in Chinese Firms [J]. Asia Pacific Journal of Management, 2007, 24 (4): 447 -466.

[381] Zhou K. Z., Tse Y. D. K. The Effects of Strategic Orientations on Technology-and Market-Based Breakthrough Innovations [J]. Journal of Marketing, 2005, 69 (2): 42 -60.

[382] Zukin S., DiMaggio P. Structures of Capital: The Social Organization of the Economy [M]. Cambridge, MA: Cambridge University Press, 1990.

[383] Zweig D., Chen C., Rosen S. Globalization and Transnational Human Capital: Overseas and Returnee Scholars to China [J]. China Quarterly, 2004, 179 (179): 735 -757.

后 记

本书是本人主持的浙江省科技厅软科学计划重点项目（2018C25003）"浙江省海外高层次人才创新创业政策环境及其优化研究"、杭州市决策咨询委员会重点招标项目（HZJZ2016111）"杭州市科技创新人才激励机制的矛盾问题分析和政策建议"的研究成果。该书还得到浙江理工大学人文社科学术专著出版资金（2020年度）的资助。

本人及团队成员一直关注创新创业发展与科技政策研究。2004年完成"科技激励政策促进我省企业 R&D 的实证研究"（国家人事部留学回国基金项目），2008年完成"政府科技投入与企业 R&D——实证研究与政策选择"（国家自然科学基金项目），2011年完成"中国技术创新政策演变、测量与绩效——基于政策工具的研究"（国家自然基金项目）。2018年完成的"杭州市科技创新人才激励机制的矛盾问题分析和政策建议"（杭州市决策咨询委员会重点招标项目），2020年完成的"浙江省海外高层次人才创新创业政策环境及其优化研究"（浙江省科技厅软科学计划重点项目）。

项目研究和专著的撰写不是本人一个人能够完成的，是整个团队共同努力的成果。娄夕冉同学刻苦、努力，精通计量模型与数据分析，是浙江省科技厅软科学计划重点项目的核心成员，在理论分析、数据分析基础上撰写论文且发表，并完成了硕士论文。廖中举老师刻苦努力，有幸一起合作发表了多篇有关科技人才创新创业政策环境的论文，完成了多个研究报告。张志英老师是团队的核心成员，一起赴多个海外留学生

后　记

创新创业园区调研，指导研究生并做了大量调研和实证分析的工作。其他研究生们也做了大量工作。崔涵钧同学是推免研究生，善于思考和创新，在本科期间参与了课题研究，参与完成了文献研究和国内外吸引海外高层次人才创新创业政策比较研究。优秀本科生张鑫晨和罗坤聪明好学、努力向上，在本人指导下完成基于 GEM 模型的长三角创新创业环境评价分析——以浙江、江苏和上海为例的研究论文并发表。2020 届的研究生徐晓娟参与了多章文字的修改完善和参考文献整理工作。徐晓娟参与了国内外政策的补充与完善，俞尹红完成了案例分析，并对海外高层次人才创新创业生态环境满意度评价内容进行了补充。还有其他同学也参与了研究，在此一并表示感谢！

在本书研究过程中，多篇阶段性研究成果已经先期发表，感谢《科技进步与对策》《科学学研究》《教育发展研究》《统计科学与实践》《科技与经济》和《决策参考》等编辑部的支持，它们不但编辑发表了这些阶段性研究成果，而且，为本书提出了很多宝贵意见。

此外，在本人研究过程中，还有很多关心、帮助、支持过我的人，限于篇幅无法一一提及，在此，本人对他们一并表示深深的谢意！

程华

2020 年 10 月 28 日

于中国杭州浙江理工大学